ein Ullstein Buch

Hans von Hentig

Terror

Zur Psychologie der Machtergreifung

Robespierre · Saint-Just · Fouché

ein Ullstein Buch

Ullstein Buch Nr. 2838
im Verlag Ullstein GmbH,
Frankfurt/M – Berlin – Wien

»Robespierre« erschien 1924
im Verlag Julius Hoffmann, Stuttgart
»Saint-Just« erschien 1920
in der Schweizerischen Zeitschrift
für Strafrecht (33. Jahrgang),
Stämpfli, Bern
»Fouché« erschien 1919
im Verlag J. C. B. Mohr (Paul Siebeck),
Tübingen

Umschlagentwurf: Kurt Weidemann

Printed in Germany 1971
Gesamtherstellung:
Ebner, Ulm/Donau
ISBN 3 548 02838 1

Inhalt

Vorwort 7

Einleitung 11

Robespierre 21

Saint-Just 101

Fouché 127

Anmerkungen 159

In einer Zeit, als nach dem Ersten Weltkrieg Wetterwolken über Deutschland und dem Osten hingen, sind diese Studien über drei Rebellentypen aufgezeichnet worden. Ich war bemüht, die Hintergründe ihres Wesens zu entwirren und schwach bewegte Einzelmenschen mit dem Massenaufruhr zu verknüpfen. Auf körperliche Eigenheiten mußte dabei ebenso geachtet werden wie auf Seelenzüge, auf die intime Sphäre wie auf Künste der Verkleidung.

Von den drei Schriften ist Fouché am frühesten erschienen, in Tübingen bei Mohr im Jahre 1919. 1920 kam in Bern bei Stämpfli Saint-Just heraus, vier Jahre später Robespierre bei Julius Hoffmann in Stuttgart.

Sie werden hiermit wieder vorgelegt, denn jede Zeit hat ihre Sans-Culottes, den Ansturm auf das Alte, Müde, Welke und ihren hartverdienten Rückschlag.

Tölz, Oberbayern, 1970 Hans von Hentig

Einleitung

I

Rebellenführer, die in die Geschichte einzugehen vermochten, sind, ehe sie sich an die Spitze setzten, in den erregten Köpfen revolutionärer Massen aufgewachsen als Hoffnung, Sehnsucht, Retter aus der Not. Man greift nach alten Sätzen, die Vertrauen geben, daß Volkes Stimme Gottes Stimme sei. Wenn Spannungen den Horizont verdunkeln, die lange Zeit sich aufgespeichert haben, wenn herrschende Gewalten sich entwerten, durch eigene Schwächen, Fehler, oftmals durch verlorene Kriege, dann tauchen Umsturzideale auf: Die bessere Welt voll freier, gleicher, brüderlicher Menschen und auch der besten aller Führer.

In dieser ersten Phase muß er Antrieb, »Agitator« sein und ihrem Handanlegungs-Trieb streng entsprechen, ihm heiße Worte, starke Bilder, alarmierte Mimik leihen, entsetzt erscheinen, um Entsetzen einzuflößen. Gleichförmigkeit des Fühlens führt zur Parität der Tat. Das stumme Vorbild, das wir mit den Augen haschen, schlüpft an der Hemmung und dem Einwand leicht vorbei. Aus tiefsten Schichten des Bewußtsein schöpft es seine Kräfte, dem Kind verständlich wie dem Geistesschwachen, weithin in lauter Einheitssprache sprechend.

Von langem Druck erlöst nicht nur Zerstörung. Den Unterdrückten lockt die Macht, die er den früheren Herren aus den Händen reißt. Die alten Werte werden umgewälzt, nur weil sie den Besiegten weggenommen werden und deren Ohnmacht und Bedrängnis freut. Ein Rückwärtsgang wird eingeschaltet, wie er in manchen geistigen Mechanismen eingebettet liegt. Ich nenne nur ein Beispiel aus dem Jahre 1789 [1]; der Schreiber spricht von einer Schreckensnachricht, doch ist die Kunde für die Schwankungsbreite [2] von Schreckenszeiten, die in Mitleidsorgien übergehen, kennzeichnend und in hohem Grad belehrend:

»Lebendig wegen Vatermordes auf das Rad geflochten und danach verbrannt zu werden, war ein junger Mann verurteilt. Der arme Sünder war bereit, sein Schicksal zu erleiden, der Henker hatte sogar schon Hand an das Todeswerkzeug gelegt, als eine Stimme sich erhob und Gnade rief. Der Scharfrichter und der Gerichtete stiegen sofort vom Schafott herunter; die Stadtvogteiwachen, die den Zug begleitet oder gedeckt hatten, steckten den Säbel in die Scheide und zogen sich zurück. Binnen zwei Minuten bildeten das Schafott und der Henkerkarren zusammen mit dem Scheiterhaufen, der dazu bestimmt war, den widernatürlichen Sohn in Asche zu verwandeln, ein einziges Freudenfeuer ... Noch am Abend wurde der Sohn vom Volk im Triumph durch die Straßen von Versailles herumgeführt.«

Rebellenführer müssen eher klein und schwächlich sein, denn nur der Aufruhr Nicht-Robuster spricht für Stärke der Empörung, ruft überzeugend zur Gefolgschaft anderer Schwacher – und das ist die Mehrheit – auf. Der mächtige Gewaltmensch mag von der Tribüne donnern und akustisch wirken; Geräusche wirken nicht so tief auf die Gefühlswelt wie die Reize des Gesichtssinns, dem wir in erster Linie Abwehr von Gefahren überlassen haben. Ratlosester der Krüppel ist der Blinde, und Blendung war die schlimmste aller Körperstrafen.

Rebellen, die die Leitung übernehmen, sind nicht Vorbeter alter und verblichener Texte. Revolutionen wollen Massenspannung lindern, motorisch sich entlasten und irgendwie zu Werke gehen. Zum Handeln ruft, ganz ohne daß ausdrücklich dazu aufgefordert werde, der Hinweis auf die eigene Stärke und die gegnerische Schwäche, die reiche Beute drüben und die Not im eigenen Lager, das Unrecht dort und hier die gute Sache. Unwille, Zorn, neidvoller Groll sind Wurzeln der »Empörung« jeglicher Gestalt. Gewinn, Erleichterung von Lasten, Wegnahmefreude spornen an. Die brüchigen Gewalten aber, die das Bestehende bewahren und behalten wollen, sind die Nutznießer dieser schweren, bisweilen allzu schweren Bürden. Durch lange Duldung schießt auch auf der Opferseite nichts mehr ins Kraut als Unvollkommenheit von Körper oder Seele.

Ich habe eine der Gestalten, die ich zu untersuchen unternahm, Saint-Just, den damenhaften Aggressiven, »kriminell« genannt, formal juristisch unzureichend, rein psychologisch aber sicherlich beweisbar. Saint-Just hat nie mit eigener Hand getötet. Blut zu vergießen übertrug er Spottgeburten von Parteigerichten, wie sie in Schreckenszeiten immer aus dem Boden wachsen. Die gleichen Richter schickten ihn und seine Sendung in den Tod. Wenn ein Historiker von einem »tugendhaften Tiger« sprach, so hat dabei das mädchenhafte Äußere mitgeholfen, ein schlimmes Trauma dieses jungen Menschen, das sehr viel schwerer wegzuräumen war als die Bastille. Der innere Zwiespalt, der ihn quälte, ließ sich nicht auf eine unvollkommene Gesellschaft schieben. Er mußte sich in Neid auf Glückliche zusammenballen, und die Verrottung seiner Mitwelt, die sich besser dünkte, schien ihm recht zu geben.

Bei keinem großen revolutionären Groll-Geladenen fällt es schwer, nach einem Haß- und, zur Erleichterung, einem Machtkomplex zu suchen. Der Hasser wird auf sehr viel Hassenswertes stoßen, das sich in dieser unvollkommenen Welt nun einmal findet. Zu anderen Komplex-Bedrückten zieht eine Art Verwandtschaft hin. »An Sie, den ich wie einen Gott allein durch Wunder kenne«, schreibt einst Saint-Just an Robespierre [3], und läßt die goldenen Ringe an den Ohren klingeln. Sie beide litten nicht an einer Schwäche, in einem andern Brief [4] »barbarische Humanität« geheißen. Sie hatten beide vor den Frauen Angst. Das war es gerade, was virile Frauentypen tief erregte. In einem Brief an Robespierre schreibt eine junge Witwe: »Seit dem Beginn der Revolution bin ich verliebt in Dich, Du bist meine höchste Gottheit, und ich kenne auf dieser Erde keine andere außer Dir. Als Mitgift biete ich Dir die wahren Eigenschaften einer Republikanerin, 40 000 Francs Rente und meine zweiundzwanzig Jahre [5]«. Die innere Sekretion steigt gleichfalls auf die Barrikaden, wenn große Krisen diese Welt verfinstern.

Noch andere Seelenwunden treffen wir bei revolutionären Führern an. Sie werden von der Umwelt zugefügt und sind, weil Schuldige sich finden lassen, ganz besonders schmerzhaft. Der Vater Robespierres lief plötzlich weg, zuerst nach Belgien, dann nach Deutschland; in München soll er irgendwo begraben sein. Ein Tugendbold in späteren Tagen, war Robespierre unehelich geboren. Für sein Gefühl war alles, was gegen die Moral verstieß, konterrevolutionär.

Mao Tse-tung wird gleichfalls leichter femininer Einschlag zugeschrieben, der eine Frau, die ihn besuchte, abstieß[6]. Da er vier Frauen und auch eine Anzahl Kinder hatte, kann seine innere Reserve nicht sehr weit gegangen sein. Dagegen muß ein anderes Trauma tief sich eingegraben haben. Drei der Geschwister, unter ihnen eine Schwester, wurden bei inneren Wirren hingerichtet. Ob fremdes Leid von eigenem Schmerz erlöst?

II

Die wahre Macht erringt man nicht in Putschen und Kommunen. Nur durch die Dauer weiß sie ihre tiefen Wurzeln zu erweisen. Umsturz ist leicht, Umwälzung schwer. Sie kann durch keine Ladehemmung wie die flüchtige Revolte aufgehalten werden, wenn sie im besten Sinn des Wortes »Fortschritt« ist. Dann kann sie auch den Eingriff fremder Mächte nicht verhindern und führt durch alle Leiden und verwüstenden Exzesse in die bessere Zukunft. Moderne Waffen und die Meinungsbildung durch Maschinen wird es in Zukunft kleinen Gruppen leichter machen, vorübergehend Macht an sich zu reißen. Doch stehen gleiche Mittel ihren Gegnern zur Verfügung und letzten Endes werden nur Bewährung und Besinnung den Konflikt entscheiden.

Man sollte meinen, daß bei großen, geschichtlich ausschlaggebenden Revolten ein Führer aus der Schicht der sogenannten kleinen Leute, der armen Teufel und der Unterdrückten an die Spitze träte. In Wirklichkeit ist es der Mittelstand, aus dem sie beinahe regelmäßig kommen. Der Grund ist, daß sie die Gebrechlichkeiten der Gesellschaft besser kennen und schärfere Ohren für das Einsturzbeben haben, das das bestehende System bedroht. Sie rechnen richtig mit geringerem Widerstand, weil sie aus eigener Erfahrung und Berührung nicht mehr an äußeren Glanz und Nimbus glauben. Sie fürchten weniger einen Gegner, der schon taumelt, indes die untern Schichten grollend, aber folgsam glauben, daß er unüberwindlich ist. Nicht eher werfen sie die Sinnestäuschung ab, als bis die alten Herren, seelisch wie physisch, Fluchtversuche machen.

Aus zwei Berufen kommen führende rebellische Gestalten. Der Vater Robespierres war Anwalt ohne viel Erfolg; in seinen Spuren folgte ihm der Sohn. Lenin war Rechtsanwalt in Petersburg, bevor

Sibirien und Exil ihn reifen und verhärten ließen. Mao Tse-tung, Sohn eines Bauern, verkaufte in dem mittleren Abschnitt seines Lebens Bücher und war Direktor einer Schule. Ein Teil der revolutionären Haltung war der Fremdenhaß, Revolte nicht nur gegen eigene oder fremde Unterdrücker, wie wir sie heute in Amerika erleben. Den alten Gegensätzen sind neue explosive Elemente beigetreten und steigern ihre schwere Lösbarkeit und Sprengkraft.

Auch Fouché fing als Lehrer an, und zwar an einer Klosterschule. Noch ehe wir den Lehrer als Rebellen untersuchen, sei es gestattet, einen Blick auf Geistliche zu werfen. Man denke nur an Thomas Münzer in den Bauernkriegen, Abbé Sieyès und Bischof Talleyrand. Keiner der Stifter unserer Religionen hat geschwankt, den »reinen Glauben« wiederherzustellen und Werte und Gebote umzustürzen. Nichts war erbarmungsloser als die »Bürgerkriege«, die Priester ihre Götter mit einander führen ließen. Für ihre höchsten Wesen ziehen Fromme stellvertretend in den Tod, und jede Schonung, auch der Liebsten [7], wäre Hochverrat und Sünde.

Der Lehrer hat mit Kleinen, Schwachen, Unerfahrenen zu tun. In ihm keimt Überlegenheitsgefühl auf, das leicht verletzt wird, wenn man sein nicht achtet. Da er in seinem Fach mehr weiß als die Kinder, glaubt er an allen Orten, auch im großen, weiten Leben wissender zu sein. So gleitet er leicht in die Rolle eines Tadelsüchtigen und des Malkontenten ab. Als Lehrer ausgezeichnet, wird er unbelehrbar und kommt mit seiner mangelhaften Umwelt in Konflikt.

Der Hochschullehrer hat sich vielfach mit der Selbsterkenntnis abzufinden, daß er, der Bücherwurm, kein Mann der Tat ist. Er nimmt sich selbst als Rebell, als echter stürmischer Rebell nicht ernst und sucht mit Hilfe alter Brutus-Bilder die Studenten zu begeistern. Je überspannter sich der ältere Hochschullehrer äußert, um so viel freudiger hören die Studenten zu und um so weniger schenken sie ihm Glauben. Es ist der Widerspruch von pseudojugendlicher Übertreibung, von Schwäche und Respektsperson, den sie nach all dem trockenen Lehrstoff lächelnd und erfrischt genießen.

Von Follen, der in Gießen und in Harvard lehrte, und der als »kaltverständig« in der Sturm- und Drangzeit seine Worte abwog, stammen diese Verse [8].

»Brüder in Gold und Seid',
Brüder im Bauernkleid,
Reicht Euch die Hand!
Allen ruft Teutschlands Not
Allen des Herrn Gebot:
Schlagt Eure Plager tot,
Rettet das Land.

Dann wird's, dann bleibt's nur gut,
Wenn Du an Gut und Blut
Wagst Blut und Gut.
Wenn Du Gewehr und Axt,
Schlachtbeil und Sense packst,
Zwingsherrn den Kopf abhackst!
Brenn' alter Mut!« ...

Nur wenige Ärzte wird man – von Marat etwa abgesehen, Sprechstunde hielt er in der Badewanne – unter großen Führern von Rebellen suchen. Geburt und Tod, organische Systeme, die fehlerhaft zusammenwirken, gehören zu dem Bilde ihrer täglichen Erfahrung. Das Machtgefühl ist saturiert, denn kranke Menschen müssen sich vor ihnen beugen, und wären es die Höchsten und die Reichsten der sozialen Hierarchie. Wohin ein Umsturz auch die andern Schichten führen möge, sie werden, nützlich und parteilos, jederzeit gerufen. Sie haben mit den Kräften der Natur und nicht mit fehlerhaften Normen des Gesellschaftslebens umzugehen.

Revolutionen wollen ähnlich wie die Kunst des Wundarztes »heilen«. Nur gibt es selten gottbegnadete »Chirurgen«, für Massen-Körperfehler keinen Orthopäden und keinerlei Narkose für den Schmerz. Wir überlassen es bei Volksgewühlen den Gefahrinstinkten der oberen Schichten [9] und des großen Haufens, mit Klarheit sich bewußt zu werden, wann wichtige Zusammenhänge auseinanderfallen. Wir überlassen es bei Staatsgebilden immer noch dem blinden Zufall, ob eine Massenkrise in die Hand des Pfuschers oder eines Schutzgeistes kommt. Wir kämpfen uns mit Krallen und mit Zähnen an ein neues Gleichgewicht heran.

Auch vor dem Schiedsspruch schrecken wir zurück. Einst litten die Athener unter schweren Wirren. Sie riefen einen großen Mann,

Solon, herbei, die drängendsten Probleme zu entscheiden. Er gab Gesetze, die bewundert wurden. Doch bald schlug ihm von allen Seiten Haß entgegen [10]. Friedlicher Ausgleich ließ den Nutzeffekt entfallen, der aus Ermüdung und Verlusten kommt und friedenswilliger macht als bloße Einsicht.

Von drei Gestalten, die vorüberziehen werden, war nach fünf Jahren nur der eine, Fouché, übrig. Wie jener Unhold, Kronos, frißt der Massenaufruhr seine Kinder, als ob es nicht bereits genug der Opfer gäbe. Fouché, der »Königsmörder«, wie er hieß, hatte sich allein dadurch retten können, daß er bedenkenlos dem Rückschlag beitrat, der seine Weggenossen aus dem Leben strich. Als Polizeiminister künftiger Jahre hatte er für Sicherheit zu sorgen, auch wenn es vorerst nur die eigene war.

Robespierre

Der Mann

Abstammung · Jugend 21

Physis 28

Psyche 34

Frauen · Freunde · Feinde 51

Mann und Welt

Aufstieg

Der Demagoge 62

Der Diktator 74

Der Papst 85

Abstieg · Ende 89

DER MANN

Abstammung · Jugend

I

Das Dunkel, das über Robespierres Vater liegt, wird nur durch spärliche Angaben gelichtet. Maximilien Barthélémy François war der Erstgeborene von vier Geschwistern. Der jüngere Bruder lebte nur wenige Wochen; lebenskräftiger waren scheinbar die beiden Schwestern, die in den Jahren 1735 und 1736 folgten. Sie standen in dem Ruf großer Frömmigkeit. Obschon die beiden die geborenen Tanten gewesen zu sein scheinen – ein Zug, den wir häufig in dem von Paris [1] veröffentlichten Stammbaum wiederfinden –, heirateten beide in späten Jahren je einen alten Arzt in Arras und in Douai aus Liebe zu den Kindern ihres Bruders, deren Notlage sie dadurch zu erleichtern hofften.

Robespierres Vater war Anwalt beim Gerichtshof in Arras. In Nordfrankreich müssen wir überhaupt den Ursprung der Familie suchen, nicht in Irland, wie eine Legende wissen will. Auch für eine Verwandtschaft mit Damiens, der am 28. März 1757 wegen eines Attentats auf Ludwig XV. hingerichtet wurde, bestehen keinerlei Beweise. Aktenmäßig wird ein Robespierre zum ersten Male in den Aufzeichnungen der Stadt Béthune um das Jahr 1500 erwähnt.

26jährig heiratete der ältere Robespierre am 2. Januar 1758 Jacqueline Marguerite Carraut, die 23jährige Tochter eines Bierbrauers seiner Heimatstadt. Wenige Monate darauf wurde das erste Kind geboren (6. Mai 1758), das den Namen Maximilien Marie Isidore erhielt. Nach zwei Jahren folgte ein Mädchen, Marie Marguerite Charlotte, zwei Jahre darauf wieder ein Mädchen, das mit 19 Jahren, wahrscheinlich an einer Lungenaffektion, gestorben ist. Abermals nach zwei Jahren kommt ein männliches Kind, Augustin;

das fünfte Kind wird am 4. Juli 1764 geboren, lebt nur wenige Stunden und nimmt wenige Tage darauf die erschöpfte Mutter mit ins Grab.

Von dem Tode der Frau an, deren Hochzeitstag und erste Geburt an ein Liebesabenteuer denken lassen, datieren die Zeitgenossen auffällige Veränderungen im Benehmen des Vaters. Wenn man aber die landläufige Neigung kennt, psychische Veränderungen an Perioden seelischer Belastung anzuknüpfen, so muß man Bedenken tragen, die krankhaften Erscheinungen aus dem Tod der Frau herzuleiten. Er hatte immer für eine eigenartige, verschrobene, hartnäckige Persönlichkeit gegolten [2]. Jetzt arbeitete er nicht mehr. Seit dem November des gleichen Jahres erscheint er nicht mehr in den Sitzungsberichten des Arteser Gerichtshofes, obwohl er Anwalt von einem gewissen Talent, wenn auch bizarren Charakters gewesen sein soll. Stumpf und untätig vegetiert er dahin; der 33jährige bekümmert sich nicht mehr um seine Kinder. Es stimmt nicht ganz, was von anderer Seite berichtet wird [3], daß er wegen Schulden oder wegen eines verlorenen Prozesses brüsk die Stadt verlassen habe. Es existiert noch ein Schuldschein, den er am 22. März 1766 in Arras für seine Schwester Henriette ausgestellt hat. Seit 1768 ist sein Name nicht mehr im Anwaltsverzeichnis der Stadt zu finden. Er muß also 1766 oder erst 1767 verschwunden sein [4]. Jedenfalls verließ er in einer schweren Depression die Heimatstadt. Sein Wandertrieb führte ihn nach Belgien, dann nach Köln. Hier geht seine Spur verloren. Die einen berichten, er habe nach England und nach Amerika gehen wollen, Hamel [5] will wissen, er sei von Kummer verzehrt in München gestorben. Meine Bemühungen, in Archiven und Kirchenbüchern seinen Namen aufzufinden, waren vergeblich [6].

Maximilien war der Erstgeborene dieses seltsamen Paares; er selbst war abstinent, von seinem Bruder aber berichtet ein sehr intimer Beobachter [7], er habe unmäßig viel getrunken; vielleicht kommt hier die Abstammung der Mutter aus einer Brauerfamilie zum Durchbruch. Daß Maximilien einer vorehelichen Konzeption entstammte, ist all den Biographen, die Robespierre verherrlicht haben, unbekannt gewesen oder von ihnen verschwiegen worden, bis Paris den aktenmäßigen Beweis erbrachte. Diese Tatsache hat unter tausend Verhüllungen Robespierres Denken und Fühlen entscheidend beeinflußt. Von dem vielen Unrecht, für das er sich an der

Welt und den glücklichen Menschen rächen zu müssen glaubte, wurde ihm das bitterste von den eigenen Eltern und vor der Geburt zugefügt.

Charlotte Robespierre erzählt in ihren Memoiren [8], daß seit dem Tode der Mutter und dem Verschwinden des Vaters sich eine völlige Wandlung in dem Ältesten vollzog. Das lebhafte Kind wurde auffällig ernst. Von den Spielen und Vergnügungen anderer Kinder zog es sich zurück. Gern war der Knabe allein, in Grübeleien versunken, »schon an die Zukunft der Familie denkend«, wie Hamel [9] etwas kühn und wohlwollend meint. Auch der Tod der jüngeren Schwester, die am 5. März 1780 starb, wird zur Erklärung seines menschenscheuen und melancholischen Wesens herangezogen. Als Kind besaß Robespierre eine große Vorliebe für Vögel, die er in einem Käfig hielt; Tierliebhaberei, Tierbeherrschung ist eines der billigsten Mittel der Selbstbetonung [10], anstrengungslose Miniatur-Tyrannei. Entrüstet weist Charlotte die Legende zurück, er habe sich eine kleine Guillotine konstruiert und den Vögeln den Kopf abgetrennt.

Aus jener Zeit wird des Knaben mit höchstem Lobe gedacht [11]. Er ist ein Engel, sagten seine Tanten, darum ist er dazu geschaffen, betrogen und Opfer der bösen Menschen zu werden. Niemals gab er Anlaß zu der geringsten Klage. Er war ein Musterkind, vom frühen und regelmäßigen Aufstehen bis zur sorgfältigen Toilette und zur morgendlichen Tasse Milch. Er machte nie eine Dummheit, seinen Angehörigen nichts als Freude, war immer folgsam und brav, kurz er zeigte alle Anzeichen von Befehlsautomatie. Diese Vorzüglichkeit, die auf einem Mangel an frischer, jugendhafter, oppositioneller Initiative und auf der Anerkennung durch das reine Bequemlichkeitsbedürfnis der Umgebung beruht, finden wir häufig in der Vorgeschichte Dementiapraecox-Kranker.

Andere auffällige Handlungen werden uns als Zerstreutheiten berichtet, ohne daß wir mit diesen Zügen sehr viel anfangen könnten. Einmal kam er nach Hause. Die Suppe stand auf dem Tisch, aber noch kein Teller. Er nahm eine Kelle voll Suppe und goß sie vor sich auf das Tischtuch. Ernster ist der von Hamel [11] erzählte Vorgang zu nehmen, der das Versunkensein in tiefe Gedanken bei seinem Helden beweisen soll. Auf der Straße lief er bisweilen seiner Schwester weg, wenn ihn ein Gedanke überfiel, sagt Hamel, und wurde in seinem Zimmer schreibend wiedergefunden. Als die Schwester eintrat, fragte er sie erstaunt, woher sie komme, ohne mehr zu wissen, daß er mit ihr spazieren gegangen war.

Der Bischof von Arras [12] verschaffte dem Knaben ein Stipendium auf dem Gymnasium Louis-le-Grand in Paris.

II

Über Robespierres Schulzeit besitzen wir ausführliche Schilderungen eines Lehrers, des Abbé Proyart. Sie sind aus einer starken Abneigung heraus geschrieben, ja bisweilen macht das Buch den Eindruck eines politischen Pamphlets. Trotzdem stimmt vieles zu dem, was wir vom erwachsenen Robespierre wissen. Wir werden den erzürnten Pädagogen deshalb mit einiger Vorsicht anhören.

»Er bewunderte dauernd seine eigenen Gedanken und hielt sie für unendlich viel besser als die der andern. Er sprach wenig. Er sprach nur, wenn man geneigt schien ihm zuzuhören, und dann immer im Tone der Entscheidung und der Sicherheit [13]. Obschon nach Anerkennung gierend und darin unersättlich, nahm er sie, wenn sie ihm zuteil wurde, mit dem Ausdruck kalter Bescheidenheit entgegen, der zu sagen schien: ich fühle, daß ich noch über euerem Lob stehe ... Wenn er in der Klasse Primus wurde, setzte er sich langsam auf seinen Platz wie auf den einzigen, der seiner Begabung zukäme. Wenn einige seiner Mitschüler über ihn zu sitzen kamen, begrüßte er sie mit einem moquanten Lächeln, das seine ganze Mißgunst und seinen verletzten Ehrgeiz überdecken sollte. Er ruhte nicht eher, als bis er sich durch irgend einen üblen Streich an dem gerächt hatte, der über ihn gesetzt worden war oder der die Auszeichnung erteilt hatte [14].«

»Mit diesen Anlagen und dieser Bösartigkeit des Charakters«, fährt der Abbé fort, »erreichte es Robespierre, daß ihn alle seine Mitschüler fürchteten. Von seiner eigenen Vorzüglichkeit fest überzeugt, suchte er sich dadurch für die Liebe zu entschädigen, die seine Kameraden ihm versagten, daß er sich selbst verzweifelt liebte. Oft ließ man ihn während der Pausen, die im Schulzimmer verbracht wurden, allein, und er war verbohrt genug, ganze Stunden mutterseelenallein zu bleiben. Er hätte geglaubt, sich etwas zu vergeben, wenn er auch nur einen Schritt getan hätte, um sich einem Mitschüler zu nähern.«

Im übrigen scheint Robespierre ein fleißiger Schüler von ausreichendem Intellekt gewesen zu sein, sonst hätte man ihn nicht zum Sprecher der Anstalt beim Einzug Ludwigs XVI. gewählt. Wenn man dem Brief trauen darf, den Proyart anführt, und in dem eine Mutter bittet, keinen Verkehr ihres Sohnes mit dem kleinen Robespierre zu dulden, so machten sich in seinem Charakter einige Mängel bemerkbar. Eine Eigenart fing schon damals an sich auszubilden. Die meisten Knaben, die von einem Stipendium lebten, nahmen nicht die Dienste eines Perückenmachers in Anspruch. Robespierre dagegen konnte nicht selten mit einer eleganten Frisur, zerrissenem Anzug und durchlöcherten Schuhen gesehen werden [15]. Daneben erregte es Aufsehen, daß er sich die Adelsbezeichnung beilegte. Noch ist ein Brief an den Abbé Proyart vorhanden (vom 11. April 1778), in dem er um eine Unterstützung bittet. Er wolle dem durchreisenden Bischof von Arras seine Aufwartung machen, besitze aber keinen Anzug. Unterzeichnet ist das Schreiben mit de Robespierre l'Aîné, und es ist interessant, daß seine Schwester Charlotte sich bis an ihr Lebensende de Robespierre genannt hat und auf ihrem Totenschein vom 1. August 1834 amtlich als Charlotte de Robespierre bezeichnet ist [16].

Nach der Schulzeit begann er das Rechtsstudium, das einzige Studium, das mit seinen Gelegenheiten zu logischen Freiübungen für diese Natur geschaffen zu sein schien. Dann ließ er sich als Anwalt in Arras nieder. Seine Erfolge waren nicht bedeutend, trotzdem ihm der Richter von St. Omer zu einer leichten Berühmtheit zu verhelfen suchte, als er die Verordnung erließ: Der Blitzableiter – eine Erfindung, die gerade aus Amerika herübergekommen war – sei von dem Hause des Herrn von Vissery zu entfernen, »comme perturbateur du repos des citoyens et dangereux pour la sûreté publique«. Im Jahre 1782 finden wir unter allen in Arras plädierten Fällen Robespierre mit 17 Prozessen an letzter Stelle. Den ersten Platz nimmt Dauchez mit 65 Fällen ein [17].

Sein Geltungsdrang führte ihn auch in die Gesellschaft der Rosati, einer Vereinigung junger, schwärmerischer Leute, die an bestimmten Tagen nach der Sitte der Zeit im Grünen Liebe, Natur, Freundschaft feierten. Natürlich wurde rastlos gedichtet. Die von Robespierre erhaltenen Gedichte sind steife Produkte feilenden Fleißes, trocken und unpoetisch, wie überhaupt das lustige, schwärmende Leben dieser empfindsamen Jugend seiner Natur fern lag, ja, im innersten Herzen zuwider war. Bei den Rosatis kam Robespierre zum ersten Male mit dem Pionierhauptmann Carnot zusammen. Carnot hat später in seinen Memoiren erzählt, daß er Robespierre bei den Rosatis ganz übersehen habe.

Gleichzeitig trieb es den jungen, unbeschäftigten Anwalt, wissenschaftlich hervorzutreten. Es war die Zeit der Preisausschreiben. Die Akademie von Metz hatte ein solches erlassen, aus der der weinerlich-philanthropische Zug jener Tage sprach: Über den Ursprung der ungerechten und schädlichen Anschauung, daß die Ehrlosigkeit eines verurteilten Verbrechers auch auf die Verwandten zurückfällt. Robespierres Arbeit [18] enthält keinen originellen Gedanken. Gewöhnlich wird behauptet, die Akademie habe Robespierre den zweiten Preis zuerkannt. Das ist nur mit Einschränkungen richtig. Nach Paris [19] traten 22 Bewerber an. Den ersten Preis bekam Lacretelle, Anwalt beim Pariser Parlament. Roederer hatte noch einen weiteren Preis für ein Kanalprojekt der Akademie gestiftet. Niemand hatte sich darum beworben. Dieser Kanalpreis ging jetzt an den Bewerber Nr. 17, den Anwalt Maximilien Robespierre aus Arras [20]. In der Denkschrift [21] finden sich nicht nur die Worte: Mein Reformvorschlag ... »wird nicht vergeblich dem weisen und jungen Monarchen vorgelegt werden, der jetzt auf dem Throne sitzt. Wir haben als Garantie dafür die heilige Leidenschaft, sein Volk zu beglücken, die den Grundzug seines erhabenen Charakters bildet ... Dieses furchtbare Vorurteil zu überwinden, wäre eine neue Art von Triumph, dessen erstes Beispiel er den Souveränen gäbe und dessen Ruhm nicht durch den Glanz der großen Geschehnisse ausgelöscht würde, die seine Regierungszeit verherrlicht haben.«

Nicht nur diese Worte anhimmelnder Schmeichelei finden sich in der Denkschrift; Robespierre nimmt auch den unehelichen Kindern gegenüber einen puritanisch streng moralischen Standpunkt ein. Zwei Jahre später, 1786, vertrat Robespierre als juristischer Jongleur in der Akademie von Arras, deren Mitglied er unterdessen geworden war, mit Entschiedenheit den entgegengesetzten Standpunkt. Seine Rede, die am 27. April 1786 gehalten wurde, dauerte 1¾ Stunden. Die Wirkung war, daß die Akademie kurz danach beschloß, die Vorlesungen dürften nicht länger als eine halbe Stunde dauern. Schon damals muß es zu Mißhelligkeiten zwischen Robespierre und anderen Provinzialakademikern gekommen sein, denn am 14. April 1787 kündigte der Sekretär der Akademie an, der Vorsitzende, damals Robespierre, der der Sitte entsprechend eine kurze Eröffnungsansprache halten sollte, sage ab. »Herr von Robespierre ließe mitteilen, seine beruflichen Pflichten und sein Gesundheitszustand erlaubten ihm nicht, die Ansprache zu halten, zu der er als Präsident am nächsten Mittwoch berufen wäre [22].«

Eine Zeitlang war Robespierre Kriminalrichter in Arras. Er gab diesen Posten wieder auf, ohne daß man wüßte warum. Charlotte hat die Lesart verbreitet, er habe einen Verbrecher zum Tode verurteilen müssen und sich nicht dazu entschließen können. »Ohne Zweifel ist er ein Verbrecher!« ... mais faire mourir un homme!« Wir müssen uns hüten, diesen Zug unbedingt für legendär zu halten: solche scheinbaren Widersprüche führen uns oft tiefer in das Geheimnis einer Persönlichkeit hinein als einfache seelische Reaktionen [23]. Wir werden später sehen, daß der Erfinder des schnell und sicher arbeitenden Revolutionstribunals Versuche mit einem neuerfundenen Schnellfeuergeschütz ablehnte, weil die Waffe den Prinzipien der Menschlichkeit widerspreche. Und wieder ein andermal bekämpfte er den Vorschlag Maurys (Februar 1791), Geistliche dürften als Diener des Friedens und des Mitleids keine Geschworenen sein, weil die Aburteilung der Schuldigen ein Akt der Barmherzigkeit gegen die Gesellschaft sei.

Unterdessen nahte die Revolution. Niemand faßte den Gedanken, keiner sprach das Wort aus, die Kühnsten träumten von Reformen und weitsichtigen Maßregeln einer königlichen Regierung, die unerträglichsten Mißstände durch Gesetze zu mildern. Robespierre stürzt sich in die Politik. Mit der skrupellosen Schärfe des konstitutionell Unzufriedenen geht er gegen den zerbröckelnden Staat, gegen die Reichen, den Adel, den Klerus vor. 1778 hatten die Landstände von Artois in dem enthusiastischen Rausch des amerikanischen Freiheitskampfes beschlossen, auf eigene Kosten eine Fregatte auszurüsten. Das Unglück wollte, daß kurz nach dem Auslaufen das Schiff von den Engländern gekapert wurde. Robespierre griff den Zufall auf und gestaltete daraus eine bösartige Attacke auf die bestehenden Gewalten. »Erinnert Euch«, schrieb er [24], »jener verschwenderischen Ausgaben, deren Anlaß Ihr kennt und die zu nichts anderem führten, als die feindliche Flotte um eine Fregatte zu verstärken, und alles das auf Kosten von tausend Familien, die vor Hunger starben.« Zum erstenmal treffen wir auf die tiefwurzelnde Abneigung Robespierres gegen jede kriegerische Aktion. Wir werden diese Antipathie noch genauer in ihrer Fortentwicklung zu verfolgen und auf ihr Wurzeln im dunkelsten Triebleben nachzuprüfen haben.

Robespierre wurde als Vertreter des Dritten Standes nach Versailles geschickt. Die Gegner haben allerlei Geschichten über einen von ihm begangenen Wahlbetrug hinterlassen. Sichere Dokumente fehlen, im Gegenteil, wir wissen, daß Frankreich bei Beginn der Umwälzung von einer stürmischen Expansivität in die Sphären des Verzichts, der Hingabe und des Opfermuts emporgerissen wurde. Als die Engländerin, deren Memoiren Taine herausgegeben hat, drei Jahre später in Arras weilte und die Bürger fragte, warum sie so schlimme Menschen in die Nationalversammlung geschickt hätten – Robespierre wurde damals von Paris gewählt – da antworteten die Spießer mit schlauem Lächeln, sie hätten lauter Bettler und Halunken nach Paris geschickt, um sich zu Hause Ruhe zu verschaffen [25]. Die gleichen Wähler sandten den Rechtsanwalt Robespierre, ihre Klagen vor den König zu bringen und ihre Interessen, so wie ihre staatsbürgerliche Schulung sie verstand, gegen Regierung und Privilegienbesitzer zu vertreten.

Bei seiner Abreise nach Paris war, so sagt man, der Abgeordnete so arm [26], daß er sich einen Koffer und zehn Louisdor leihen mußte. Fouché war es, bei dem er die kleine Summe entlieh und den seitdem sein verwundetes Selbstgefühl mit giftigem Haß verfolgte.

Physis

III

Dem Selbstgefühl der revolutionären Periode, das von tiefster Niedergeschlagenheit zu äußerster Gehobenheit pendelt, entsprach ein verstärkter Spiegelungstrieb. Die Kulturhistoriker stimmen darin überein, daß während der französischen Revolution eine Unmenge von Malern und Malerinnen, die Züge von führenden und noch unbedeutenderen Persönlichkeiten festzuhalten versuchten, genau wie spätere Revolutionäre sich immer wieder photographieren ließen. Wir besitzen von Robespierre trotz seines kurzen politischen Lebens eine große Menge von Portraits und ein Franzose, Bouffenoir, hat sich in einem umfangreichen Werk allein mit der Ikonographie seines Helden beschäftigt. Diesem Buch verdanken wir die Möglichkeit, die widersprechendsten Darstellungen, die von Robespierres Aussehen, Sprache, Gang, Kleidung und andern Äußerungen seiner körperlichen und seelischen Konstitution gegeben werden, nachzuprüfen.

Wir müssen vorausschicken, daß von den Zeitgenossen fast nur Feinde oder durch die politische Reaktion eingeschüchterte Anhänger sein Bild gezeichnet haben. Nur so läßt sich verstehen, daß ein Mann von so wenig gefälligem Äußern die Massen eine Zeitlang wirklich verführt und eine weltgeschichtliche Rolle gespielt hat.

»Er war von mittlerer Größe«, berichtet Thibaudeau [27], »das Gesicht war mager, die Physiognomie kalt, der Teint gallig, der Blick falsch, seine Manieren trocken und affektiert, sein Ton dogmatisch und diktatorisch, sein Lachen gewaltsam und sardonisch. Als Chef der Sans-Culottes war er gewählt in seiner Kleidung. Er hatte das Pudern beibehalten, dessen sich damals kaum noch einer bediente. Wenig mitteilsam, hielt er selbst die Menschen immer noch in einem gewissen Abstand, mit denen er am intimsten war.«

Montjoie hat mit dem scharfen Blick des Hasses schärfer beobachtet. Er gibt uns Einzelheiten, die für die Beurteilung von hohem Wert sind und unmöglich erfunden sein können [28].

»Seine schlecht geformte Taille, ohne Ausgeglichenheit in den Proportionen, ohne Grazie in den Konturen, war ein wenig unter der Mittelgröße. Er hatte in den Händen, in den Schultern, in den Augen [29] ein konvulsivisches Zucken. Seine Physiognomie, sein Blick waren ohne Ausdruck. Er trug auf seinem gelblichen Gesicht [30], auf seiner Stirn, die er häufig runzelte, die Kennzeichen eines galligen Temperaments. Seine Manieren waren brutal. Sein Schritt gleichzeitig brüsk und schwerfällig [31]. Das harte Überschnappen seiner Stimme schlug schmerzend an das Ohr [32], er schrie mehr, als er sprach. Der Aufenthalt in der Hauptstadt hatte die Härte seines Organs nicht ganz mildern können. Die Aussprache mancher Worte ließ noch den Akzent der Provinz erkennen.«

Lamartine, der bei zahlreichen Zeitgenossen noch herumfragen konnte, hat in seiner Geschichte der Girondisten Robespierres Bild nicht ohne Feinheit gezeichnet. Hier stoßen wir zum erstenmal auf ein Wort der Anerkennung. Er nennt Robespierres Stirn schön, aber klein und über den Schläfen stark ausgebuchtet, »als ob die Menge und die gehemmte Bewegung der Gedanken den Schädel gewaltsam ausgeweitet hätte«, eine etwas dichterische Auffassung anatomischer Verhältnisse. Die Nase war gerade und klein, die Nasenlöcher hochgezogen und allzu offen. Der Mund war groß, die Lippen dünn und in unangenehmer Weise an den Winkeln eingekniffen. Stets lag über seinem Gesicht ein Lächeln, von dem man nicht wußte, ob es Sarkasmus oder Wohlwollen sei. »Auch Sanftmut lag darin, aber eine finstere Sanftmut.« Was sein Gesicht völlig beherrschte, war die wunderbare und andauernde Spannung in den Augen, der Stirn, dem Mund und allen Gesichtsmuskeln.

Häufig finden wir den Vergleich mit einem Katzenschädel (Buzot, Merlin de Thionville, Victorien Sardou). Wahrscheinlich haben die breit herausstehenden Backenknochen und der ungewöhnlich weite Augenabstand Anlaß zu dieser Gegenüberstellung gegeben. Im übrigen wies sein Gesicht starke Pockennarben auf. Ein genauer Kenner (Barère) [33] spricht einmal von seiner lederartig verdickten Haut, die sein sardonisches Lächeln aufwölbt. Seltsam ist, daß wir von grünen rotumränderten Augen hören (Sardou) [34] und daß Mme. de Staël seinen Teint blaß und die Blutgefäße von grünlicher Färbung nennt [35].

Sehr auffällig ist die gewählte Kleidung, die betonte Pflege des Haares, der Sinn für das Kokette [36]. Betrachten wir aufmerksam und mehrfach die Bilder Robespierres, so drängt sich uns der Eindruck des Infantilen, des Stehenbleibens auf einer seelischen Entwicklungsstufe auf, die von der Natur nicht als Dauerform gedacht ist. Dieser Komplex wird auf den letzten Bildern, dicht vor dem Ende, als die furchtbaren Erregungen des politischen Kampfes und der fortschreitende Zerfall der Persönlichkeit ihre Kerben durch sein Gesicht zogen, urplötzlich und übergangslos durch die Züge eines alten Weibes abgelöst. Michelet und nach ihm d'Héricourt haben flüchtig auf das Feminine in Robespierres Wesen hingewiesen [37]. Auf dem Bild von Greuze, das nach meinem Empfinden Robespierre darstellen soll, obwohl die Kunsthistoriker darob sich noch in den

Haaren liegen, scheint uns eine alte, verbitterte Frau, aggressiv und furchtsam zugleich, anzublicken. Die immense Eitelkeit Robespierres, von der Michelet [38] sagt, er habe außer Rousseau und Racine nur Robespierre gelesen, gehört zu dieser Seite seines Wesens. Als der junge Barbaroux ihn besuchte [39], war er starr über den Wandschmuck von Robespierres Zimmer. Er stand in einem niedlichen Boudoir, in dem Robespierre unter allen Formen und Kunstarten ihm entgegenstarrte [40]. Vielleicht hat Mme. Duplay die Mauern geschmückt. Ein gesunder Mann hätte diese Form der Verehrung nicht geduldet. Daß Robespierre von seiner Mutter Spitzen häkeln gelernt und darin eine große Fertigkeit erlangt hatte, entnehmen wir einem Brief an Lequinio [41].

Robespierre lebte sehr mäßig. Alkohol lehnte er ab [42]. Zum Frühstück trank er eine Schale Milch, bisweilen Kaffee. Dagegen liebte er Süßigkeiten. Eingemachte Früchte, die seine Schwester Charlotte ihm schickte und die von der eifersüchtigen Mme. Duplay, seiner Wirtin, der Botin mit den freundlichen Worten zurückgegeben wurden: »Bringen Sie das zurück. Ich will nicht, daß sie Robespierre vergiftet«..., waren die Ursache zu der dauernden Feindschaft zwischen den beiden Frauen. Diese Bedürfnislosigkeit finden wir bei zahlreichen bedeutenden Männern der Revolutionszeit, beim Freiherrn von Thugut, dem österreichischen Staatsmann, dessen regelmäßiges Abendessen ein Glas Wasser und etwas Obst war, bei Fouché und Talleyrand. So sympathisch diese Abstinenz auf den ersten Blick scheint, so beruht sie doch häufig auf einer überwertigen Idee oder einer Störung der Verdauungstätigkeit. Heilige und Revolutionäre kleineren Stils haben in diesem Punkte große Ähnlichkeit [43].

Fréron [44] folgte den physiologischen Anschauungen seiner Zeit, wenn er behauptete, daß Robespierre an Galle erstickte. Deshalb stand bei den Duplays, gleichgültig in welcher Jahreszeit, vor ihm stets ein Teller mit Apfelsinen. Robespierre aß von der Fruchtpyramide mit Gier. »Er war darin unersättlich. Niemand wagte, an diese geheiligten Früchte zu rühren. Zweifellos minderten sie durch ihren Saft das gallige Temperament Robespierres und erleichterten die Zirkulation. Leicht konnte man den Platz, an dem Robespierre gesessen hatte, an den Schalen erkennen. Man bemerkte, daß er sich entrunzelte, je mehr er davon aß.«

Schon Fréron hat an eine Stoffwechselstörung gedacht. Gegen das Ende seines Lebens sprechen mehrere Zeugen, darunter Courtois, von den blutigen Flecken in seinen Augen [45], wahrscheinlich einer Bindehautblutung.

Auf der von Gérard verfertigten Zeichnung Robespierres [46] spricht eine Bleistiftnotiz erneut von »grünen« Augen. Eine Brille trägt Robespierre nur auf zwei Federzeichnungen, dem erwähnten Blatt von Gérard und der kleinen Skizze, die ein Unbekannter am 9. Thermidor hingeworfen hat [47]. Wir können daraus wichtige Rückschlüsse ziehen. Robespierre hat sich, wenn er einem Künstler saß, nie mit der blauen Brille malen lassen, die er zum Schutz seiner entzündeten Augen trug, aber auch nicht mit der zweiten Brille, die ihm zum Lesen diente, die aber wahrscheinlich auch andern Zwecken nutzbar gemacht wurde [48]. Er fixierte damit, wie wir von mehreren Augenzeugen wissen, die Zuschauer, die Tribünen, die Zahl seiner fanatisierten Verehrerinnen, die im Konvent und im Klub den Hintergrund füllten. Er fand die Brille nicht schön oder gelehrt, sonst hätte er sich mit ihr, dieser verhältnismäßig neuen Erfindung, malen lassen. Die Brille diente dazu, seine kleinen, kranken, unablässig zwinkernden Augen zu verdecken, wie wahrscheinlich die ewige Perücke auch irgendeinen Defekt der Haardecke verbarg. Die Brille, damals eine seltene und sehr schicke amerikanische Neuheit, sollte die Aufmerksamkeit der Zuhörer erregen. Und schließlich hatte eine lange Praxis der Volksversammlungen ihn gelehrt, die funkelnden Gläser wie den Edelstein im Haupte des Buddha zur optischen Fixierung des Publikums zu verwenden und damit den Suggestionen seiner schwierigen Oratorik zugänglich zu machen. Daß dieser Versuch gelang, sehen wir schon daraus, daß die Brillengläser in den absichtslosen Beschreibungen gebildeter Beobachter als erster Eindruck regelmäßig auftreten. Mehrfach findet sich das Bild der Schlange, die ihr Opfer erstarren läßt. War es nicht eine Art persönlicher Macht, so war es gute Technik, die diese starke Wirkung erzielte.

IV

Es ist schwer möglich, das, was bei einem Menschen unterdrückt oder verborgen ist, was die Natur ihm halb gegeben oder halb versagt hat, zu erkennen, wenn wir nicht Persönlichkeiten des gleichen Blutes heranziehen und neben ihn stellen. Der Bruder oder die Schwester ist oft Verräter am ängstlich gehüteten Geheimnis eines Menschen.

Charlotte »von« Robespierre zeigte ostentativ aristokratische Neigungen und Antipathie gegen die Plebs; bar ihrer Brüder wäre sie wahrscheinlich nicht ohne Schwierigkeiten durch die Revolution gekommen. In ihren Memoiren sind von mehreren Historikern Unwahrheiten nachgewiesen worden [49]. Wir brauchen nicht zu viel auf Fraueneifersüchteleien zu geben [50], sicherlich aber war Charlotte streitsüchtig, sexuell frigide und bigott.

Die Geschwister liebten sich zärtlich, der Bruder schreibt ihr 1789 [51]: »Dich liebe ich am meisten neben dem Vaterland.« Diese Geschwisterliebe bringt sie gerade mit dem Bruder auseinander. Als Robespierre in das Haus der Duplays gezogen war und Mutter wie Tochter sich des berühmten Junggesellen in allen materiellen Dingen sorglich anzunehmen begannen, zieht Charlotte sich grollend zurück und schreibt den bekannten bitterbösen Brief, den Courtois in seiner Dokumentensammlung veröffentlicht hat und der später in den Archiven wieder aufgefunden wurde, obwohl Charlotte ihn feierlich für erfunden erklärt hatte. Ein ganzes Drama hat sich zwischen den Frauen abgespielt. Später hat sich Eléonore Duplay als Robespierres Witwe gebärdet [52]. Dagegen hat Charlotte in ihren Memoiren [53] immer wieder den platonischen Charakter von Robespierres Freundschaft betont. Habe auch die Mutter Duplay alles darangesetzt, die Tochter zur Citoyenne Robespierre zu erheben, so habe der ältere Bruder ihr ein dutzendmal gesagt, er empfinde nichts für Eléonore, und Augustin habe jede Verbindung mit ihr ausdrücklich abgelehnt.

Dem Wunsch, der verhaßten Feindin einen Schlag zu versetzen, verdanken wir eine bemerkenswerte Charakteristik Robespierres: »Maximilien war sehr leicht zu fangen«, schreibt sie [54], »er ließ sich von Madame Duplay leiten, wie sie wollte. Dieser an der Spitze der Regierung so unbeugsame Mann hatte in seinem Privatleben nicht mehr eigenen Willen, als ihm sozusagen suggeriert wurde.«

Robespierres Bruder war fünf Jahre jünger. Die Schwester hat ihn mehr geliebt als den älteren, den sie vielleicht mehr bewunderte. »Augustin«, erzählt sie in ihren Memoiren, »hatte nach allgemeinem

Urteil von Natur mehr Gaben als Maximilien. Aber er besaß weniger Arbeitslust als sein älterer Bruder. Maximilien und ich warfen ihm oft seine müßigen Neigungen vor... Augustin war groß, wohlgestaltet, mit einem Gesicht voll Adel und Schönheit. In dieser Hinsicht war Maximilien nicht so reichlich bedacht worden... Er war mittelgroß und von zarter Gesundheit. Sein Gesicht hauchte Sanftmut und Güte aus, war aber nicht so regelmäßig gebildet, wie das seines Bruders.« Villiers [55], Robespierres Schlafgenosse aus der Zeit der Konstituante und sein Sekretär, scheint Augustin nicht besonders geschätzt zu haben. Er nennt ihn, etwas im Kasernenhofton, einen »misérable avocassier«, talentlos, falsch, trunksüchtig, unbedeutend und ausschweifend. Geld und Wäsche, die er von ihm entliehen habe, seien niemals wiedergegeben worden. Andere heißen ihn eine vergnügungssüchtige Natur, der auf seinen politischen Missionen stets ein Frauenzimmer mit herumführte, selbst in die Versammlungen der Klubs mitnahm. Dies Verhalten war zwar nicht ungewöhnlich, schickte sich aber wenig für einen Bruder des großen Tugendhaften. Es kam deshalb auch zum Konflikt mit der Schwester und zur Entfremdung mit dem Bruder. Augustin war ein guter Bekannter, beinahe ein Freund des jungen Napoleon. Erst kurz vor dem 9. Thermidor brachte die anschleichende Gefahr die Brüder wieder näher, so nahe [56], daß Augustin mit einer tapferen Geste freiwillig in den Abgrund sich nachstürzte, der den Älteren verschlang.

Psyche

V

Auf den ersten Blick will es scheinen, als ob ein Hauptzug in der psychischen Konstitution Robespierres das erhöhte Selbstgefühl gewesen wäre. Zu diesem Irrtum würden gewisse Äußerlichkeiten der Lebensführung leicht eine oberflächliche Betrachtungsweise hinführen, eine gewisse vornehme Zurückhaltung, die Betonung des Eigenwertes durch die Umrahmung, Kleidung, Frisur, Mimik, Sprache, Umgang. Eine lange und aufmerksame Beobachtung solcher Persönlichkeiten muß zu einer andern Erklärung führen.

Robespierre gehörte zu den Timiden. Das Wort ist, ohne an

Bedeutung zu verlieren, nicht übersetzbar. Es ist durchaus etwas anderes als ängstlich, schüchtern oder verlegen. Der Timide ist ein Unangepaßter oder eine Persönlichkeit mit langsamem Anpassungsvermögen an Situationen, die sich aus dem Zusammensein mit andern Menschen ergeben. Der Timide fühlt sich einem andern gegenüber, den er nicht genau kennt und der ihn nicht kennt, gehemmt. Er leidet an dem, was ich einmal Intimitätsangst genannt habe. Da der Timide ein sehr reizbares Selbstgefühl hat – und Reizbarkeit ist fast immer ein Schwächesymptom – will er vermeiden, persönlich einen enttäuschenden Eindruck zu machen, häßlich, dumm, ungebildet, unmoralisch zu sein. Der Timide greift deshalb leicht zu dem Korsett einer streng moralischen Haltung, einem einnehmenden äußerlichen Aufputz, guter Kleidung, sorgfältiger Haarpflege [57].

Die Timidität steht meist in Zusammenhang mit Defekten der Sexualsphäre, wenn auch nur auf psychischem Gebiet. In Deutschland ist die Frage kaum angefaßt worden, in den romanischen Ländern aber hat sich in der Literatur und Wissenschaft für dieses schwierige Problem Interesse geregt [58].

Der Timide hat eine starke Neigung für klare Regeln, für das Zeremonielle, für Uniformes und Uniformen. Es bereitet ihm körperlichen Schmerz, bei andern eine kleine Unregelmäßigkeit des Verhaltens oder der Kleidung etwa zu sehen. Er sieht immer irgendwo einen Knopf offen. Man kann häufig beobachten, daß sich mit der Vorliebe für Eleganz und Korrektheit bei sich und bei andern eine große innere Unsicherheit verbindet, die sich am besten hinter käuflicher, äußerlich anheftbarer, gegen Geld beschaffbarer Vollkommenheit verbirgt. Das Monokel ist ein solches Mittel, das Goldarmband, die Zigarette; bei Robespierre war es die Brille.

Der Timide hat aber noch eine andere Neigung, die scheinbar zu seiner psychischen Labilität in Gegensatz steht. Er neigt zu Grobheit, Rücksichtslosigkeit, Brutalität. Dugas spricht sehr richtig von der aggressiven Form, die das Unbehagen des Timiden leicht annimmt. Man sucht Streit, Konflikte, ich möchte sagen Naturzustand mit den andern [59], um das Gefühl inneren Unbehagens loszuwerden und gleichzeitig die Hemmung zu überdecken [60].

Dem eigenen Defektbewußtsein entspringt bei gewissen Individuen ein Geltungsdrang vehementester Art. Auch Wehtun ist als eine Erscheinungsform dieser Selbstbetonung anzusehen. Diese Menschen wollen sich wiederfinden in der Einwirkung auf den andern, im Wehtun wie im Wohltun. Auch der erotischen Leidenschaft liegt ein starker Bodensatz dieses verkappten Machttriebes zugrunde [61]. Solche Menschen kann man daran erkennen, daß sie nach Saturierung ihrer Rache für einige Zeit von der Milde des Entspannten, innerlich Erlösten und Gereinigten sind [62].

Dieser krankhafte Geltungsdrang lag auch Robespierres Wesen zugrunde, wühlte in ihm, und suchte Nahrung in den äußeren Geschehnissen. Robespierres in Arras und in den ersten Jahren des parlamentarischen Lebens angestoßene, reizbare, gedemütigte Schwäche war nicht imstande, durch eine große positive Leistung seine politischen oder menschlichen Konkurrenten zu schlagen, und damit sein hungerndes Selbstgefühl zu füttern und aufzurichten. Diese Schwäche, die verdoppelt wurde durch das deutliche Gefühl, schwach zu sein, war wie gemacht für Zeiten der Verbitterung, der Rache, des Hasses, des Wehtuns. Jetzt in den Stürmen der Revolution konnte er seinen detraktiven und destruktiven Trieben aus sozialen Gründen, aus »Humanität«, freien Lauf lassen. Er konnte aus Liebe zum Volk und zur Menschheit, aus lauter edlen Motiven Böses tun. Da paßte er hin. Da war er beinahe geistreich, wirklich klug, scharf, schneidend, nahezu glücklich und beinahe staatsmännisch. Die Ausnahmesituation der Revolution wandelte, soweit das zerstörende Stadium in Betracht kommt, sein seelisches Minus in ein Plus um. Er, der sitzengebliebene Mann, mußte deshalb von ähnlichen Naturen so heftig abgestoßen werden. »Madame Roland«, sagt Michelet [63], »machte Robespierre besonders durch ihre glänzenden und männlichen Eigenschaften wild. Alle beide hatten das, was die Menschen zu nähern scheint, was aber im Gegenteil zwischen ihnen die heftigsten Antipathien erregt, den gleichen Fehler. Unter dem Heroismus der einen, der Hartnäckigkeit des andern lag ein gemeinsamer Defekt, sagen wir ruhig eine Lächerlichkeit. Beide taten nichts anderes als schreiben. Sie waren die geborenen Federmenschen.« Michelet hat das Problem doch nicht ganz erschöpft. Mme. Roland, Frau und Herrin eines Greises, dessen Bilder über seinen Schwächezustand keinen Zweifel lassen, und der nie etwas anderes als Vater, Freund und Ernährer für sie war, mißachtete alle Naturen, die ihr ähnelten, weil sie gedemütigt ihr Spiegelbild in dem

Mann erblickte, der für sie kein Mann war. Dazu kam, daß die virile, merkwürdig jung und frisch aussehende Frau sich selbst für schön hielt und die Menschen danach beurteilte, ob sie diese Schönheit zu Genüge empfanden, wie Robespierre alle Menschen danach beurteilte, ob sie ihn geistreich, bedeutend und tugendhaft fanden. Mme. Roland war auch geistig viel zu hochstehend und zu gebildet, um nicht Robespierres magere intellektuelle Ausstattung zu erkennen. Sie nennt ihn einmal mit der kränkendsten Bezeichnung, die eine kluge und verwöhnte Frau dieser schwätzenden Zeit erfinden konnte [64]. Außerdem wurde ihr gepflegter Geschmack durch die Pseudoeleganz beleidigt, die den Massen echt erschien, von der kultivierten Frau aber sofort als gemacht empfunden wurde. Sie merkte nicht, wie sie einen Robespierreschen Fehler beging, Äußerlichkeiten, Formalitäten überschätzte, wenn sie an Robespierres oratorischer Kunst Kritik übte [65], seine triviale, grelle Stimme rügte, seine Ausdrücke ungewählt fand und an seinem »sächselnden« Dialekt Anstoß nahm. Daß Robespierre trotz Studium und Akademie ein ganz ungebildeter Mensch war, unterliegt keinem Zweifel. Sein Intellekt macht den Eindruck, als ob er nach der Schulzeit stehen geblieben wäre. Sonst könnten wir uns nicht die ewigen Zitate aus den Schulklassikern erklären [66], die nur ganz selten durch einen Namen aus der englischen Revolution abgelöst werden. Wer von den Jakobinern, wer von den Marktweibern, die ihm im Konvent Beifall zukreischten, wußte etwas von Catilina oder Brutus? Am Ende der Revolution wirbelten diese Klänge wohl als mechanische Inhalte in den Köpfen des Volkes herum, die instinktiv Begeisterung oder Haß auslösten, sowie der entsprechende akustische Reiz an ihr Ohr schlug. Wer wußte etwas von einem Schierlingsbecher und warum Sokrates ihn hatte leeren müssen? Und doch bewegen sich Robespierres Reden völlig in dieser schülerhaften Phraseologie. Obwohl er eigentlich noch ein junger Mann war, kommen zu der Schulerinnerung und zu den Reminiszenzen aus Rousseau keine neuen geistigen Erwerbungen hinzu. Die Anwendung verfeinert sich; Variationen und Verbesserungen der Technik sind noch zu bemerken. Aber alles ist reproduktiv; fremde Menschen sammeln das Material für seine Reden oder Cicero wird bis zu wörtlichen Übereinstimmungen ausgebeutet. Das geistige Werkzeug wird von Haß und Neid, von Ehrgeiz und andern starken Trieben nur geschliffen und verschieden gehandhabt. Es kommt kein neues Instrument hinzu. Und es ist seltsam, daß gerade dieses Stehenbleiben wieder seine Macht über die Geister verstärkte, daß die Wiederholung seine wirksamste Waffe wird, daß seine intellektuelle Erschöpftheit den Massen als die Charakterstärke imponiert, die keinerlei Abweichen vom Pfade der Tugend und des einmal für richtig Erkannten zuläßt. Robespierre widersprach sich nicht, weil er nie etwas Neues sagte. Rousseaus Einfluß auf diesen versiegenden Intellekt bedarf besonderer Behandlung. Voltaire war das Ideal der männlichen Geister. Rousseau war der Abgott der Frauen und der schwärmenden Jugend. Rousseau, der sich selbst einen effeminierten Charakter genannt hat [67], hatte das gleiche Ideal, das Ideal der Passivität, das etwas eminent Weibliches ist. »Der höchste meiner Wünsche war, geliebt zu sein von allen, die in meinen Bannkreis kamen.« Rousseaus Fortschrittsgedanke war eine Rückkehr. Er spricht selbst von der »Rückkehr« zur Natur. So verführerisch der Ruf seiner Zeit in den Ohren klang, so idyllisch sich edle Gemüter ein goldenes Zeitalter in Wiese und Hain ausmalten, so war es im Grunde doch das Ideal eines ruhebedürftigen, abgewirtschafteten, degenerierten Psychopathen, der dem Kulturekel seiner übersättigten Zeit einen zündenden Ausdruck lieh und den regressiven Tendenzen, die im Einzelnen und in den Massen schlummern, einen gewaltigen Anstoß gab.

Die Frau bemächtigte sich seiner Lehre wie einer entzückenden, genußreichen Mode. Die Ungläubige berauscht sich an den Gefühlen der Anbetung und Hingabe. Die Erfüllung ist nichts, das Glück der Ferne ist alles.

Rousseaus verschwommene Lehre vom Paradies auf Erden entsprach dem starken mystischen Zug in Robespierres Wesen. Leicht verdeckt durch seine Gegnerschaft gegen die hohe Geistlichkeit, bildete sich bei ihm immer deutlicher ein frömmelnder Zug aus. Daß er seinen Gott das Höchste Wesen oder die Vorsehung oder mit irgendeinem andern großen Namen nannte, darf uns darüber nicht täuschen, Robespierre war kein Freigeist wie Danton und wie die Häupter der Gironde. Ihm, dem Sohn des kalten, grauen, alten Arras, dem Nordländer, lag nicht die freie, heidnische Lebensauffassung der spöttischen Südfranzosen. Seine Seele war voll Furcht und Zagen, voll Mißtrauen und Dunkelheit. Er war in all seinem künstlichen Stolz hilfsbedürftig wie ein Kind und eine Frau, und darum flüchtete er sich in die tröstende Nähe eines übermächtigen Wesens und verbündete sich mit ihm gegen die starke, drohende Welt der bösen Andern.

Schon auf der Schule war Robespierre in Philosophie schwach, gut in Rhetorik gewesen. Seine zahllosen Reden und die inspirierten Reden, die in seinem Auftrag Saint-Just und Couthon halten mußten, setzen durch ihre unendliche Trockenheit, Maniriertheit, Öde, durch den Mangel an starken und tiefen Gedanken in Erstaunen. Im Gegensatz zu Mirabeau und Danton ist nicht ein flammendes Wort von ihm auf die Nachwelt gekommen. Geistreich wird Robespierre, stark treffend und gedrungen im Ausdruck nur, wenn er mit dem Haß, dem Neid, der giftigen Rachsucht denkt, die sein ganzes Wesen bis zum Rande füllte. Nicht einmal beim Kampf auf Leben und Tod im Thermidor gelingen ihm so glückliche Wendungen als wenn er seinen destruktiven Trieben freien Lauf läßt, ja es will beinahe scheinen, als seien die Mächte der Zerstörung so übermächtig gewesen, daß sie auch seinen Selbsterhaltungstrieb betäubt und ausgehöhlt hätten.

Fouché hat nach dem 9. Thermidor den Unterlegenen besser gekennzeichnet als je einer vor und nach ihm: »Ihr tut ihm viel Ehre an, ihm Absichten und Pläne zuzuschreiben. Weit entfernt davon, für die Zukunft vorauszudisponieren, dachte er gar nicht so weit. Er war einfach fortgeschwemmt. Er gehorchte einem Impuls, den er weder hemmen noch regulieren konnte [68].«

Robespierre war körperlich schwächlich. Er suchte seine angeborene Feigheit vom Körper her zu sanieren. Jeden Tag zwang er sich, lange Märsche zu unternehmen. Wir finden ihn im Park Monceaux, wo er versucht, sich auf einem Pferd zu halten, wo er bald derart an allen Gliedern zittert [69], daß er schleunigst absteigen muß. Schließlich übte er sich, nach Frérons Behauptung [70], in der letzten Zeit seines Lebens im Pistolenschießen, obwohl er vor jeder Waffe ein körperliches Unwohlsein empfand.

Wie beim Schwerhörigen mußten sich bei einer Natur, deren Intellekt stark genug war, alle seine Schwächen aufzuzeigen, dessen Geltungsbedürfnis aber in dauernder Revolte gegen die eigene, unüberwindbare Fehlerhaftigkeit war, Beeinträchtigungsideen einstellen. Schon im Blitzableiter-Prozeß hatte er gegen die Vorurteile und Leidenschaften gedonnert, die eine furchtbare Liga gegen die Männer von Genie bilden, und ich möchte immer wieder auf die Wahl der Ausdrücke »furchtbar, schreckenerregend, geheimnisvoll« aufmerksam machen, die einen tiefen Einblick in das Gefühlsleben des Unbestechlichen, dauernd von Angstempfindungen Gepeitschten und Bestochenen erlauben. Je mehr er sich äußerlich durchsetzte, je mehr er der Massen sich bemächtigte, um so lebhafter wurde sein Gefühl des Bedrohtseins; diese Angst entsprang zum Teil dem wirklichen Charakter seiner Lage, sie war aber als Dauererscheinung unelastisch, nicht anpassungsfähig, und ließ ihn dadurch in der Wahl seiner Schutzmittel eintönig werden und fehlgreifen. Um so mehr nutzte er oratorisch sein gefährdetes Leben aus. Er spielte mit Virtuosität auf der krankhaften Weinerlichkeit der Zeit, um dem Volk seine Bedeutung klar zu machen und rückwirkend seine Größe in der Bewunderung der Massen zu spiegeln. Er entwickelte Verfolgungsideen, die in jenen erregten und vehementen Zeiten wohl einen leichten Grad von Berechtigung hatten, deren systematische Entwicklung von der absichtslosen Predigt zur inneren Überzeugung aber pathologisch war. In dem Nachruf auf Le Pelletier am 23. Januar 1793 vergißt sich Robespierre soweit, sich fast völlig mit dem Ermordeten zu identifizieren. Er spricht sogar zweimal von dem Inkorruptiblen, einem Prädikat, das er sonst sorgfältig für sich reservierte. Er spricht von Mördern, die jene Abgeordneten angegriffen und verfolgt hätten, welche sich durch ihren Eifer bei der Verurteilung des Tyrannen, des Königs, ausgezeichnet hätten. Noch tiefer läßt uns der Antrag eines unbekannten Redners im Jakobinerklub blicken, der fordert, man solle Robespierre bis zum Konvent begleiten, »parceque l'autre soir il a pensé être assassiné« [71]. Schließlich erscheint er nicht mehr in der Öffentlichkeit ohne eine Garde starker Männer [72] mit eisenbeschlagenen Stöcken [73]. Zeitweise wie der Heiland, mit dem er gar nicht so selten von seinen früheren und späteren Verehrern verglichen wurde, in die Wüste, so zieht er sich völlig zurück und es ist schwer zu sagen, ob wir hier einen schlauen Kunstgriff, einen wirklichen Krankheitsfall [74] oder eine Form der Isolierung vor uns haben, in der er sich vor vermeintlichen Gefahren und Gegnern versteckte und die auf geistigem Gebiet eine Dauerlebensform geworden war. Wir wissen, daß er im Jahr nicht mehr als zwei-, dreimal außer dem Hause aß, daß er Menschen und Dinge nur von seinem Schreibtisch und seinem Dachzimmer aus sah und daß er im entscheidenden Augenblick, als es zu handeln galt, jenen tiefsten Grund seines Wesens sehen ließ, aus dem alles aufwuchs, was bei ihm als Leistung gewertet wurde und dessen niederdrückendes Bewußtsein manchmal aus ihm etwas Leistungsähnliches herauspreßte: Das Versagen.

VI

Der Historiker wird sagen, daß Robespierre einen Teil seiner Macht über die Massen seiner Integrität verdankte, für die er selbst die Formel l'Incorruptible gefunden hat [75]. Wir sahen, daß Robespierre bei der Leichenrede für Le Pelletier sein eigenes Idealbild zeichnete und von Unbestechlichkeit [76] sprach. Er hatte Titel, Ausnahmen, Privilegien bekämpft. Aber stets liegt einer so heftigen und leidenschaftlichen Gegnerschaft eine geheime unglückliche Liebe, die »Decoritis« revolutionärer Zeiten zugrunde. In jenen Tagen sah das krankhaft erregte Mißtrauen der Massen überall Verrat und Bestechung; in Robespierres Reden und in jenen, die in seinem Auftrag gehalten wurden, ist bis zur Erschöpfung von Reichtümern, Schätzen, Gold, geheimen Kanälen die Rede. Nachdem er alles applaniert hatte, nachdem der König – ein interesseloser, schlafsüchtiger, zu völliger Passivität erstarrter Debiler – nur noch erblicher Repräsentant des Volkes war, es nur noch Bürger gab und Leute, die einander duzten, war die Zeit gekommen, sich selbst zur Exzellenz zu ernennen.

Das Wort »unbestechlich« hatte (neben der Spitze gegen alle andern) noch eine Nebenbedeutung, die nicht mit Geld, wohl aber mit Einflußnahme etwas zu tun hatte. Hier war der Ersatz für die etwas dürftige intellektuelle Ausstattung, hier war etwas, was die schutzbedürftige, nicht ästhetisch oder geistig genußgierige Masse [77] als ein Mehr empfand. Auch seine Gegner und mit großem Aufwand seine Freunde erwähnen seine strengen und ernsten Sitten. Den Massen, die lieber sehen als nachdenken, imponierte der einsame, elegante Mann, in dessen Leben keine junge Frau eine Rolle gespielt hatte und den deshalb die älteren, die unglücklichen, die unzufriedenen Frauen bis zur mystischen Schwärmerei verehrten. Keine Kinder, keine lärmenden Stückchen Alltäglichkeit verbanden ihn mit dem allgemeinen menschlichen Niveau [78]. Er war anders als die meisten Menschen und deshalb gab es eine Zeit, in der man ihn für besser [79] und für größer hielt.

Wir werden Robespierre und jenen Kreis von Menschen, aus denen sich der Machtfetischist rekrutiert, ganz anders verstehen, wenn wir uns nicht mit der mageren Erklärung guter »Sitten« begnügen, sondern diesen Punkt seiner physischen und psychischen Konstitution besonders aufzuhellen versuchen. Hier sind die Angeln, in denen seine ganze Persönlichkeit hängt. Ist das Leben eines Menschen nichts anderes als Selbstbehauptung gegenüber den feindlichen Kräften der Umwelt im weitesten Sinne, physische Selbstbehauptung und seelische Selbsterhaltung, so ist die Form dieser äußeren und inneren Rettung gegen die Vernichtungstendenzen des Milieus wesentlich abhängig von der Eigenart des stärksten Triebkomplexes, der Sexualität, ja es läßt sich sagen, daß alle Lebensäußerungen eines Menschen nur Materialisationsphänomene dieser stärksten Konzentration von Fortdauer-Tendenzen sind.

Robespierres Vater hatte überstürzt geheiratet, weil das kommende Kind ihn dazu zwang. Die Schwestern des Vaters, Amalie-Adelgunde-Henriette (am 27. März 1736 geboren) und Marie-Marguerite (am 3. Januar 1735 geboren), haben beide im 41. Lebensjahr und beide Ärzte geheiratet, die offenbar eine Empfangsdame oder eine Haushälterin brauchten. In der Großmutterlinie finden wir Klosterfrauen. Von den drei überlebenden Kindern Maximilien, Charlotte und Augustin hat keines Kinder hinterlassen; angesichts dieser gehäuften Vitalitätsabschwächung drängen sich die Schlußworte aus Kleists Michael Kohlhaas, einem andern Revolutionär, auf: »Von Kohlhaas aber haben im vergangenen Jahrhundert im Mecklenburgischen einige frohe und rüstige Nachkommen gelebt.«

Sexualkrüppel suchen ihren Defekt zu verbergen. Die Vermutung ist geäußert worden, Rousseau [80] habe die schmähliche Handlung der Kinderaussetzung nur gestanden, um zu beweisen und vorzutäuschen, daß er fähig gewesen sei, Kinder zu bekommen, und die Worte in den Confessions: »Nicht das Verbrechen zu gestehen, käme uns schwer an, sondern das Lächerliche und Beschämende« würde vielleicht diese Vermutung stützen. Auch läßt die Behauptung, die eingeschränkte Zeugungsfähigkeit des Mannes sei Beweis für das Naturgemäße der Monogamie, tief in diese Zusammenhänge hineinsehen [81].

Aber war Robespierre ein Sexualzwerg [82]? War er nicht verlobt? Verknüpften ihn nicht intime Beziehungen mit dem jungen Mädchen, das eine alte Jungfer blieb, weil sie den geliebten Mann nicht vergessen konnte? In ihrer Art, sagt Bouffenoir [83] von den beiden, sind sie die Inkarnation stoischer Entschlossenheit der auserwählten Seelen, die sich auf immer an eine heilig gewordene Erinnerung anklammern. Und an anderer Stelle [84] malt er aus, was geworden wäre, wenn Robespierre sich nicht in die hochgehenden Wogen der Revolution gestürzt und Arras nie verlassen hätte. Sein Ideal war damals, ein einfaches und geordnetes Leben zu führen, umgeben von der Wertschätzung und der Liebe seiner Mitbürger. Er hätte irgendein treuherziges und lachendes Mädel geheiratet und niemals hätte ein junges Paar glücklichere Tage gekannt... Das alles sind Redensarten, die mit der Wirklichkeit in Widerspruch stehen. Robespierre hat außer sich selbst nie einen Menschen wirklich geliebt. Ein junges Weib hat nie seinen Weg gekreuzt und verwirrt. Mit aufrichtiger Entrüstung hat er es abgelehnt, ein Mädchen gekannt zu haben, um deren Gunst sich viele beworben hatten, die schöne und stürmische Théroigne de Méricourt [85]. Den sexuellen Dingen stand er mit dem Furchtkomplex des Insuffizienten gegenüber, der sich an Hygiene und Moral klammert [86]. Wie Rousseau empfand er Entsetzen vor der unbegreiflichen Kühnheit des Lasters. Deutlich saß ihm die unbestimmte, unüberwindliche Sexualfurcht, die beim heranwachsenden Menschen physiologisch ist und die mit der Fertig-Montierung des Sexualapparats allmählich wegfällt, im Nacken. Was aus diesem Schwächegefühl wütend hervorsprang, war aggressive Moral, Weltverbesserung aus empörtem Neid. Während seiner Diktatur ging Robespierre mit den schärfsten Mitteln gegen die Prostituierten vor, Maßregeln, die nach dem Abbé Proyart [87] einem Polizeichef des alten Regimes alle Ehre gemacht hätten. Robespierres bedingungslose Anhänger werden wir ganz in seinem Sinne als Sittlichkeitsfanatiker auftreten sehen [88], und einer seiner gefährlichsten Konkurrenten beim Ringen um die Volksgunst, Chaumette, war ebenfalls Puritaner [89], und ihm deshalb so verhaßt [90]. Wie bei Torquemada und Cromwell wuchs aus diesem Haß des Genusses und der Sinnenfreudigkeit ein Weltbeglückungsgedanke, der nur durch Blut und Qualen zu verwirklichen sei. Nur daß Torquemada, Cromwell, Saint-Just, selbst Chaumette, Männer der Tat waren und bei der Tat beglückt und entlastet von allen alten Ressentiments aufatmeten. Robespierres Selbstgefühl blieb ewig hungrig und verirrte sich schließlich in die Rolle des Propheten, der die Dinge vorher weiß, während Gott für ihn handelt.

Die Eifersucht wiederum war etwas Feminines an dem Mann, der dauernd an einem Blumenbukett zu riechen pflegte, wie sein Freund Couthon dauernd ein kleines Windspiel auf den Knien trug nach der Sitte der mondänen Damen. Da ist Custine, der alte Haudegen, dessen Adjutant ihm meldet, Robespierre habe ihn zwar bei den Jakobinern vorläufig verteidigt, aber er sehe höchst ungern, daß er ein Mädchen zu seinem Ordonnanzoffizier gemacht habe. Da ist jene bösartige Intrige gegen den jungen Le Bas, den er in dem Augenblick ins Feld schickt, wo er heiraten will, und der von seiner jungen Frau dienstlich getrennt wird, nachdem sie mit tausend Schwierigkeiten endlich geheiratet hatten [91].

Diese Eifersucht erstreckte sich auf die kleinsten Dinge [92] und kam bisweilen durch die Hülle seiner würdevollen Haltung zischend und hemmungslos in dem Messerstich eines haßerfüllten Angriffs zum Vorschein. Wir müssen Robespierre auf die scheinbar bedeutungsloseste Regung begleiten, um seine versteckte und zurückgedämmte Seele zu erkennen.

Am 8. Januar 1794 holte er im Jakobinerklub zu einem plötzlichen Hieb auf Fabre d'Eglantine, Dantons Freund [93], aus. In der Erregung entfuhr ihm ein Vorwurf, der mit einem Schlage sein Inneres enthüllte. »Ich verlange«, fauchte er, »daß dieser Mann, den man niemals ohne eine Lorgnette in der Hand sieht und der so schöne Intrigen auf dem Theater durchzuführen versteht, sich hierüber äußert... Als ich ihn von seinem Platz herabsteigen sah, wußte ich nicht, ob er den Weg zur Tribüne oder zur Türe einschlagen wolle.«

Robespierre trug bisweilen selbst eine Lorgnette, die er mit großer Selbstgefälligkeit handhabte. Nicht nur als Freigeist war Fabre d'Eglantine Robespierre verhaßt [94], nicht nur als politischer Konkurrent unbequem; am stärksten wurde diese enge Natur durch etwas rein Persönliches, durch die vehemente Schmuckeifersucht revolutionärer Zeiten erregt. War nicht auch sein nagender Ehrgeiz eine Erschöpfungserscheinung, Leistungsantrieb aus Insuffizienz, eine sparsame Angst des Unproduktiven, Altgewordenen? Robespierres Hartnäckigkeit, sein blindes Mißtrauen [95], sein Täuschungsbedürfnis, seine Verstellungskunst, überhaupt die ganze Art seiner Politik, die den Gegner in kunstvoll gestellte, langsam ausgeklügelte Fallen stolpern läßt, die auf Vernichtung ausgehen mußte, weil sie den Gegner packen und gewinnen zu können verzweifelte, der völlige Mangel an Großmut, die Unfähigkeit, persönliche Beleidigungen zu vergessen, seine Eitelkeit, die geradezu an der Bluterkrankheit litt, die völlige Unfähigkeit, sachlich und gerecht zu sein, sind feminine Züge, zum mindesten Symptome der Asexualität, ein Gemisch von infantilem Noch-nicht-Können und senilem Nicht-mehr-Können.

Eunuchoid war auch Robespierres Antimilitarismus. Alle Mitglieder des Wohlfahrtkomitees eilten an die Grenzen oder in die aufständischen Provinzen; Robespierre allein blieb in seinem Kabinett [96]. Ihm ging es wie einem andern redenden Mann, Cicero [97]. Nicht daß er den Kampf überhaupt scheute oder daß Blutvergießen ihm allzu schwer ankam [98]. Sein Revolutionstribunal hatte schließlich Formen angenommen, die diesem Vernichtungsinstrument schnellere Arbeit erlaubten als der Rohrrücklauf dem Schnellfeuergeschütz [99]. Robespierre scheute den Kampf mit offenem Visier, unter gleichen Bedingungen. Er wollte nicht vor aller Welt die Verantwortung tragen, sondern das Staatsinteresse sollte die Verurteilung verlangen, das Revolutionstribunal sie aussprechen, Sanson sie vollziehen. Robespierre hatte seinen Privatmilitarismus, den er Liebe zum Volk nannte. Er erfand eine unnachahmliche Technik der intellektuellen Tötung seiner Gegner; weil er hierin Meister war, erklärte er den Vernichtungskrieg gegen den persönlichen Feind und den politischen Konkurrenten für die höchste und einzige revolutionäre Staatskunst. Weil er kein konstruktiver Revolutionär war, fürchtete er den Geist des Schlachtensiegs, statt seinem neuen Staat diese Weihe höchster sozialer Leistung zu geben.

VII

War Robespierre homosexuell veranlagt? Als die Konstituante im Oktober 1789 nach Paris übersiedelte, teilte er sein Zimmer mit einem jungen Mann [100]. Robespierres Freunde werden wir noch genauer durchmustern. Barbaroux, mit dem er eine Zeitlang sehr befreundet war, galt als eine männliche Schönheit, Pétion sah sehr gut aus. Gegen Marat und Fouché hatte er einen körperlichen, schüttelnden Ekel. Ihre äußerliche Ungepflegtheit stieß ihn mehr ab als die Unmoralität ihrer Handlungen. Saint-Just, sein treuester Anhänger, sieht auf den wenigen Bildern, die wir von ihm besitzen, wie ein junges Mädchen aus. Auch die flüchtigsten Beobachter stellen unwillkürlich seine kalte Unentwegtheit den weichen Frauenzügen gegenüber. Was Robespierre für diesen jungen Menschen gefühlt hat, wird sich nie mit Sicherheit feststellen lassen. Es fällt auf, daß Saint-Just, der hochbegabt war, aus unsichtbaren Gründen in einem Abhängigkeitsverhältnis zu dem Älteren stand, das beinahe an Hörigkeit grenzt. Dazwischen taucht noch ein anderer junger Mensch ab und zu auf, Julien, dessen Freundschaftsverhältnis zu Robespierre so bekannt war, daß nicht einmal Carrier sich an ihn herantraute.

Robespierre war sehr kinderlieb [101]. Eines seiner Hauptvergnügungen, wenn er spazieren ging, war, kleine Savoyarden vor sich tanzen zu lassen und sie zu beschenken. »Il était si bon«, sagt Mme. Le Bas [102]. Sie berichtet, Robespierre sei niemals glücklicher als in diesen Augenblicken gewesen.

In seinen Anekdoten (erschienen 1814) erzählt Harmand de la Meuse, Robespierre sei zum Erzieher des Dauphins vor dem 10. August bestimmt gewesen. Man wollte der Revolution entweder eine Stütze wegnehmen oder Robespierre der Volksgunst entfremden. Als Beweis seiner Bereitwilligkeit sollte Robespierre den Défenseur de la Constitution herausgeben, der, man weiß nicht von wem finanziert, in zwölf Nummern erschienen ist und zwar sehr zur Unzeit, denn jeder verfassungsmäßige Zustand war bereits am Dahinschwinden. Die Königin habe den Plan vereitelt. Robespierre habe sich getäuscht gefühlt und sei mit Volldampf ins demagogische Lager abgeschwenkt [103].

Lacretelle behauptet in seinem »Précis histoire de la Révolution française« (1809–10, IV, 302), Robespierre habe sich neuen Lastern hingegeben, die seinem Temperament eigentlich fern lagen, die aber die unerträgliche Unruhe seines Innern ihm eingegeben habe. So seien letzten Endes seine Entschlüsse in die Irre geführt worden [104]. Dies ist die einzige noch dazu sehr unbestimmt gehaltene Andeutung. Die Frage muß offen gelassen werden, es läßt sich aber nicht bestreiten, daß eine Anzahl von Tatsachen zum mindesten auf homosexuelle Bahnungen hinweisen. Aber auch diese Neigungen waren irgendwie in der Entwicklung angehalten worden. Sie waren stark genug, als quälendes Verlangen ins Bewußtsein zu treten, doch zu wenig heftig, sich bis zur Funktionsausübung durchzusetzen. Sie bildeten ein neues dauer-revolutionäres Element. Wäre Robespierre ein echter und aktiver Homosexueller gewesen, so würde er glücklicher, zufriedener, selbstsicherer und damit weniger grausam gegen die Welt der Glücklichen gewesen sein. Sein Gehirn würde dann nicht als schmerzhafter Widerstand zwischen Anlage und Triebentlastung gestanden und dauernden schwächenden und reizenden Insulten ausgesetzt gewesen sein. So war er zwischen dem Kind und dem Greis, zwischen Mann und Frau, zwischen dem Eunuchoiden und dem Homosexuellen, zwischen Wunsch und Erfüllung stecken geblieben. Wie jener Zwerg mit Doppelstimme, dem künstlichen Baß und der Kinderstimme, der immer im Bett empfing, damit man seine Figur nicht sehe [105], war Robespierre im Geschlechtlichen ein Pygmäe. Da er nicht glücklich und satt sein konnte, sollten es wenigstens die andern auch nicht sein. Er ging daran, das Leben für das Prokrustesbett seiner Theorien soweit zurechtzuhakken, daß es nur noch Zwerge gäbe und er König unter ihnen sein könne.

VIII

War Robespierre ein antisozialer Psychopath, ein Epileptoider, ein Schizoider? Lassen seine überschrille Stimme, sein asexueller Gesichtstypus, seine mimische Verarmung, seine Mischung von Frömmelei und Egoismus an einen Eunuchoiden denken, der rapide alterte, Absencen hatte und der, allen andern Lebensgebieten voran in der Sphäre der höchsten psychischen Leistungen vorzeitig »ergraute« [106]?

Auch hier lassen uns die Tatsachen im Stich. Was wir im Laufe der Untersuchung gestreift haben und jetzt noch mühsam zusammensuchen müssen, reicht zu einer eindeutigen Diagnose nicht aus. Die Persönlichkeit zerbröckelt allmählich. Hatte noch Villiers im Jahre 1790 behauptet [107], seine Schrift sei klar und ohne Korrektur gewesen, so sehen wir im letzten Jahr seine Manuskripte von Durchstreichungen, Wiederholungen, neuen Durchstreichungen überhäuft. Buchstaben werden ausgelassen, i-Punkte und Akzente fallen weg. Ein wüstes, unleserliches Durcheinander liegt vor uns. Dafür wird das Selbstgefühl gesteigert, an den Namen ein gewaltiger Schnörkel angehängt. Selbst die oberflächliche populäre Psychologie sah hier ein Nachlassen [108], eine Veränderung, einen Abbau von Plastizität, eine Erstarrung in mechanischen Wiederholungen.

Die klinischen Symptome sind rar. Wenn auch kein Anfall exakt beschrieben ist, so dürfen wir doch die Abwesenheit Robespierres im Februar und im Juli 1794 von allen Staatsgeschäften nicht nur auf raffinierte Absichtlichkeit, wir müssen sie eher auf Verstimmungszustände zurückführen, die sich dann regelmäßig in einem Vorstoß gegen die politischen Gegner entluden. Es waren »Absencen«, Äquivalente von Bewußtseinstrübungen, Zustände einer besonderen Empfindlichkeit, die instinktiv zu einer Isolierung treiben, wie ja die Ohnmacht psychisch isoliert und in Ermanglung feinerer Anpassungsmechanismen ein zweckmäßiges Schutzmittel ist. Am Ende dieser Abwesenheiten sehen wir bei Robespierre Affekthandlungen, denen er zwar bei anscheinender Klarheit eine Theorie, eine politische oder humanitäre Maske umhängt, Maßregeln, die er scheinbar geordnet begründet, die aber, wie der gerichtliche Mord an Danton und der Mordversuch an seinen Gegnern im Thermidor letzten Grundes impulsive Triebhandlungen sind. Den ängstlichen, vorsichtigen Zauderer sehen wir sich in die gefährlichsten Unüberlegtheiten stürzen. Nur in der Zwangsmäßigkeit können wir eine Erklärung für diesen Widerspruch finden.

Den Historikern mußte dieses Moment entgehen; ich möchte auf einen Vorgang aufmerksam machen, den Vilate [109] erzählt hat und der nicht angezweifelt werden kann, da Vilate ihn nur nebenbei streift, um ein Wort von Robespierre zu erzählen, das in diesem Zusammenhang nebensächlich ist. Robespierre, Saint-Just und Barère speisten zusammen. Damals spielte der Prozeß der Königin, in dem Hébert gegen Marie Antoinette den Vorwurf erhob, sie habe sich an ihrem Sohn sexuell vergangen. Die Königin hatte mit einem Appell an das Gefühl aller Mütter stolz und sehr heftig die Anschuldigung [110] zurückgewiesen und starken Eindruck auf die Zuhörer gemacht. Robespierre hatte den jungen Richter am Revolutionstribunal eingeladen, um Näheres über den Gang der Verhandlungen zu hören. Als er von der Antwort der Königin hörte, »stieß er wie von einem elektrischen Schlage getroffen so heftig mit der Gabel auf den Teller, daß sie zerbrach« [111]. Prieur seinerseits hat berichtet, daß am Ende einer heftigen und langen Szene im Wohlfahrtskomitee Robespierre vor Erschöpfung »übel« wurde [112]. Diese Züge sehen sehr nach einem Epileptoiden, ja nach einem Epileptiker aus. Nehmen wir seine peinliche Pedanterie, seine Übereleganz, sein frömmelndes Wesen, den hypochondrisch-querulatorischen Charakter, die amok-artige Reizbarkeit, die Mischung von Süßlichkeit und bösartiger Heimtücke, die Umständlichkeit des sprachlichen Ausdrucks, die zweifellos epileptische Note seiner affektiven Entlastungszustände, die Brasserie-Mutter (dem Wandertrieb des verschollenen Vaters lag eine schizophrene Verstimmung zugrunde), hinzu, so könnte die Diagnose Epilepsie nicht unbegründet erscheinen.

Andererseits lassen nicht wenige Züge an einen schizophrenen Prozeß denken. Robespierre wurde mit 36 Jahren hingerichtet. Die deutlichen Veränderungen setzen etwa mit 32 Jahren ein. Auf den besseren Gemälden, etwa dem von Greuze, sehen wir einen abgemagerten alten Mann mit verzerrten und gespannten Gesichtszügen. Mund und Wangen scheinen zu »lächeln«, aber an Augen und Stirn erkennen wir, daß es sich nur um einen pathologischen Reizzustand der unteren Gesichtsmuskulatur handelt [113]. Die Entscheidung, ob Robespierre im Anfangsstadium eines fortschreitenden Krankheitsprozesses stand, wird durch den gewaltsamen Tod unmöglich gemacht. Es ließe sich auch denken, daß die deutliche Veränderung der Persönlichkeit, ihre Verfinsterung, Vergröberung und Verwaschung einem physiologischen Abnutzungsvorgang zuzuschreiben wären [114]; denn sechs Jahre revolutionärer Politik vermögen den Menschen wohl aufzureiben. Aber dazu sind die Veränderungen zu grob. Wer sich nicht durch die erhaltenen Reste formaler Logik, durch eine gewisse Schlauheit, die in all ihrem Raffinement kurzsichtig und selbstmörderisch erscheint, durch die rednerische Routine des Mannes täuschen läßt, sieht Defekte klaffen, die nahezu die Persönlichkeit in jeder komplizierteren sozialen Beziehung unmöglich machen [115]. Robespierre lebte in dem Milieu einer Familie rückhaltloser Bewunderer wie in der Reibungslosigkeit einer Anstalt. Zu Konflikten war hier kaum die Möglichkeit gegeben, obwohl andere Menschen, die ihm nahestanden und ihn gewiß auch sehr schonten, wie sein Bruder und seine Schwester, mit ihm zusammenstießen. Robespierres soziale Beziehungen beschränkten sich in der letzten Zeit auf den Konvent, das Komitee und den Klub. Diese Beziehungen werden nicht nach rationellen Gesichtspunkten geregelt. Nur sein immer stumpfer werdendes Affektleben entschied seine Zuneigung wie bei dem jungen Julien, und sonst sein Haß, sein Neid, vor allem zunehmend und alles beherrschend, sein Furchtgefühl. D'Héricault [116] hat auf die Randbemerkungen aufmerksam gemacht, die sich von Robespierres Feder in den Akten des Wohlfahrtskomitees [117] finden. Ihre Brutalität, ihre sinnlose Gewaltsamkeit lassen jede Hoffnung auf Umkehr zu nicht reinterroristischen Methoden als vergeblich erscheinen. Man muß sich hüten, zwischen den Gewaltakten, die jemand selbst begeht und denen, die einer begehen läßt, vor allem ein körperlich Schwacher, psychologisch einen Unterschied zu machen. Höchstens könnte man sagen, daß der, welcher Gewalttaten begehen läßt, grausamer ist, weil ihn nicht der Affekt fortreißt, den rückwirkend jede starke Muskelkontraktion erzeugt und entwickelt; und weiter könnte man behaupten, daß er gefährlicher ist, weil es für ihn kein Müdewerden und Erschlaffen, keinen Überdruß an der eigenen Untat gibt.

Sehr früh hatte sich in Robespierres Musterhaftigkeit ein starker Zug von Befehlsautomatie gezeigt. Sein Mangel an Elastizität, seine sogenannte Hartnäckigkeit waren negativistische Züge. Allmählich geht ihm, von Affekthandlungen abgesehen, völlig die innere Initiative verloren. Die Erfindung des Höchsten Wesens ist ein Rückfall in Schulerinnerungen; kaum der Name ist sehr neu. Im Augenblick der Entscheidung, während Sieg oder schmachvoller Tod auf des Schwertes Schneide steht, drängen ihn seine energischeren Freunde im nächtlichen Saal des Rathauses, den Aufruf an die insurrektionellen Sektionen zu unterschreiben. Der Konvent duckt sich bebend in seinem Saal zusammen. Alles kommt darauf an, wer in diesem Augenblick des Schwankens die furchtbare Waffe der Scheinlegalität an sich reißt und damit den großen Haufen der ängstlichen Spießer ins Bett jagt, die bereit sind, sich dem Stärkeren anzuschließen. Keine Verfassung und kein Paragraph vermag jetzt zu entscheiden, nur ein schneller und kühner Entschluß. Zusammengebrochen sitzt der Diktator da. Er zaudert. Und wie die Freunde angstvoll drängen und drängen, er solle unterzeichnen und zu den Waffen rufen, kommt aus seinem Munde die Frage: In wessen Namen? ... Seine Maniriertheit ist in stumpfe Apathie übergegangen; kein Affekt bäumt sich rettend auf. Jeder Wille ist erloschen. Keinem Diktator, einer subalternen Untertanennatur zerschmettert im nächsten Augenblick ein Pistolenschuß den Unterkiefer [118].

Robespierre war mit einer starken Neigung für Symbolik behaftet. In Davids Festentwürfen treffen wir sie auf Schritt und Tritt an. In kleineren Dingen mag sie oft unbemerkt geblieben sein. Beim Fest des Höchsten Wesens trug Robespierre Dunkelviolett, die Farbe von Frankreichs Königen, wenn sie trauern. Es ist wohl auch nicht ganz ohne Absicht gewesen, wenn dieser Mann, dessen innerstes Wesen unfranzösisch, mystisch war, bei einem Zimmermann wohnte. Sein Freund David hat ihn den Christus der Revolution genannt, und er gehörte zu den wenigen, die an einer Sonntagssitzung nicht teilnehmen wollten (Rede vom 30. März 1792).

Auch grobe Geistesstörungen sind von Robespierre beschrieben worden, nachdem die Vermutung, er sei geistig nicht gesund, schon in den Anfangsjahren der Revolution von ernsthafter Seite geäußert worden war [119]. Die Darstellung, die von einem Gegner ausgeht, ist von keiner Seite bestätigt worden. Es ist wahrscheinlich, daß der offene Ausbruch einer Psychose [120] einem größeren Kreis von Personen nicht unbekannt geblieben und nach dem 9. Thermidor, als alles über den Toten herfiel, literarisch verwertet worden wäre. Obschon es durchaus nicht richtig ist, was Hamel [121] von Robespierres Privatleben sagt, er habe in einem Hause von Glas gelebt, diese groben und lauten Erscheinungen hätten nicht verborgen bleiben können. Sie können wissenschaftlich nicht verwertet werden, solange ihnen nicht andere Tatsachen zur Seite treten.

Frauen · Freunde · Feinde

IX

Nach dem, was wir über Robespierres psychosexuelle Konstitution gesagt haben, mag es überflüssig erscheinen über Robespierre und die Frauen zu sprechen. Aber so seltsam es klingen mag, es gibt Beziehungen zwischen Mann und Frau, die sich gerade aus der Asexualität ergeben. Der eunuchoide Mann stellt für einen bestimmten Frauentypus den psychischen Geschlechtspartner dar. Auf die defekte Frau wirkt der defekte Mann als Reiz. Alles was der gesunde Instinkt als unerträglich empfindet, die Logorrhö des Eunuchoiden, seine Koketterie – bisweilen sogar mit Männlichkeit – seine groteske Häßlichkeit, seine psychische Senilität, die durch ewige Wiederholungen wie Überzeugungstreue und Charakterfestigkeit imponiert, machen auf die Frau einen unwiderstehlichen Eindruck, deren Geschlechtssinn entweder von vornherein abartig gestaltet ist, durch krankhafte Prozesse gelitten hat oder durch die Involution pervertiert ist. Wie beim ersten ratlosen Erwachen des Geschlechtstriebes, so treten bei seinem Erlöschen autistische Formen der Selbstbefriedigung hervor: Masturbation der bloßen körperlichen Nähe, der einfachen Berührung mit Worten, Blicken, Briefen. Das Ruhebedürfnis eines leidenden oder eingeschrumpften Sexualapparats wird durch die Frauenscheu des Eunuchoiden angeregt und beruhigt. Aus der Furcht der Frau vor dem Mann und aus der Angst des Mannes vor der Frau[122] entsteht, fern von aller Gewaltsamkeit der wirklichen Liebe[123] eine sanfte, körperlose, warme kleine Intimität; körperlos vor allem dann, wenn eines der beiden oder beide mit irgendeiner körperlichen Mißbildung behaftet sind, die eine heiße aber schwächliche Scham zu verstecken sucht, statt den Glanz einer reichen und starken Persönlichkeit über den kleinen Fehler zu gießen und einen Reiz daraus zu machen.

Robespierre zog die alternde Frau stark an. Die Seele seines Aufenthalts in der Rue St. Honoré war Mme. Duplay, deren Sinnen und Trachten in Fürsorgehandlungen für ihren Liebling aufging. Früh hatte Robespierre auch begonnen, auf die Frau als Masse zu wirken und sich unter den politischen Weibern entzückte Anhängerinnen zu verschaffen. Den Neid und die Haßgefühle der unglücklichen, der häßlichen, der revolutionären Frau saturierte Robespierre durch seinen Sittlichkeitsfanatismus[124], durch sein Vorgehen gegen die Liebe, wo er sie irgendwie aus einem moralischen oder politischen Grunde packen konnte. Aber auch den ausgeprägten Hang der alternden Frau für kleine Anregungen ihres Selbstgefühls, für Huldigungen, für Aufmerksamkeiten[125] ließ er nicht zu kurz kommen. Er hatte gegen Ende seiner Laufbahn eine besondere pantomimische Form der Rhetorik ausgebildet. Er spielte mit ernstem Gesicht Theater und wuchs allmählich in die Rolle hinein, je mehr er ihren Erfolg bemerkte. Condorcet hat die Gefahr frühzeitig geahnt[126]: »Er hat sich einen Ruf von Untadligkeit zurechtgemacht, der auf völlige Heiligkeit hinzielt. Er steigt auf die Bänke. Er spricht von Gott und der Vorsehung. Er nennt sich einen Freund der Armen und der Beladenen. Er läßt sich von Frauen und von Schwachen im Geist begleiten. Mit ernstem Gesicht nimmt er ihre Anbetungen und Huldigungen entgegen.«

Wenn wir später den Fall der Catharine Théot, einer mystischen Geisteskranken, und ihre Beziehungen zu Robespierre betrachten, werden wir das Problem noch einmal aufgreifen: Robespierre als Haupt einer fanatischen Sekte und die ältere, die hilfsbedürftige, die unglückliche Frau, deren Ressentiment sein Zerstörungsdrang tiefe Befriedigung gibt und deren Hoffnung auf Ausgleich, auf Belohnung in dieser und in einer besseren Welt er anregt und zu verkörpern sucht.

X

Robespierres Feinde waren großenteils einmal seine Freunde; man kann zweifeln, ob man dieses Verhältnis Freundschaft nennen darf[127].

Von der Schule her war er mit Camille Desmoulins bekannt, den er aufs Schaffot schickte. Carnot und Fouché[128] haben seinen Lebensweg in Arras gekreuzt. Auch Herman[129], der Präsident des Revolutionstribunals, war Richter in Arras gewesen. Von Robespierre bedroht, die nahende Gefahr empfindend und von ihr zu entschlossenstem Handeln getrieben, hatte Fouché die diplomatischen Fäden gezogen und vereinigt, die den Diktator zu Boden rissen.

In den ersten Monaten der Revolution soll sich Robespierre an Mirabeaus Fersen gehängt haben[130]. Bald wuchs der kleine Abgeordnete von Arras und versuchte sich in einer ruhigen, wohlanständigen Gegensätzlichkeit[131], wenn der große Tribun sich eine Blöße gab. Später sah man ihn als unzertrennlichen Begleiter Pétions. Ihre Intimität war bekannt und dauerte so lange, bis

Pétion durch seine Absetzung Abgott der Pariser geworden war. Pétion war ein ziemlich unbedeutender Mensch, der seine Popularität einem angenehmen Äußeren und einem sonoren Organ verdankte[132]. Der kritiklose Enthusiasmus der Massen, ihr Anbetungsbedürfnis war damals so groß, daß man den gutmütig ehrlichen Bürgermeister von Paris öffentlich mit Jesus Christus verglich, daß man ihm die Pferde ausspannte. Es genügte, daß er sprach, um hinzureißen. Was er sprach war gleichgültig. In dieser Zeit höchster Popularität sehen wir Robespierre tiefverletzt sich von dem Freunde trennen. Mit der erregten Eifersucht sehen wir ihre Grundsätze auf politischem und sozialem Gebiet, die bis dahin die gleichen gewesen waren, auseinandergehen. Im September 1793 wurde der angebetete Mann verhaftet, nach dem 31. Mai außerhalb des Gesetzes gestellt; er fand in der Bretagne einen einsamen Tod. Wie bei Bailly schlug die Verehrung[133] der Massen in wildesten Haß um[134]. Es war, als ob sich das hungernde, unglückliche, vor Furcht wahnsinnig gewordene Volk für jeden Jubelruf rächen wollte, den es ausgestoßen hatte.

Mit einem andern Girondisten verband Robespierre eine Zeitlang eine Art Freundschaft, mit Barbaroux. Barbaroux galt für einen der schönsten[135] Männer des Konvents. Ein aufmerksamer Beobachter hat beschrieben, er sei trotz seiner 28 Jahre dick und aufgeschwemmt wie ein Vierziger gewesen[136] und damit den Gedanken an eine endokrine Störung nahegelegt[137]. Auch dieses Attachement schlug in heftige Feindschaft um. Robespierre war es, der durch die mobilisierten Massen dem Konvent den Ächtungsbeschluß gegen die Girondisten abtrotzte, mit dem er auch seinen früheren Freund traf.

Von einem bestimmten Augenblick an gibt es in der Gefühlswelt Robespierres kein Schwanken mehr. Wahrscheinlich hat er nie Freunde gehabt; von jetzt an gibt es sicher keine Freundschaft mehr für ihn. Er geht ein Bündnis mit zwei seltsamen Persönlichkeiten ein, in dem er durch Alter, Hartnäckigkeit und politische Routine dominiert. Der jüngste von den dreien stellt Robespierres hohler Technik sein Talent zur Verfügung, seine Erfindungsgabe und die unerschütterliche Konsequenz einer fixen, aber großen Idee. Der andere trug seinen krankhaften Mystizismus, seine Inquisitorenunerbittlichkeit hinzu. Erst von jetzt an kommt in Robespierres

Haltung etwas wie ein Gedanke. Wenn er in seinen Handlungen auch jetzt noch destruktiv ist, sein muß, so tauchen in seinen Worten doch bisweilen Perspektiven höherer Art auf. Der Gedanke an Versöhnung, Entspannung, an Ausgleich nicht rein mechanischer Natur, treibt oberflächlich, aber doch sichtbar auf den Wellen seiner vehementen mörderischen Prinzipien. Obschon es zu spät ist umzukehren, vom Kampf mit dem inneren Feind zur Regierung eines Staatsgebildes überzugehen, machen sich schüchterne Ansätze bemerkbar, an die eigene sichere Machtergreifung zu glauben und zu den Faktoren dieser ruhig und überlegen gehandhabten Staatsmacht auch den politischen Gegner zu rechnen. Das ist der Einfluß Saint-Justs, seines kalten und überhitzten Gläubigen, und sehr viel weniger Couthons, seines gelähmten, rettungslos und unbegreiflicherweise ihm verfallenen Verehrers.

Couthon war ursprünglich der Ansicht gewesen, »es sei noch recht milde, Robespierre einen Intriganten zu nennen. Er sei einfach ein gemeiner Kerl« [138]. Seine Jugend und sein angenehmes Gesicht, dazu seine Lahmheit, das war es, was ihm im Konvent Sympathien verschaffte. Er führte die Lähmung auf ein Liebesabenteuer zurück, bei dem er eine Nacht über in Kälte und Nässe sich habe verborgen halten müssen. Aulard [139] hat aber im National-Archiv ein ärztliches Attest ausfindig gemacht und zum Teil kopiert, in dem von ganz andern Exzessen die Rede ist. Wir müssen wohl an eine Affektion der Gehirngefäße oder an eine Erkrankung denken, die neben den Pyramidenbahnen die höheren Nervenzentren ergriffen hatte, denn wir finden bei ihm eine merkbare Progressivität. Ursprünglich war er ziemlich ruhig und gemäßigt. Er hatte eine ausgesprochene Abneigung gegen Marat wie gegen Robespierre und Sympathien für die Gironde; aber diese stieß ihn zurück. Er wurde nicht, wie er erwartet hatte, in das Komitee für Verfassungsfragen gewählt, und schwenkte zum Berg ab. Jetzt entwickelt sich aus diesem freundlichen und gutmütigen Menschen ein starrer Mystizismus, dessen Anfänge schon in den puritanischen Übertreibungen früherer Zeiten erscheinen. Seine Lähmung nimmt zu. Er wird zur Tribüne getragen. Er gewöhnt sich daran, seine Krankheit demagogisch auszunützen. »Moi l'ennemi du peuple!«, ruft er am 20. Pluviôse II aus, »moi qui ai déjà perdu au service du peuple la moitié de mon corps.« Er glaubt allmählich wirklich, sein Leiden sei eine Folge seiner politischen Aufopferung. Seine Züge verändern sich wie sein Wesen. Auf dem Bilde von Bonneville erscheinen sie regelmäßig und edel. Auf einem späteren Gemälde wird er als »vieux, décharné, grimaçant, l'œil rusé et la bouche sardonique« beschrieben. Auch bei Couthon hat der frühzeitige plötzliche Tod eine genaue Feststellung des Krankheitsbildes verhindert. Jedenfalls haben wir Anlaß, die Vermutung einer Arteriosklerose dem Gedanken an eine syphilitische oder metasyphilitische Erkrankung voranzustellen. Dagegen spräche das Alter (er wurde 1756 geboren), dafür die Weinerlichkeit, Gereiztheit, die mimische Verziehung, das vorzeitige Altern, der Schlaganfall. Überhaupt sind arteriosklerotische Veränderungen die Berufskrankheit des aktiven Revolutionärs.

Im Konvent saß er auf seinem Platze, stets ein Hündchen streichelnd, das auf seinen Knien lag. Er soll Frau und Kind gehabt haben. Sein persönliches Verhältnis zu Robespierre ist nie ganz klargestellt worden. Ihre Freundschaft begann Ende des Jahres 1792. Wahrscheinlich führte sie gemeinsame Neigung zum Mystizismus [140], auf Couthons Seite noch eine Art religiösen Unterwerfungstriebes, zusammen. Couthon war geistig unbedeutend und darum ein doppelt gefährliches Werkzeug in der Hand seines Herren und Meisters. Die große Anklagerede gegen den König ließ Robespierre Saint-Just halten. Couthon stellte die entscheidenden Anträge gegen die 22 Abgeordneten und die Kommission der Zwölf [141]. Das furchtbare Gesetz vom 22. Prairial, diese Ausgeburt einer krankhaften Furcht, begründete und drückte gegen jeden Widerstand Couthon durch.

Saint-Just ist sehr viel schwerer zu begreifen als der einfacher organisierte Couthon; ich habe selbst diesen Versuch in einer längeren Abhandlung gemacht; vieles an dieser problematischen Natur, ja die Hauptsache blieb dunkel. Für mich unterliegt es keinem Zweifel, daß Saint-Just geistig weit über Robespierre stand. Er war organisatorisch begabt, Soldatenblut floß in ihm, und die Utopie, der er sich mit Leib und Seele hingegeben hat, war voller Gedanken und Farben. Saint-Just war klein, schlank, elegant; mädchenhaft nennt jeder Chronist seine Züge. Mit finsterem Haß hat er die Männer verfolgt, die für schön galten: Hérault de Séchelles, Hoche und einzelne der Girondisten, vor allem Brissot, dem seine tiefste Abneigung galt, und dem er in vielen Dingen so ähnelte. Das Kapitel über Freundschaft in seiner idealen Republik läßt in seine verborgenste Triebhaftigkeit hineinblicken. In einer Jugendschrift hat er gewünscht, seine Geliebte müsse immer fünfzehn Jahre alt sein. Auf seinem Totenschein steht als Beruf »Student«, aber dieser Student zeigt eine grandiose Geschlossenheit in seiner politischen Konzeption und in seiner philosophischen Lebensauffassung. Geniale und unsinnige Worte stehen in seinen Reden, schmerzend schlägt ihr abgehackter Stil ans Ohr. Er verlangt Blut, aber er ist ebenso bereit, sein Blut hinzugeben. Er weiß besser als sein Chef, daß die Welt nicht von Schönrednerei und polizeilichen Tricks gelenkt wird, sondern von der Hingabe, dem Beispiel, von der unbegreiflichen Nützlichkeit des Irrationellen. Aber über diese glänzende Anlage huschen die Schatten einer Krankheit. Fleury beschreibt ein späteres Gemälde: »Er sieht maniriert aus. Er grimassiert wie eine verblühende Kokette.« Hören wir nicht die psychiatrische Terminologie? War dieser späte Schüler Lykurgs ein Kranker? Wuchs seine Größe aus einem zerstörenden Prozeß hervor, war die Sonderform seiner Leistung ein Ausfallssymptom? Das Beil des Henkers hat die Beantwortung dieser Frage für alle Zeiten unmöglich gemacht.

Zwei Feinde hat Robespierre zur rechten Zeit der Tod weggeholt; Mirabeau und Marat. Erst mit Mirabeaus Tod war der König und mehr noch das monarchische Prinzip verloren. Erst in dem Vakuum, das nach Mirabeaus Tod entstand, entwickelte sich Spielraum für die kleineren Demagogen, für Marat und für Robespierre. Anfänglich und lange Zeit ist die Reihenfolge im Munde des Volkes Marat und Robespierre, ja bis zu Marats Ermordung ist dieses Übergewicht unverkennbar. An diesen starken Gegner hat sich Robespierre nie recht herangewagt, er ahnte wohl, wie sehr die hemmungslose Heftigkeit Marats die Massen verblüffte und gefangen nahm [142]. Seit dem Ende des Jahres 1792 kommt es zu unaufhörlichen Reibereien im Klub. Robespierre läßt durch seine Freunde den Provinzklubs mitteilen, man solle ihn mit Marat nicht immer in einem Atem nennen [143]. Marat zerschlägt mit einem kräftigen und populären Wort Robespierres überängstliche Feinheiten [144]. Dafür, daß er dem Lebenden zähneknirschend hat weichen müssen, rächt sich Robespierre an dem Toten. Er beschimpft und verdächtigt ihn, indem er ihn verherrlicht. Er klagt ihn an, indem er ihn verteidigt [145].

Marat geht nur wie ein blutrünstiger Tobsüchtiger durch die

Geschichte. Man muß vorsichtiger über ihn urteilen. Konnten Robespierres engstirnige und affektlose Eigenschaften, sein ungeheures Ressentiment, sein Machttrieb und seine intolerante Eifersucht in einer ganz bestimmten Ausnahmesituation Frankreich zu einem tyrannisch und unerbittlich geeinigten Ganzen zusammenreißen, konnten seine innersten bösen Triebe in einem bestimmten Augenblick zufällig genau so wirken wie große, überlegene Staatskunst, konnte seine Selbsterhöhung für ein paar Monate wenigstens Frankreichs Rettung sein, so waren Marat ganz andere Gaben in die Wiege gelegt. Der gleiche Zufall, der Robespierres Größe schuf, hätte aus Marats krankhafter Erregbarkeit, unter der noch starke Reste einer bedeutenden Persönlichkeit lagen, ungeheure soziale und nationale Werte herausholen können.

Marat war in der Schweiz geboren; sein Vater stammte aus Sardinien. Zum Unterschied von den meisten Revolutionären der Zeit, die seltsamerweise 30 bis 40 Jahre alt waren, stand er vor dem 50. Lebensjahr. In Genf hatte er eine sorgfältige Erziehung genossen. Er war viel gereist; er nannte sich mit einem rührend kindlichen Ausdruck der Zeit »étudiant en humanité«. Marat galt in England und später in Frankreich (1777) als ein guter Arzt, der reichlich verdiente. Seine literarische Tätigkeit erregte Aufsehen; noch jetzt sind seine kriminalpolitischen und physikalischen Schriften lesenswert. Seine Untersuchung über die Elektrizität findet man heute noch bisweilen in wissenschaftlichen Werken zitiert.

Schon aus der Zeit seines Studiums wird eine hartnäckige Augenkrankheit berichtet. Er selbst erzählt von einem Selbstmordversuch im elften Lebensjahr [146]. Mit einer außerordentlichen Empfindlichkeit für die Leiden anderer [147] ging eine späte sexuelle Entwicklung einher, doppelt erstaunlich bei einem Südländer [148].

Galt Marat um die Wende der 80er Jahre für einen eleganten, feinfühligen, formvollendeten Gelehrten, so müssen um das 40. Lebensjahr schwere Veränderungen mit ihm vorgegangen sein. Er geriet in erbitterte Streitigkeiten mit wissenschaftlichen Gegnern. Seine äußere Haltung ließ nach. Als seine Freundin, Mme. Roland, ihn besuchte, fiel der entsetzte Blick der gepflegten Frau auf Beine, an denen Stiefel ohne Strümpfe staken, auf ein fettiges, offenes Hemd, lange schmutzige Nägel und eine braune, zottige Brust. Eine langwierige Hautkrankheit, sagen die Zeitgenossen, plagte ihn.

Immer maßloser werden seine politischen Forderungen. Aber hinter der krankhaften Aggressivität kommen immer noch gute, ja tiefe Gedanken durch, kommt die im Zerfall noch bedeutende Persönlichkeit zum Vorschein. Marat hat zuerst den Gegensatz zwischen Kapital und Arbeit geahnt und formuliert, als die reiche Bourgeoisie der Gironde sich noch revolutionär gebärdete, nur weil sie die Privilegierten und den König mit Hilfe der Massen umgeworfen hatte. Marat hat vom ersten bis zum letzten Augenblick von seinem Keller aus das gefordert, was wir heute die Diktatur des Proletariats nennen würden und was ökonomisch betrachtet eine gewaltsame Solonische »Abschüttelung« (σεισάχθεια) gewesen wäre.

In der berühmten Beschreibung, die Fabre d'Eglantine[149] von Marat gegeben hat, finden wir die Sattelnase, Geh- und Sprachstörungen. Wir könnten daran denken, daß eine Hirnsyphilis expansiver Ausprägung dabei war, diese reich angelegte Persönlichkeit zu zerfetzen[150], bis die schöne schizophrene[151] Charlotte Corday auch den Körper vernichtete[152].

Mit diesem Manne ist Robespierre eine große Strecke Weges gemeinsam gegangen. Er hat stets von ihm einen gewissen Abstand gehalten, aber er hat alle seine Exzesse beschönigt und entschuldigt und sich wohl gehütet, gegen den reißenden Strom der Popularität anzuschwimmen, der Marat trug. Sicherlich war ihm Marats Wesen in innerster Seele zuwider, seine Ungepflegtheit, seine bedenkenlose Unvorsichtigkeit und seine tappige rohe Offenheit. So sind sie bis zum Tode Marats nebeneinander hergegangen, ohne sich wehe zu tun, höchstens war Marat derjenige, der sich ein wenig freundschaftlich-respektlos über den ängstlichen kleinen Provinzadvokaten äußerte. Vielleicht war der Gedanke Charlotte Cordays nicht so unsinnig, Robespierre zu ihrem Verteidiger zu wählen; er hätte allen Anlaß gehabt, dem virilen Mädchen für ihren Messerstich dankbar zu sein. Aus der hinterlistigen Rede gegen Marats Überführung in das Pantheon spricht der ganze aufgestaute Neid des politischen Konkurrenten[153]. Jetzt, wo 30 Städte sich um den Namen Marat bewerben, wo Marat ein Vorname wird, wo sein Bild die Schulstuben schmückt, auf Broschen, Ringen, Uhren, Nadeln in Gold, Blech und Porzellan erscheint, beginnt Robespierres unermüdlicher Kampf gegen den Toten. Statt froh zu sein, daß Marat ihm das Feld geräumt hat, empfand er in seinem Tod noch etwas wie eine Superiorität, seinen Aufstieg zum unangreifbaren Ideal, den perfiden Schlag eines Schlaueren gegen die eigene mit Erdenschwere belastete Popularität.

Daß Robespierre die Gironde mit tödlichem Haß verfolgte, versteht jeder, der den exklusiven Charakter dieser philosophischen Clique erkannt hat. Zwischen den Girondisten und dem armen Advokaten aus Arras, dem ungebildeten, frömmelnden Asketen war ein Abgrund und doch wieder manche Ähnlicheit. Sie alle waren Männer der Spekulation, Willensschwache, Melancholiker, weiche, schwankende Künstlernaturen. Jeder innere Rapport mit den Trieben der Masse fehlte ihnen [154], jedes politische Augenmaß ging ihnen ab. Sie konnten reden wie Vergniaud, wenn er Feuer fing und sich aus seiner faulen, unseligen Apathie aufraffte [155], hinreißend und berauschend reden, aber die Tat wurde durch eine Überfülle von Wissen, Gedanken und Zweifeln erstickt. In all dieser glänzenden, begabten und sympathischen Jugend ist der Selbsterhaltungstrieb irgendwie lädiert. Sie wehren nicht ab. Sie liefern sich freiwillig ihren Gegnern aus. Sie haben nicht einmal gelernt zu fliehen [156], wenn sie sich schon nicht wehren wollen. Der Selbstmord ist ihr höchstes Heldentum.

Sie sind zu klug, um die Entwicklung nicht einigermaßen vorauszusehen, aber sie sind zu müde oder zu gleichgültig, dem Feind, der sie aus dem Dunkeln anspringen wird, an die Gurgel zu fahren. Wie so viele Willensschwache führen sie ihren Geist spazieren, sie verwunden und reizen den Gegner [157], der immer erst einige Tage braucht, um auf ihren Angriff zu antworten, dessen komische Feierlichkeit, Pedanterie und provinzielle Eleganz zu geistreicher Abfertigung verlockt.

Nach dem Sturz der Gironde stand Robespierre zwischen Danton und Hébert. Levasseur [158] versichert, Danton sei auf Saint-Justs Drängen geopfert worden, der jeden Dissidenten für einen Verbrecher hielt. Ich möchte meinen, daß der Endkampf zwischen Robespierre und Danton das natürliche Ergebnis der Entwicklung war. Solange Hébert die anarchischen Elemente der Hauptstadt beherrschte, solange die Massen sich an den atheistischen Orgien berauschten, denen Robespierre tief verletzt, zähneknirschend, aber im Augenblick ohnmächtig zusah, brauchte er Dantons Bundesgenossenschaft, seinen Namen und seine donnernde Stimme. Als aber der elegante Bonvivant und Hysteriker Hébert, der in seinem »Père Duchesne« die erste Zeitung für den Mob aller Klassen, mit schmutzigen Worten, Bildern und Gebärden, schwarz auf weiß gedruckt herausgebracht hatte, in die Falle gegangen war, da mußte der Gegensatz zwischen Danton und Robespierre von neuem erwachen.

Danton war gewarnt worden. Aber dieser Kraftmensch verachtete Robespierre im tiefsten Grunde seines Herzens. »Er wird es nicht wagen.« Und er fügte jenes Wort hinzu, das mehr wie alles andere die Erschöpfung kennzeichnet, den Lebensekel und die unüberwindliche Müdigkeit, von der nach fünf Jahren Revolution dieser stürmischste, vitalste und politischste Kopf dieser Zeit befallen war: »Lieber will ich hingerichtet werden als hinrichten.«

Robespierre dachte anders. Er ließ den gewaltigen Gegner, dessen Ruf nach Vergessen und Versöhnung ganz Frankreich durchzittert hatte, hinterrücks durch sein Gericht ermorden. Seinen Schulkameraden Camille schickte er mit in den Tod und setzte Schieber, Schwindler und Ausländer auf die gleiche Bank, um Dantons Namen zu beschmutzen. Robespierre schlug zu, nicht gerade, weil jene die Schreckensherrschaft aufhalten wollten, aber weil sie ihm mit jenem Schrei nach Frieden zuvorgekommen waren, weil sie ihm die heilende Kraft des großen Gedankens vorweggenommen hatten, mit dem er beim Fest des Höchsten Wesens wie ein Taschenspieler und Plagiator jonglierte.

Er bedachte nicht, daß er die Revolution köpfe, wenn Danton, dieser Riese an Wildheit und Energie für immer verschwand. Er vergaß, daß nicht nur der 9. Thermidor in diesem Augenblick begann, sondern auch der Cäsarismus, und tausendmal schlimmer, die stupide Reaktion und der Einzug eines Bourbonen auf den Feldküchen fremder Regimenter in jenes gedemütigte Frankreich, das Danton einst, ein Revolutionär und dabei ein ganz großer Franzose, zur siegreichen Abwehr ganz Europas aufgerufen hatte.

Das ist die eine Gedankenreihe. Tiefem menschlichen Bedürfnis nach dem Sieg des Guten entspringend, ist sie nachträglich konstruiert wie alle Geschichtsschreibung. Daß Dantons menschliche Größe im Augenblick vielleicht eine politische Gefahr, seine Humanität Verewigung der Zwietracht gewesen wäre, gehört zu den Überlegungen, die uns später noch einmal zum Stehenbleiben zwingen werden.

MANN UND WELT

Aufstieg
Der Demagoge

XI

In Straßburg sprachen im Juli 1920 zwei bekannte kommunistische Franzosen zu einer großen Volksmenge. Sie sprachen französisch, von den Zuhörern verstand die Mehrzahl nur deutsch. Ein deutschsprechender Genosse übersetzte Satz für Satz. Die französischen Redner machten den tiefsten Eindruck, die Übersetzung wirkte matt und schal. Der Zufall bewies mit der Exaktheit eines Experiments, daß die Bewegungen der Redner, ihre Mimik, die prachtvoll romanisch dahinrollenden Sätze, ihr kräftiger Affekt die Zuhörer bewegten und in Erregung brachten, nicht der Inhalt, der nur unvollkommen, bruchstückweise oder in der Übersetzung verstanden wurde.

Zur Oratorik des Demagogen gehören deshalb allerlei Momente, die man gewöhnlich nicht zu ihr rechnet, nämlich die äußere Erscheinung des Redners und die mit ihr verknüpften Assoziationen, seine Mimik, die Gesten, ja sogar die Auswahl des Publikums, das ebenso für die Erzwingung eines bestimmten Effekts maßgebend ist wie der inhaltliche Aufbau einer Rede.

Wir kennen Robespierres äußere Erscheinung. Seine epileptoide Komponente sprach sich in einer unüberwindlichen – unüberwindlich deshalb, weil erhebliche Gründe propagandistischer Art für eine Einschränkung dieser Geziertheit gesprochen hätten – Neigung für Soigniertheit aus. Schon als Kind hatte er Spuren dieser Ordnungsanlage gezeigt. Später verglichen ihn wirkliche Männer von Welt mit einem modejournalmäßig gekleideten Schneider des ancien régime. Im Alter verstärkte sich sein Dandytum. Er hat nie die rote Mütze getragen. Auch die anfängliche Ablehnung, die der Klub einigen populären Formlosigkeiten wie dem Reden mit bedecktem Kopf zuteil werden ließ[159], war ganz in seinem Sinne. Allmählich aber wurde die Welle der Formlosigkeit stärker als er. Nur manchmal ließ er in einer bissigen Bemerkung seinen Ärger über die Verlotterung durchblicken, an der die zunehmende materielle Not und die moralische Erschöpfung gleichen Anteil hatten. Er selbst blieb bis zum letzten Augenblick gepflegt, von einer etwas steifen altmodischen Pseudoeleganz, die den alten Frauen so gut gefiel und die den Massen insgeheim imponierte, weil in ihr Abstand und Bessersein lag.

Robespierre war von Natur mimisch sparsam und eintönig. Von Affekten liefen in erster Linie Haß und Furcht über die unbewegte Fläche. Seine Angewohnheit, eine, ja zwei Brillen zu tragen, gaben ihm etwas Starres und erlaubten ihm, jede mimische Unordnung schnell zu unterdrücken. Dazu kam, daß er bei hitzigen und gefährlichen Debatten mit großer formeller Geschicklichkeit ein paar Redensarten zu sagen und dann mit einer kühnen Wendung, etwa mit Rücksicht auf die vorgeschrittene Stunde und die Übermüdung der Versammlung seine Antwort auf den nächsten Tag oder ein späteres Datum zu verschieben wußte. Damit half er sich nicht nur über die klippenreichen Improvisationen hinweg, er verstand es auch, damit seine Physiognomie der prüfenden Betrachtung der Gegner und der Menge zu entziehen. Denn noch immer war hinter der anmaßlichen, schulmeisterhaften[160], kalten Überlegenheit die alte Unsicherheit[161] zu spüren. Die Angst vor dem Spott[162] saß ihm noch im Blut, der seine ersten parlamentarischen Schritte zur Qual gemacht hatte.

Die Ablehnung einer sofortigen Antwort[163] wurde von der faszinierten Masse nicht als Schwäche ausgelegt, ja sie nahm dem Angriff etwas von seinem Resonanzboden. Man kann im allgemeinen überhaupt sagen, daß Robespierre mit nicht geringer Kunst aus der Bewegungslosigkeit seiner Züge, der Mattigkeit seiner Gesten die möglichen Vorteile zu ziehen vermochte und auf die Versammlungen, in denen er sprach, starken Eindruck hervorrief. Den Zuhörern schien seine komprimierte Ruhe im Gegensatz zu der Exaltiertheit der meisten andern revolutionären Redner, sachliche und persönliche Überlegenheit, die Sicherheit der siegreichen Partei anzudeuten. Er fixierte die Versammlung[164] mit den Augen, mit seiner eintönigen Altweiberstimme[165], die etwas Unmenschliches,

Unpersönliches hatte, ja mit der Gestenlosigkeit, die von den blinkenden Augengläsern und dem eintönigen Wortfall nicht ablenkte.

Die Auswahl des Publikums begann Robespierre nach den bitteren Erfahrungen in Arras und in der Konstituante systematisch in Rechnung zu stellen. Daß ihm die Kreise der Gebildeten nicht zusagten, zeigt sein Herumtasten auf publizistischem Gebiet und sein verlegener, bald wieder abgebrochener Besuch im Salon der Mme. Roland. Im Grunde hat sich Robespierre wirklich wohl nur im Jakobinerklub gefühlt. Hier war er in der Anbetung der Tribünen und des immer von neuem »gereinigten« Klubs fest etabliert; Widerspruch macht sich zunächst noch bisweilen bemerkbar, verstärkt sich im April 1792[166] und nochmals nach dem Angriff Louvets im Winter 1792, flaut dann aber ganz ab. Robespierre empfand deutliches Mißbehagen vor offenem Wettbewerb. Er ging nicht in die Provinz oder zu den Armeen, er scheute undressiertes Publikum. Von Zeit zu Zeit sehen wir ihn selbst dem Klub den Rücken kehren und in geheimnisvoller Zurückgezogenheit die Neugier seiner Bewunderer und die Besorgnis seiner Gegner erregen. Sein dankbarstes Publikum, das ihn genau verstand und das er niemals enttäuschte, war jene unbestimmte Masse, die von Gerüchten, Wünschen und Phantasien lebt. Für sie war er wirklich etwas wie ein Messias, der gekommen war, sie aus Hunger und Elend ins gelobte Land der Fülle und des Überflusses zu führen. Zu ihr sprach er nicht mit Worten, sondern mit den Kleinigkeiten seines täglichen Lebens, seiner Zurückgezogenheit, seiner frugalen Lebensweise, der Frauenlosigkeit und der Unverständlichkeit seines dunklen, undurchdringlichen Wesens, die das Volk in geheime Güte, halbgöttliche Macht und das Mysterium der Aufopferung umdeutete.

Robespierre hatte allmählich eine Technik des Verschwindens ausgebildet, die von der Geschichtsschreibung wenig beachtet worden ist, und die wir nur mühsam an Hand der Protokolle des Jakobinerklubs rekonstruieren können. Am 25. Januar 1794 treten im Klub einige Mitglieder auf und geben ihrer Beunruhigung Ausdruck, daß Robespierre seit einigen Tagen nicht mehr erscheint. Zuletzt war Robespierre am 10. Januar im Klub gewesen. Seit Dezember 1793 hatten sich zwei neue Mächte aufgerichtet, waren gewachsen und hatten in der öffentlichen Meinung Fuß gefaßt. Héberts Revolverblatt, der »Père Duchesne«, verlangte Tag für Tag Blut. Camille Desmoulins »Vieux Cordelier« griff die Politik des Wohlfahrtskomitees an, nicht mit einem positiven Programm, aber mit dem immer stärker erklingenden Ruf nach Abkehr vom reinen Terror. Robespierre begann ein falsches Spiel. Er benutzte Camilles Verve, um die Hébertisten zu unterwühlen; er selbst sah die ersten beiden Nummern des »Vieux Cordelier« in den Korrekturbogen durch. Gleichzeitig aber ließ er im Klub einen Beschluß einbringen, der Camille ausstieß. Sowie der Antrag durchgegangen war, ließ er ihn wieder zurücknehmen. »Alle gutgläubigen Menschen«, erklärte er, »müssen sehen, daß ich Camille Desmoulins nicht in Schutz nehme; wogegen ich mich wende, ist, daß er allein gestrichen wird [167].« Offenbar hatte sich jetzt in ihm der Plan festgesetzt, die eine der feindlichen Parteien durch die andere zu vernichten und dann über den Rest herzufallen; dazu brauchte er Camille vorläufig. Vom 10. bis zum 28. Januar 1794 blieb Robespierre verschwunden. Am Tag, ehe er wieder erschien, legten Simond und Jeanbon St. André im Klub gegen die Hébertisten los [168]. Zwar spricht Robespierre am 28. Januar wieder im Klub, verschwommen und dunkel, man solle die notwendigen Maßregeln der Staatsgewalt überlassen, aber dann tritt er plötzlich ganz nach seiner Art wieder den Rückzug an, spricht noch einmal am 7. Februar und ist von diesem Tag an wieder verschwunden. Am 16. Februar erhebt sich auf den Tribünen ein Mann und fragt nach der Gesundheit von Robespierre und Couthon, die beide krank sein sollen. Einige Bürger beeilen sich alles das mitzuteilen, was sie darüber erfahren haben. Der Klub ernennt Kommissare, die sich zu den Patienten begeben sollen [169]. Die Stadt wird durch Gerüchte beunruhigt [170]. Hébert macht nach Art der Schwätzer [171] bei den Cordeliers dunkle drohende Andeutungen, beteuert aber, nicht gegen Robespierre gesprochen zu haben.

Da erstattet Saint-Just, der erst Ende Februar mit Lebas von seiner Mission zurückgekommen ist, den berühmten Bericht über die englische Verschwörung (13. März) [172]. Am Abend des 13. erscheint Robespierre wieder im Klub, jubelnd begrüßt. Am nächsten Tag werden Hébert, Ronsin, Vincent und Genossen verhaftet. Es war nur eine Erinnerung an diesen Vorgang, der im Thermidor den Konvent fürchten ließ, der nach langer Zurückgezogenheit wiedererscheinende Diktator werde auch gegen ihn zum Sprung ausholen.

XII

Wenn man die Gedankengänge aufzusuchen sich anschickt, mit denen Robespierre eine so gewaltige Wirkung ausübte, wenn man etwa daran geht, eine Auswahl von Gedanken aus seinen Reden zusammenzustellen und in ein System zu bringen, so findet man sich verwundert und enttäuscht einer auffallenden Armut der Konzeption gegenüber. Während Marat, der konstitutionell Erregte, manches bedeutende Wort gesprochen hat, während ein halbes Dutzend Worte Dantons Unsterblichkeit errungen haben und in allen Revolutionen zu neuem Leben erwachen, ist nur Robespierres Person lebendig geblieben. Die Kinder seines Geistes haben die kurzen Augenblicke im stickigen abendlichen Jakobinersaal nicht überlebt.

Unterwirft man Robespierres Reden einer näheren Prüfung, so wird dies völlige Vergessen alsbald klar. Der Instinkt des Volkes hat schnell herausgefühlt, daß es keinen großen produktiven Geist vor sich hatte. Nach all den Enttäuschungen, nach Mirabeaus aus den Geheimnissen des eisernen Schrankes aufsteigendem Verrat wollte es keine Genies mehr, nur noch Männer, in deren Schoß es ruhig seinen Kopf legen zu können vermeinte. Darum gab es seinem Liebling den Ehrentitel des Unbestechlichen. Es wollte Charakter, keinen Geist. Es wollte dies schon deshalb, weil Robespierre es gelehrt hatte, daß ohne Tugend kein Mann groß sei, daß nichts als Tugend, Tugend allein Anspruch auf einen Platz im Pantheon der Nation gewähre.

Robespierre stand im Jakobinerklub und später im dezimierten Konvent, wenn auch in geringerem Grade einem Publikum gegenüber, das von bestimmten Affekten aufgewühlt wurde und in einem ziemlich fest gewordenen Rapport zu ihm stand. Dieser Rapport zeigte sich schon bei seinem Erscheinen oder beim ersten Wort eines Gegners. Robespierres ganze absichtliche oder instinktive Bemühung war darauf gerichtet, diesen Rapport nicht abreißen zu lassen und nach Möglichkeit zu verstärken. Daß in dem persönlichen Verhältnis zu den Massen seine Stärke lag, erkannten schließlich auch in höchster Bedrohung die Gegner und jetzt gingen sie daran, diesen Rapport zu unterwühlen. Sehr richtig sahen die Klügsten von ihnen, vor allem wahrscheinlich Fouché, daß man ein so angespanntes Extrem der Vergötterung nicht von vorn anpacken dürfe, wenn man nicht seine Popularität steigern wolle. Sic wußten oder ahnten, daß die Massen, wenn sie einmal ihres Idols sich zu schämen beginnen, rachgierig und grausam aus Beschämung sind. Darum suchte man den angebeteten Mann lächerlich zu machen, und dazu diente die Affaire einer geisteskranken Schwärmerin, die sich Mutter Gottes nannte und von der wir noch sprechen werden.

Robespierres Reden sind also nur als Einwirkungen auf bestimmte Affekte zu verstehen, auf denen er mit einer gewissen Virtuosität, wie auf einem Klavier allmählich spielen lernte. Es kam ihm dabei zugute, daß er diese Affekte der Massen mit Sicherheit erriet, weil sie zum großen Teil ihn selbst stürmisch bewegten. Standen ihm vielleicht nicht immer die Vorstellungsreihen zur Verfügung, mit denen er einen lebhaften Angstaffekt aufstöberte, so mußte die Furcht, die in seiner Stimme bebte, in seiner Gesichtsmuskulatur herumzuckte und durch seine Gesten hindurchzitterte, von tiefster suggestiver Wirkung auf die lauschende Menge, in einem weiteren Sinne beredt sein.

Selten gelingt ihm ein Wort von Kraft und Klarheit, höchstens wenn er an religiöse Fragen rührt [173]. Zahlreiche Beobachter berichten, daß Robespierre gewunden, dunkel und kaum verständlich, eigentlich sehr unfranzösisch gewesen sei. Aber auch dieser Fehler mußte ihm für die Zeit einer bestimmten seelischen Konjunktur zugute kommen. Revolutionäre Perioden sind durch das Vorherrschen – sicherlich organisch bedingter – Angstzustände gekennzeichnet. Das Selbstgefühl findet sich gesteigert, ein Infantilismus, der eng mit dem Wegfall der Selbstkritik zusammenhängt und sich durch intensive Kritik der Außenwelt entschädigt. Schließlich läßt sich in solchen Zeiten eine Verschiebung der Gefühlswertungen beobachten. Einer auffallenden Gefühllosigkeit steht eine ebenso inadäquate Rührseligkeit gegenüber [174]. Alle diese Affekte bewegten Robespierre, und mit ihnen bewegte er die Massen.

XIII

Es ist eine alte Erfahrung, äußerlich anscheinend bescheidene Menschen innerlich voller Ansprüche und Unbescheidenheiten zu sehen. Die falsche Bescheidenheit ist der Hinterhalt, aus dem sie den andern als undankbar und schlecht, in eine ewige Wolke der Gekränktheit und des Besserseins gehüllt, überfallen können.

Wenn Robespierre seinem Meister Rousseau folgend die Menschheit zur Natur, zur Einfachheit und Primitivität zurückführen wollte, so lag ihm daran, sie auf eine Stufe niederer Konkurrenzfähigkeit hinunterzudrücken. Er wollte sie auf das Niveau einer Leistung herabzwingen, auf dem er Weltmeister war, der Tugend. Wie einen rocher de bronze wollte er seine eunuchoide Komponente als Ideal stabilisieren. Jede andere Leistung sollte nachgeordnet sein. Alles Unmoralische ist konter-revolutionär [175]. In jedem Wort, jedem Blick und jedem Gedanken verkörperte dieser Tugendbold die Aggressivität des Vorzüglichen [176].

Kein Wunder, wenn diese Überzeugung in seinen Reden zum Durchbruch kam. Es ist kaum zu glauben, wie Robespierre mit Selbstlob um sich geworfen hat, ohne Überdruß zu erregen. Im Konvent mußte er fürchten, trotz aller Angst noch ein geheimes, spöttisches Lächeln hervorzulocken. Im Jakobinerklub brauchte er seine Selbstvergötterungssucht nicht zu verbergen. Er erfindet die kunstvollsten Wendungen, um sich immer wieder die Zensur »vorzüglich« zu erteilen [177].

Mit starker Wirkung hat Robespierre der Öffentlichkeit gegenüber seine Bescheidenheit verwendet [178]. Nach der Schlußsitzung der Konstituante wurden Péthion und Robespierre die Pferde ausgespannt. Robespierre hielt eine Ansprache, forderte das Volk auf, seine eigene Würde nicht zu vergessen und gegen die Dankbarkeit Mißtrauen zu hegen [179]. Als er einen Angriff gegen Fabre d'Eglantine richtete und ein Mann von den Tribünen: »A la guillotine! [180]« rief, ließ er ihn hinauswerfen. Bei einer Rede Guadets, die voll heftiger Ausfälle gegen ihn war und auf die großer Tumult folgte, bat Robespierre empört, man möge Guadet in voller Ruhe sprechen lassen [181]. Wieder ein andermal wird ein Individuum, das sich ungünstig über Robespierre geäußert haben sollte, gewaltsam aus dem Klub gejagt. Später erscheint Robespierre mit einigen andern – und da wir noch im Jahre 1791 sind, ist die Reihenfolge Péthion, Robespierre, Roederer – und bittet in einer unerträglich geschraubten Rede, seinem Gegner die Verleumdung nicht übel zu nehmen; er habe nur das Recht der freien Meinungsäußerung ausgeübt, und wenn dieses Recht ein Unrecht wäre, so habe jener im übrigen die Bemerkungen bestritten [182]. Sogar das Regierungsblatt, der Moniteur, wird getadelt, weil es über Robespierres Rede geäußert habe, jedes Wort sei einen Satz, jeder Satz eine ganze Rede wert. »Der Stil dieser lobhudlerischen Bemerkung wird von Robespierre ernstlich mißbilligt [183].«

Wie uns schon la femme Chalabre verraten hatte, wirkte diese Bescheidenheit auf den Negativismus der Massen. Nicht geringeren Eindruck machte Robespierres Besonnenheit, hinter der sich seine Entschlußlosigkeit verbarg [184]. Als der Girondist Isnard in den Klub eine gestiftete Damaszenerklinge mitbrachte und sie unter kriegerischen Worten schwang, erhob sich Robespierre, dem jede Waffe ein Greuel war, und bat, man möge alle Bewegungen »einer materiellen Beredsamkeit« unterlassen [185]. Die öffentliche Meinung bedürfe der Führung durch die allerruhigste Diskussion. Daß kein Instrument von größerer materieller Beredsamkeit sein würde als die Guillotine, vergaß der empfindsame Antimilitarist.

Nachdem Robespierre einen Sprühregen von Selbstlob auf das Auditorium hatte niedergehen lassen, begann er dem Appetit der Masse auf Steigerung ihres Selbstgefühls entgegenzukommen. Er erregte die Großmannssucht der Menge mit Mitteln [186], über deren Primitivität wir erstaunen müssen, obschon der Erfolg klar vor Augen liegt. Schon die Girondisten haben ihm dieses Umschmeicheln des Volkes zum Vorwurf gemacht. Einen feinempfindenden Menschen wird diese innerlich unwahre Methode abstoßen, denn im Innersten seines Herzens kann Robespierre nicht gedacht haben, daß das Volk allein gut und gerecht sei [187]. Eher müssen wir an eine Reminiszenz aus Rousseau denken. Die Zuhörer haben sich diesen Sirup gern gefallen lassen und den wie einen Gott verehrt, der ihnen solchen Genuß vermittelte, wenn es auch nur die Freude eines Augenblicks und ein Gift war. Auch hier müssen wir bedenken, daß revolutionäre Zeiten die Selbstkritik zu schwächen und ein krankhaft erhöhtes Selbstgefühl zu entwickeln pflegen, einen zweckmäßigen seelischen Mechanismus vielleicht, sobald wir an die außerordentliche psychische und physiologische Belastung durch solche kritischen Perioden denken.

Mit dem erhöhten Selbstgefühl steht gewöhnlich das gesenkte wirtschaftliche und politische Niveau in Widerspruch. Zwei Möglichkeiten bestehen theoretisch, hungerndes Selbstgefühl zu befriedigen. Die Herabsetzung des Gegners oder die Anerkennung der eigenen Vorzüglichkeit, und, sobald man von Worten zu Handlungen übergeht: Die Vernichtung des Gegners oder die eigene Selbsterhöhung. Was der Redner gibt, ist die kurze Illusion des Eigenwertes. Die Gewißheit der Überlegenheit gibt der große Staatsmann oder Feldherr. Auch Napoleon hat der Masse geschmeichelt. Aber nicht mit Worten. Seine Art der Schmeichelei hatte Wirklichkeitswert. Er sprach zur Nation mit siegreichen Schlachten. Robespierres System der öligen Worte fand ein Ende, als bei Fleurus die Armee der Revolution das Wort ergriffen hatte.

Gehörte zum Verständnis des Eigenlobs noch eine gewisse intellektuelle Anstrengung, war selbst die grobe Schmeichelei nicht ohne geistige Mitarbeit verständlich, so begab sich Robespierre bedenkenlos auf das weite Gebiet der Affekte, wenn er die Mitleidserregung zum festen Bestandteil seiner oratorischen Technik machte.

Das war Robespierres Heldenpose. Mit der sentimentalen Weinerlichkeit des climacterium virile appellierte er an die stärksten Triebe der Masse, ihre Hilfsbereitschaft und ihr Mitgefühl. So oft er das einfache Volk aufrief, seinen Tod zu rächen, sein Andenken zu ehren, war es zur Stelle. Man kann Robespierre den Vorwurf machen, daß er kaum eine größere Sünde beging, als diese wärmsten und edelsten Qualitäten der Masse durch unnötige Inanspruchnahme abzustumpfen und dadurch ihre siegreiche Kraft für die große wirkliche Aktion auszuschalten.

Durch das Mitleid, das er heischt, bricht manchmal, wie Wetterleuchten, eine Drohung durch [188]. Meist aber erwartet er von dem Mitgefühl des Volks seine Rettung. Die Masse mag ihn schützen, denn für sie hat er sich geopfert [189], und ohne Robespierre ist alles verloren. Wie das Volk ihn verteidigen soll, will er nicht sagen. Das Volk muß es selbst wissen. Das Volk soll die Verantwortung tragen. Robespierre hat nichts gesagt. Denn Robespierre ist ein Jurist [190].

Aber auch das Mitleid, das andern gilt, eignet er sich an. Noch lebt er, aber schon ist er ein Märtyrer der Freiheit. Noch hat er sein Leben nicht hingegeben und schon hat er sich geopfert. Er hat Marat und Lepelletier überholt. Er wohnt seiner eigenen Leichenfeier bei, nimmt das Beileid entgegen und ergreift das Wort, um sich und der ganzen Nation zu kondolieren[191]. Couthon aber läßt auftraggemäß die politische Nutzanwendung einfließen. Er macht ein kleines Amalgam, wie es das Revolutionstribunal kunstvoll herzurichten versteht. Wer hat den Mord an Robespierre angestiftet? Das Ausland, Pitt natürlich. Durch wen handelt England? Durch unmoralische Wesen, durch Atheisten, durch Mörder. Wieder ist Robespierre dem Traum seiner Nächte nähergekommen: Der Erfindung des Höchsten Wesens, unter dessen Schutz er der Zweithöchste sein wird.

XIV

Saint-Justs Terminologie ist in auffälliger Weise angefüllt von all den Ausdrücken, die um den Kern des Begriffs »Angst« herumliegen. Für ihn ist die Welt nichts als eine große Verschwörung, voller dunkler Intrigen, voll schrecklicher Bösewichter. Er sieht nichts als Dolche, Mörder, Verstellung, Niedertracht. Auch Robespierre erregt eine unbestimmte Furcht in den Massen; was ihn bewegt, überträgt er auf den nervus vagus von Tausenden. Ihrer inneren Unruhe gibt er die gierig aufgegriffene Scheinursache, dem organischen Angstzustand die psychologische Begründung.

Hatte Robespierre erst einmal die Furcht der lauschenden Masse erregt, hatte er ihr den Genuß einer scheinbaren Allmacht, Güte und Allwissenheit verschafft, dann kam die Giererregung. Jetzt erst ließ er das gereizte und heiß gewordene Tier auf die Beute los, die er ihm hinwarf.

Um zur Macht emporzusteigen, hatte Robespierre nie einen genauen Plan gehabt, aber es ging ihm auch nicht wie Saul, der Eselinnen suchen wollte und eine Krone fand. Erst allmählich ist er in die Rolle hineingewachsen, bisweilen wider Willen, voll Entsetzen vor den Gefahren der Machtergreifung und doch wieder der furchtbaren Anziehung unterliegend, den der Alkoholismus der Herrschaft auf sein reizbares Nervensystem ausübte.

Je höher er aber stieg, um so mehr schienen die Feinde um ihn her aus dem Boden zu wachsen. Je mehr seiner Gegner aufs Schafott stiegen, um so zahlreicher wuchsen die Köpfe der Hydra. Um sich zu retten, um sein nacktes Leben zu retten, mußte er sich an die Herrschaft anklammern. Um zu leben, mußte er töten. Was er trieb, war keine Politik mehr, nur noch Selbsterhaltung. Sein einziges Ziel war die Zerschmetterung der Gegner. Von allen Seiten brach das Unglück, der Hunger, die Invasion, die Verzweiflung über die Revolution herein. Das Volk verlangte nach Opfern und Schuldigen. Robespierre wies seiner Rachgier das Ziel, die Ziele. Wenn die Pariser hungerten und froren, entdeckte er Wucherer und Schieber unter seinen politischen Gegnern. Wenn die Ernten schlecht ausfielen, der englische Krieg die Zufuhr von Kaffee und Zucker sperrte, dann zürnte das Höchste Wesen über die verruchten Atheisten. Wenn die Österreicher Fortschritte machten oder die Engländer Toulon einnahmen, fand er Agenten Coburgs oder Pitts, wenn Dumouriez zum Feinde floh, Mitverschworene des Generals heraus.

Als er durch seltsame Zufälle und durch die Furcht vor persönlicher Rache zur alleinigen Macht gekommen war und seine Utopie vor der Gefahr stand, an der Wirklichkeit wie eine Luftspiegelung zu zerfließen, begann er die Sehnsucht der Massen auf das religiöse Gebiet abzudrehen. Er wollte vom verantwortlichen Staatsmann auf einen weniger vorgeschobenen Posten hinüberwechseln, Verwalter aller der tiefen Trostmöglichkeiten werden, die ein starker religiöser Gedanke in sich trägt. Aber die Massen wollten erst einmal auf dem Gebiet des Magens getröstet werden. Sie ahnten auch, daß dieser Sprung kein genialer Einfall eines Staatsmanns war, sondern ein Notbehelf höchster Verlegenheit und der Durchbruch einer frömmelnden Anlage. Sie lehnten ab, diesen Weg zu gehen, wenn nicht gleichzeitig das Brot billiger würde, der Feind aus dem Lande gejagt wäre und Frankreich wieder etwas Staatsähnliches im Innern geworden sei.

Jetzt rächte sich der Demagoge am Machthaber. Zu stark hatte er das Lustbefriedigungsbedürfnis der Massen mit Ressentiments geladen; sie konnten und sie wollten sich nicht mehr an die passiven Seligkeiten gläubiger Religiosität verlieren. Religion schien ihnen Verzicht, Abwendung von dieser Welt, im letzten Wollen der Gehirne schon der Einsatz der Reaktion. Das Volk war unersättlich geworden, und da er zögerte, seiner Gier militärische Erfolge vorzuwerfen, da wirtschaftliche Erfolge bei dem strudelnden Umlauf aller Gütermassen nicht zu holen waren, so mußte er immer wieder auf das eine furchtbare Mittel zurückgreifen: Rachsucht erregen und Rachsucht befriedigen, Mordlust erregen und Mordlust befriedigen, bis die Geister, die er gerufen hatte, über ihn selbst herfielen und ihn vernichteten.

Er hatte das Volk gelehrt, überall nach Tyrannen zu suchen. Jetzt war er der Tyrann. Wie Luther eines Tages der Wittenbergische Papst gescholten wurde, so war er der überall gesuchte Verschwörer gegen das Wohl des Volkes. Andere enthüllten über ihn ein furchtbares Geheimnis. Die ganze künstliche und verlogene Äußerlichkeit seiner Rhetorik fiel auf ihn zurück [192]. Da sie auf jeden Inhalt paßte und nur eine Reihenfolge von geschickten Tricks gewesen war, konnte man sie mit jedem beliebigen Inhalt füllen wie alles, was nur Technik und Schablone ist. Alle aufgewühlte Furcht, die Gier, das maßlose Selbstgefühl, selbst das aggressive Mitleid – diesmal mit seinen Opfern –, zu dem er die Masse dressiert hatte, standen gegen ihn auf und wurden von seinen Feinden mit der gleichen mechanischen Leichtigkeit gehandhabt, wie einstmals von ihm. Er hatte bisher eine Bestie gezüchtet und auf andere gehetzt. Jetzt fraß sie ihn.

Es hat große Demagogen in der Geschichte gegeben. Aber die Demagogie war nicht ihr Urelement; schon in ihrem Anlauf gegen das Bestehende war etwas Widerwilliges. Zu zerstören, war ihrer Natur nicht gemäß, und mußte zerstört werden; weil die Gegenwart allzu korrupt, verfault und krank geworden war, so hasteten sie über diese Periode hinweg dem Konstruktiven zu. Niemals verloren sie sich in der Lust des Niederreißens, niemals fanden sie alles Bestehende schlecht, niemals waren alle Menschen ihre Feinde, die anders dachten oder deren matt gewordener Instinkt an der ewig toten Vergangenheit festklebte in jener Einfalt des Herzens, die eine menschlich-freundliche Betrachtung Treue nennt. Trotz seines weiten, reifen Geistes war Mirabeau innerlich zu angegriffen, zu gerissen, um ein Demagoge großen Formats zu werden. Er war von dem Unglück und dem Unrecht seiner Jugend zu sehr vergiftet, um nicht erfolgskrank zu sein. Er konnte es sich nicht mehr leisten, unklug, unklug für sich selbst und hinreißend, unüberwindlich an der Spitze der Massen zu sein. Danton war größeren Stils; sonst wäre er nicht in die Falle des kleineren Mannes gegangen.

Es hat große Demagogen in der Geschichte gegeben; Robespierre gehört nicht zu ihnen.

XV

Am 10. Juli 1793 beschloß der Konvent unter dem Einfluß ungünstiger Nachrichten von den Grenzen und den insurgierten Departements, das Wohlfahrtskomitee, das bisher unter Dantons Einfluß gestanden hatte, zu erneuern. Neun Mitglieder sollten den Generalstab der Nation bilden. Von der Einzelperson des Monarchen hatte sich die Exekutive bis zur vielhundertköpfigen Versammlung aufgebläht; jetzt schrumpfte sie wieder zu einem kleinen Kreis zusammen. Jeanbon St. André, Barère, Gasparin, Couthon, Hérault Séchelles, Thuriot, Prieur de la Marne, Saint-Just und Robert Lindet wurden gewählt. Carnot und Prieur de la Côte d'Or kamen am 14. August, Billaud-Varenne und Collot d'Herbois am 6. September hinzu.

Robespierre wurde nicht in das Komitee gewählt; aber seine Getreuen saßen darin und er selbst nahm vom ersten Tag an den Sitzungen teil. Gasparin trat am 27. Juli zurück. Robespierre ersetzte ihn. Anfangs noch Fragen des Unterrichts behandelnd, wuchs Robespierre immer mehr in die Rolle des Ministerpräsidenten hinein. Er war am Ziel seiner Wünsche angelangt. Er hatte die Macht errungen.

Er war am gefürchteten Ziel seiner Wünsche angelangt. Denn ein dunkler Instinkt sagte ihm, daß der Erfolg eine Gefahr sei. Ihm graute vor dem Gottesurteil der Macht.

Robespierre hatte den Massen eine Utopie vorgezaubert. Für alle Schmerzen hatte er ein linderndes Pflaster, eine sichere Kur versprochen. Er selbst hatte neue Schmerzen hinzuerfunden. In Hunderten von Reden hatte er die Massen gelehrt, die höchsten Ansprüche an die Regierung zu stellen. Er hatte ihnen eingeschärft, das Mißtrauen gegen die Machthaber wie eine staatsbürgerliche Tugend zu pflegen. Saint-Just hatte das Dogma verkündet, daß der größte Feind eines Volkes immer seine Regierung sei.

Jetzt sollte die Utopie, deren Lebenselement die Irrealität ist, verwirklicht werden. Wie eine drückende Last fiel die Macht auf Robespierres Schultern. Nie hatte er einen bestimmten Vorschlag gemacht; als der ewige Besserwisser hatte er immer recht behalten.

Jetzt galt es herauszutreten aus dem Versteck dunkler Worte. Seine Ansprüche wurden jetzt an ihn gestellt. Er war sein eigener Feind geworden. Vorbei war die Zeit der Täuschungen. Jetzt sollte es sich nicht nur zeigen, was echt und unecht in seinem Wesen war, nun sollte sich auch erweisen, ob dieses Mannes verzweifeltes Streben nach Macht Perversität eines Eunuchoiden oder gewaltiger innerster Lebenstrieb gewesen war.

Jeder große Revolutionär steht eines Tages vor dieser Prüfung der Macht. Die Machterringung ist ein Kinderspiel gegen die Machtbewahrung. Revolutionen werden immer von den herrschenden Klassen gemacht; die Bourbonen, die Romanows, die Habsburger, die Hohenzollern haben der Trägheit und dem Neuerungshaß der Massen Revolutionen abgezwungen. Durch die Todesgefahr, in die sie ihre Völker stürzten, haben sie ihrer faulen Servilität die rettende Revolte abgepreßt. Ein kräftiges Bismarckwort steht dieser Auffassung zur Seite. Je leichter aber die Machterringung war, um so schwerer ist die Machtbewahrung.

Beinahe automatisch brechen Revolutionen dann aus, wenn die Kurve des Zusammenbruchs einen Tiefpunkt erreicht hat. Bisweilen werfen die höheren Klassen selbst die Macht, die in ihren Fingern brennt, weg, um ihr Leben, noch mehr ihr Eigentum zu retten. Völker machen ihre Revolutionen immer zu spät. Sie kennen keine Offensive, um dem Unheil zuvorzukommen, nur Abwehrrevolutionen, wenn es schon sehr spät, oft zu spät ist.

Der Grund liegt darin, daß die revolutionäre Reife der Massen psychologisch dann erst eintritt, wenn bereits ein kaum ersetzbarer Kraftverlust stattgefunden hat. Massen raffen sich erst dann zum Handeln auf, wenn unerträgliche Schmerzen eine lebenbedrohende Verwundung dem Bewußtsein anzeigen. Dieser Verlust an körperlichen und moralischen Kräften scheint auch die Ursache zu sein, warum fast alle großen Revolutionen sich in ein äußerstes Extrem ausgeschwungen haben [193].

Die Machtbewahrung – denken wir etwa an Cromwell oder Lenin – ist deshalb ein sicherer Beweis für die außerordentlichen Fähigkeiten eines Revolutionärs. Sie erteilt ihm mit vollem Recht Indemnität.

Auch Robespierre hatte in seiner demagogischen Periode sich bisweilen gegen den Strom zu stellen versucht, so bei der Frage der

Kriegserklärung. Aber dann war ein wunder Punkt in seinem Triebleben berührt worden[194]. Auch dauerte sein Widerstand nicht lange. Wenn er sah, daß er der Volksstimmung nicht Herr wurde, wich er mit gewundenen Phrasen zurück. Hatte er sich einmal zum Umfall entschlossen, so pflegte er den politischen Konkurrenten zu überrunden und so weit in seinen Forderungen zu gehen, daß selbst seine Freunde in Erstaunen gerieten.

Die Erklärung der Menschenrechte hatte den Widerstand gegen die Unterdrückung zur politischen und moralischen Pflicht gemacht. Zwar war Robespierre erst am 27. Juli 1793 offiziell in das Wohlfahrtskomitee eingetreten, aber schon am 15. Juni berichtet ein Polizeiagent über eine Ansprache »des Herrn Robespierre«, die er am Abend vorher im Klub gehalten hat[195]. Wir sehen in dieser Rede deutliche Ansätze zum Gouvernementalen[196]. Das Volk von Paris hatte an den Konvent eine Petition richten wollen, alle Adligen in der Armee sollten ihres Amtes entsetzt werden. Robespierre sprach gegen eine solche Petition. Er schloß mit den vorsichtigen, aber deutlichen Worten: »Ich habe eben diskutiert, was das Volk von Paris nicht tun soll; jetzt verlange ich, daß die Versammlung sich mit der Frage beschäftigt, was sie tun soll, um eine gute Organisation des Kriegsministeriums durchzusetzen. Das ist der wichtigste Punkt.«

Nicht ungeschickt spielt Robespierre die drei Faktoren Komitee, Konvent und Volk gegeneinander aus. Schon im September 1793 erwähnen die Polizeiberichte mißmutige Bemerkungen des Publikums, man spreche überhaupt nicht mehr vom Konvent, man suche ihn schlecht zu machen, um nur noch das Wohlfahrtskomitee in den Vordergrund zu stellen. Die Agenten berichten, sie wären gegen diese perfide Interpretation eingeschritten[197]. Am Tag darauf, oder am übernächsten Tag, griff die Mißstimmung auf den Konvent selbst über; man warf dem Komitee vor, es verberge schlechte Nachrichten aus der Vendée und von der Nordfront. Auch Mitglieder des Bergs nahmen an diesem Vorstoß teil. Robespierre verteidigte das Komitee im Konvent, energischer aber, seiner Gewohnheit nach, am gleichen Abend im Klub[198].

Die Revolution hatte das Dogma von der Souveränität des Volkes aufgestellt. Im Frühjahr 1794, als der Hunger in Paris herrschte, begann Saint-Just, der seiner innersten Natur nach immer ein

Befehlshaber, ein unglücklicher Herrschsüchtiger gewesen war, gegen die Auffassung vorzugehen, als ob diese Souveränität keine Grenzen habe. Ein paar Tage vorher hatte Collot d'Herbois mit nackten Worten erklärt: Insurrektionen wären nicht mehr zeitgemäß (plus de saison) [199]. Saint-Just äußerte sich in Robespierres Namen noch schärfer. Er ging davon aus, daß es Zeit sei für jeden, zur Moral zurückzukehren. Man vergesse den Unterschied: Das Volk sei kein Tyrann; wenn man gegen die gegenwärtige Ordnung der Dinge [200] das tun wolle, was man gegen Tyrannei getan habe, so gehöre man zu den schlechten Menschen. Heute regiere das Volk, das die Aristokratie vom Thron stürzen wolle. Alles habe sich geändert. Nur ein Bösewicht, mit dem sich das Revolutionstribunal befassen werde, könne sagen, er wolle der Unterdrückung sich widersetzen. Er widersetze sich nur der gerechten Bestrafung auf dem Schafott [201].

Kluge Revolutionäre haben darüber geklagt, wie schwer es sei, den Haß gegen die alten Organisationsformen aus der Masse herauszubringen, der sich im Laufe der revolutionären Propaganda in ihr festgesetzt habe [202]. Die Propaganda greift Einrichtungen an, nicht Menschen, weil die Menschen eine feinere Differenzierung erfordern würden, während Einrichtungen wohlbekannte, einfache, leicht verständliche Begriffe sind. Bei der Kritik der Regierungsformen tritt auch das persönliche Element mehr zurück, dessen frühzeitiges Vordrängen leicht Mißtrauen und Neid erregen könnte. Um so erstaunter sind die Massen, im neuen Staat die alten organisatorischen Formen wiederzufinden, die Hierarchie des Beamtentums, die militärische Disziplin, Polizei, Gerichte, selbst die ketzerischste aller Zauberformeln: Ruhe und Ordnung.

Auch hier weiß Saint-Just einige Wahrheiten zu sagen. Er beklagt sich, daß jeder Regierung, keiner Bürger sein wolle. Die untergeordneten Behörden hätten zu gehorchen. Nur die Regierung sei revolutionär; die Behörden seien es nur insofern, als sie die revolutionären Maßnahmen pünktlich ausführten, die ihnen aufgegeben würden. In einem wirklich freien Staat sei jede Partei überflüssig und schädlich [203].

Mit Vorliebe wehrt Robespierre Vorstöße mit der Wendung ab, wer die Regierung angreife, greife die Macht an, die auch die fremden Staaten stürzen wollen. Mit diesem billigen Sophismus erzielte der Diktator starken Eindruck [204].

Wenn nur die Regierung, sagen wir die Zentralregierung revolutionär sein durfte, alle andern Disziplin zu halten hatten, so konnten auch die Einrichtungen abgebaut werden, die nur Sicherungen gegen die Despotie sein sollten. Noch werden Petitionen angehört. Der Klub aber erklärt mit einer gelinden Drohung, er spende der reinen Absicht Beifall, doch müsse man Maßregeln ergreifen, um die Prinzipien des Redaktors kennenzulernen. Die Petition wird dementsprechend dem Komitee für Unterstützungen und außerdem dem Sicherheitskomitee zugeleitet [205].

Auch die alten Schutzformen gegen Ungerechtigkeit können jetzt fallen gelassen werden. Verhaftete Bürger hatten in der Periode des Kampfes um die Macht vom Klub offizielle Verteidiger gestellt bekommen. Auf Antrag Legendres wird diese Usance als unzeitgemäß abgeschafft [206].

Robespierres Regierungstheorie findet sich ausführlich in einer Petition der Section de la Montagne an den Konvent, die dem Angriff auf Hébert voranging. Sie ist rein negativer Art: Schluß mit neuen Insurrektionen, weil ein freies Volk zufrieden und nicht revolutionär zu sein hat [207].

XVI

Carnot organisierte den Sieg. Robert Lindet war Verpflegungsdiktator, Prieur de la Côte d'Or hatte die Herstellung von Waffen und Munition unter sich, Jeanbon St. André war Marineminister, Barères Ressort waren die auswärtigen Angelegenheiten, Cambons das der Finanzen, oder besser der Finanzschwierigkeiten. Was tat Robespierre?

Alle militärischen Dinge waren ihm ein Greuel; immer wieder bat er Barère, nicht soviel von Siegen im Konvent zu sprechen, »de ne pas faire mousser la victoire«. Auf dem Gebiet der auswärtigen Politik fehlte ihm Überblick und Interesse. Über die kindliche Auffassung, daß die Welt in Despoten und freie Menschen eingeteilt sei, und daß die Despoten den Republikanern nach dem Leben trachteten, ist er nicht hinausgekommen. Seine spärlichen Ausführungen über das Verhältnis Frankreichs zur übrigen Welt sind nichts weiter als persönliche Spitzen gegen Pitt und Coburg und im übrigen

Produkte einer geographisch etwas unsichern Schülerphantasie. Daß Robespierre organisatorisch irgend etwas geleistet habe, auch nur auf dem Gebiet des Schulwesens, das seinem Herzen nahe lag, haben auch seine Anhänger nicht behauptet.

Dem allen steht die unbestreitbare Tatsache gegenüber, daß vom August des Jahres 1793 an die Revolution Frankreich eroberte und Frankreich siegreich der europäischen Koalition die Spitze bot. Man mag sagen, daß diese Erfolge Nachwirkungen Dantonscher Politik waren; jetzt kam aber noch etwas hinzu, was das Volk mit richtigem Instinkt Robespierre zugeschrieben hat. Wie war es möglich, daß der mittelmäßige Mann eine so gewaltige und in diesem kritischen Moment segensreiche Wirkung ausübte?

Nur ein außergewöhnliches Zusammentreffen besonderer Umstände konnte den unbedeutenden und bösartigen Mann wie ein schmerzhaftes, aber heilkräftiges Element in den Lebensprozeß der französischen Nation einschalten.

Ohne klare Idee, ohne zielbewußtes Wollen verwirklichte Robespierre das Napoleonische Prinzip, daß ein schlechter General besser sei als zwei gute Generäle. Seine Leidenschaft, allein und absolut zu herrschen, traf durch einen seltsamen Zufall mit einer politischen Notwendigkeit zusammen. Ihm war es um Vernichtung seiner persönlichen Gegner zu tun. Die unglückliche, verzweifelte, rachgierige Zeit gab ihm die Möglichkeit, unter allen möglichen politischen Verkleidungen seinen persönlichen Terrorismus auszutoben. Der Zufall fügte es, daß dieser ideenlose Terrorismus zur genialen rettenden Maßregel wurde. Frankreich, das zu zerfallen drohte, scharte sich zitternd um die fiebernde Hauptstadt. Die Parteien, deren Häupter er nacheinander aufs Schafott schleppen ließ, duckten sich. Der unerträgliche Druck im Innern jagte alles, was Frankreich an Jugend, Opfermut und Energien besaß, hinaus in die Armeen. Robespierre wollte sich erhöhen und allein in den Vordergrund stellen. So mittelmäßig seine Persönlichkeit war, so viel rationeller war seine Diktatur als die Kraftverschwendung hochbegabter streitsüchtiger Parteihäupter, denn unter dem Schutz dieser Diktatur konnten sich wenigstens die hochqualifizierten technischen Mitarbeiter wie Carnot, Cambon, St. André und Prieur ungehindert auswirken.

Wir dürfen die furchtbare Not der Lage in den Jahren 1793 und

1794 nicht außer acht lassen. Es ging wirklich auf Leben und Tod. Der Feind stand im Norden, im Osten und im Süden. Ihr Geld zu retten, liefert die reiche Bürgerschaft den Hauptkriegshafen des Südens den Engländern aus. Mainz und Valenciennes kapitulieren. Unter dem Druck des Hungers erheben sich die Apostel eines gründlichen sozialen Umsturzes. Die levée en masse wirft Panik in die Bevölkerung. Höchstpreise lassen die Bauern die Lebensmittel zurückhalten; die revolutionäre Armee wird errichtet und schwärmt aus, die innere Ernährungsblockade zu brechen. Das Gesetz gegen die Verdächtigen verrät den erbitterten, verfolgungssüchtigen Geist dieser dunklen Tage.

Daß unsere Auffassung, so paradox sie scheint, richtig ist, können wir daraus sehen, daß Frankreich Robespierre in dem Augenblick fallen ließ, in dem seinen persönlichen Vernichtungstendenzen nicht mehr die Nebenwirkung zukam, Maßregeln der nationalen Verteidigung zu sein. Mit ihm verwarf Frankreich sein Kampfinstrument, seine einzige politische Erfindung, das Kind seines grenzenlosen Hasses und seiner Furcht, das Revolutionstribunal.

XVII

Die Wähler von Paris hatten Robespierre zum Richter am »außerordentlichen Gericht« vom 17. August gewählt. Robespierre hatte abgelehnt. Schon ein halbes Jahr vorher hatte er seinen Abschied als Staatsanwalt beim Pariser Kriminalgericht genommen. Wir sahen, wie diese Weigerung in den polemischen Angriffen der Gironde variiert wurde. Sie muß wirklich verwunderlich erscheinen, wenn man bedenkt, daß er anfänglich in einem Schreiben voll Erkenntlichkeit die Wahl angenommen und bei den vorbereitenden Arbeiten noch mitgewirkt hatte [208].

Das außerordentliche Gericht vom 17. August war aus Mangel an Opfern eingeschlafen. Fünf Royalisten und ein paar Diebe hatte es verurteilen können. Dann hatten die Septembermassaker unter den Verteidigern des Schlosses aufgeräumt. Am 27. November 1792 wurde das Gericht aufgehoben.

Anfang März 1792 setzte unter dem Druck der Lebensmittelnot und schlechter Nachrichten von den Grenzen der Kampf zwischen der Gironde und dem Berg in erbitterten Formen ein. Die Gironde verfügte über den Regierungsapparat, die Mehrheit des Konvents und die Legalität; der Berg stützte sich auf seinen skrupellosen Machttrieb, sein Erregungsbedürfnis, seine rücksichtslose Lebensverachtung, auf die Furcht, für die Septembergeschehnisse zur Verantwortung gezogen zu werden, auf die Jakobiner, die Sektionen, die Kommune und die desorganisierte Nationalgarde. Das Recht in den Händen quietistischer Philosophen stand gegen die Macht in den Fäusten der Hungernden, der Verzweifelten und der Herrschgierigen.

Die Sektionen traten mit einer drohenden Petition vor den Konvent, den der Aufruhr umgrollte. Der wehrlose Konvent gab nach und beschloß die Errichtung eines außerordentlichen Tribunals, um ohne Berufung alle Fälle von Verschwörung und Gegenrevolution abzuurteilen. (10. März 1793.)

Richter und Geschworene sollte der Konvent ernennen. Nur die Hälfte des Konvents etwa beteiligte sich an der Wahl, die am 13. März stattfand [209].

Noch ist Robespierres Einfluß nicht zu spüren [210]. Von den zehn Richtern lehnen sieben ab, von den vierundzwanzig Geschworenen erscheinen nur zehn. Unter den Ärzten des Gerichts aber finden wir eine Persönlichkeit, die Robespierre empfohlen hat, Théry, und der Drucker des Tribunals ist sein Freund Nicolas. Noch ist das Gericht »sensibel« im höchsten Grad. Beim ersten Todesurteil weint die Zuhörerschaft, weinen Richter und Geschworene, das Taschentuch zwischen die Zähne geklemmt [211]. Die strafprozessualen Formen werden sorgsam beachtet, die Richter zeigen menschliche Anteilnahme [212].

Aber allmählich spüren wir, wie die Institution sich innerlich umwandelt. Gleich nach dem Sturz der Gironde findet ein Austausch der Geschworenen statt. Alle Departements sollen jetzt Kandidaten stellen, und wie eine leise, furchtbare Drohung klingt die Bestimmung, daß Verwandte von Konventsmitgliedern nicht wählbar seien. Bald darauf, als mit der Ermordung Marats und der Errichtung des zweiten Wohlfahrtskomitees die Schreckenszeit begonnen hatte, stellen die Komitees eine neue Liste auf, die der Konvent ohne Widerspruch genehmigt. Deutlich wird in dieser Liste vom 28. September Robespierres Einwirkung sichtbar. Duplay, sein Hauswirt, erscheint als Geschworener, Souberbielle sein Arzt, Didier, seine Leibwächter Renaudin, Châtelet, Girard und Gravier[213]. Moralisch ist Robespierre für die Zusammensetzung des Kampfgerichtes verantwortlich.

Noch immer wollte das Gericht nicht funktionieren. Der Prozeß gegen die Girondisten zog sich in die Länge. Am 28. Oktober 1793 wurden Angriffe gegen die Unwirksamkeit des Revolutionstribunals im Klub laut. Am Tag darauf erschien, geführt von dem Priester Audouin, eine Deputation der Jakobiner im Konvent. Gleichzeitig hatte ein Schreiben Fouquier-Tinvilles, des Staatsanwalts am Revolutionstribunal, den Konvent gebeten, das Gericht von den Formalitäten zu befreien, die seinen Gang behinderten. In beiden Forderungen erkennen wir deutlich Robespierres Gedankengänge, ja sogar seine Wendungen wieder[214]. Er, der Jurist verfaßte ein Gesetz, in dem die Redensart vorkommt, das Universum genüge als Zeuge. Wir besitzen den Entwurf, der von seiner Hand geschrieben und später aufgefunden wurde[215].

Es ist begreiflich, daß eine im höchsten Grade gefährdete Regierung sich ein gerichtliches Kampfinstrument schafft. Was uns abstößt, ist die unehrliche und hinterlistige Art Robespierres. Seine Pfeile kommen aus dem Hinterhalt. Er schiebt nicht nur seine Kreaturen als Geschworene ein; ein Richter, der ihm mißfällt, der Vizepräsident Naulin, wird wegen eines mißliebigen Wortes bei den Jakobinern festgenommen und bleibt bis zum 10. Thermidor in Haft. Im Prozeß gegen Hébert, dessen hysterischen Stuporzustand ganz Paris zu bestaunen gelaufen kommt, sitzt ein Spitzel Robespierres unter den Angeklagten[216]. Er wird freigesprochen, von den Richtern umarmt, abends im Klub warm begrüßt. Er führt sich bei den Jakobinern mit den Worten ein: »Bürger, Ihr seht in mir einen neuen Beweis für die Gerechtigkeit des Revolutionstribunals.«

Am feigsten aber wird Danton ermordet. Um die drei Tage auszufüllen, nach denen das Gericht die Verhandlung schließen darf, beginnen die Sitzungen um 11 und enden um 4 Uhr. Unter Robespierres Terrorismus erläßt der Konvent ein Dekret: Jeder wegen Verschwörung Angeschuldigte, der die nationale Justiz insultiere, sei sofort von jeder weiteren Verhandlung auszuschließen. Auf die Anklagebank hatte Robespierre schmutzige Schieber neben ihn gesetzt, für Danton eine Tortur sondergleichen. Im Gefängnis wird ihm das Todesurteil verkündet, nachdem die Frage an die Geschworenen gegen jeden Brauch mit einer positiven Behauptung begonnen hatte [217].

Mit dem Gesetz vom 22. Prairial gab Robespierre die letzte Illusion eines gerichtlichen Verfahrens auf. Couthon begründete es im Konvent [218]. Jeder »Formenluxus« war abgeschafft. Keine vorherige Vernehmung mehr, wenn materielle oder moralische Beweise vorlagen, keine Zeugen mehr, einzige Richtschnur des Urteils das Gewissen der Geschworenen, erleuchtet durch die Liebe zum Vaterland. Keine Verteidigung mehr [219]. Nur noch eine Strafart: die Todesstrafe. Gleichzeitig nahm Robespierre einen neuen Personalschub vor [220]. Pigeot, sein Friseur, Duplay, Masson, Nicolas, Emery, Fillon, Fauvety, Desboisseaux gehören zu seinen Getreuen, dazu Villers, Saint-Justs Sekretär und Didier, der seine [221]. Robespierre hatte einst ein Schnellfeuergeschütz aus Gründen der Menschlichkeit abgelehnt; jetzt gebrauchte sein Vertrauter Dumas das gleiche Bild. Er träumt von Aburteilungen in kolossalen Ausmaßen, er spricht von Verurteilungen en feu de file. Übersättigt schlägt die Erbitterung der Massen angesichts dieser sinnlosen [222] Niedermetzelungsmaschine in Mitleid um. Die Verhandlungen langweilen und ekeln das Volk an. Ein zufälliger Freispruch erregte unverhohlene Freude.

Über die rechtliche und moralische Seite des Revolutionstribunals ist kein Wort zu verlieren. Zweifellos wollte Robespierre mit diesem Instrument sich den Weg zur Macht bahnen, sich Sicherheit für die Zukunft verschaffen. Jeder energische Gedanke lag seiner tastenden Vorsicht fern. Nur insoweit leitete ihn vielleicht eine politische Absicht, als sein Mystizismus von einer Vernichtung der Bösen auf Erden in unklarer Weise das Reich Gottes erwartete.

Und wieder stoßen wir auf einen Zufall: Auch hier traf Frankreichs Rettung zusammen mit der skrupellosen Herrschgier eines mediokren Mannes. Sein Kampfgericht schändete seinen Namen, vernichtete ihn selbst und half in einer Weise, für die wir theoretisch keinen Ersatz denken können, die Nation mit Schrammen und Wunden aus dem Wasser zu ziehen, in dem sie zu ertrinken drohte.

Ohne das Revolutionstribunal mit seinen juristischen Ungeheuerlichkeiten und seiner menschlichen Niedertracht hätte Frankreich nicht eine Regierung von höchster Konzentration bekommen. Dem Wuchergeist der Bauern wäre nicht das Getreide entrissen worden, das Armee und Volk brauchten. Die levée en masse wäre zur Komödie herabgesunken [223]. Das Land wäre nicht zitternd in die alten Formen der Disziplin hineingekrochen, die der Entscheidungskampf erforderte. Nicht nur die Revolution, Frankreich wäre jämmerlich zugrunde gegangen. Ohne es zu wollen, organisierte auch das Revolutionstribunal die moralischen Vorbedingungen des Sieges, und damit seiner eigenen Überflüssigkeit.

Dieser geschichtlichen Auffassung treten noch andere Gesichtspunkte zur Seite. Die Entwicklung der Institution zeigt deutlich die allen Gewaltmaßregeln immanente Tendenz zur Steigerung. Aber man darf es nicht nur als eine Redensart bezeichnen, wenn die Revolutionäre beim Anmarsch des Feindes Aufstände in ihrem Rücken befürchteten [224]. Instinktiv findet eine solche Karreebildung statt. Nach allen Fronten hin kommt Kriegsrecht zur Anwendung.

Und noch eine Nebenwirkung hatte das Wüten des Revolutionstribunals. Anfangs hatte man die Institution mit der Begründung verteidigt, man wolle neue Ausbrüche der Volkswut verhindern, die Massaker durch Legalisierung einschränken, mildern und schließlich anhalten. Die Mentalität ruhiger Zeiten ist geneigt, in dieser Behauptung einen fadenscheinigen Vorwand zu sehen. Und doch ist es nicht ganz so. Dutard [225], ein gebildeter, gemäßigter und in seinem Urteil psychologischer Betrachtungsweise auffallend zugänglicher Mann, beschreibt in seinem Bericht vom 19. Juni 1793 eine Hinrichtung. Er behauptet, diese Hinrichtungen, die er selbst mit schmerzlichen Gefühlen sieht, wirkten ressentimentmildernd auf die unglücklichen Massen und hätten so, rein sozial genommen, einen günstigen Effekt.

Unser Gefühl sträubt sich gegen diese Auferstehung des Menschenopfers; zweifellos beruht der uralte Brauch auf dem gleichen psychologischen Mechanismus, Unlust, innere Selbstbelastung abzureagieren durch lustvolle Selbsterhöhung, die in der Vernichtung Schwächerer liegt. Was die Einkleidung mit religiösen Hilfsvorstellungen beim Menschenopfer bedeutete, wurde beim Revolutionstribunal durch die Lüge der Rechtsformen erreicht.

XVIII

Ludwig XVI. war in offenen Konflikt mit der Revolution geraten, weil seine religiöse Überzeugung ihm die Verstellung nicht erlaubte, die auf politischem Gebiet gestattet schien. Dieser willensschwachste aller Männer war nur stark, wenn ein Gebot der Kirche hinter ihm stand. Er war von königlicher Festigkeit, wenn es galt, ein guter Katholik zu sein. Gerade diese zwiespältige Anlage des braven Beichtkindes und des jammervollen Königs hat ihn und sein Volk ins Verderben gestürzt.

Ursprünglich hatte sich die Revolution darauf beschränkt, den in der Kirche organisierten Klerus als wirtschaftliche Macht zu zerstückeln. Habgier, Geldsorgen des Staates und der Wunsch, einen politischen Gegner zu schwächen, wirkten zusammen. Der nächste Schritt galt der Kirche als politischer Macht, als dem Rückgrat der Gegenrevolution. Die Revolution suchte den Klerus zu desorganisieren. Mühsam wird ein Gegen-Klerus auf die Beine gestellt. Allmählich erst, während der Kampf sich erhitzt, während die Vendée für König und Kirche die Waffen erhebt, greift die Animosität auf den Kult über, der bis dahin völlig unberührt geblieben war. Vage Ideen der Zwangsbeglückung spielen dazwischen [226]. Vom September des Jahres 1793 an predigen Hébert, Chaumette und einige Konventsmitglieder in Mission die Konter-Religion. In den östlichen Provinzen (Straßburg und Nancy), im Süden (Marseille, Montpellier, Toulouse, Bordeaux), in den Hafenstädten der Westküste (Rochefort, Nantes, Brest, Rouen), in all den wohlbekannten Nistplätzen der Revolution wird die Göttin der Vernunft angebetet. Fouché arrangiert heidnische Feste. In den Kirchen setzt ein nationaler Bildersturm ein, der, soweit es sich um Edelmetall handelt, gleichzeitig dem Geldbedürfnis des Staates und der Begehrlichkeit der Massen zugute kommt.

In Robespierre war etwas von der grande peur, die im Sommer 1789 Frankreich durchflutet hatte, chronisch zurückgeblieben, unbestimmte Angst, die ihn zur Flucht, in ein Versteck trieb und dann wieder zu besinnungslosen Explosionen hinriß. Zu diesem organischen Angstzustand trat, durch die ganze Familie zu verfolgen, bei der Schwester offen ausgeprägt, eine frömmelnde Anlage. Es war das keine starke und klare Religiosität, keine stolz-bescheidene, dankbar dem Schöpfer zugewandte Form des Selbstgefühls, sondern eine mystische Hingabe an den Gedanken einer himmlischen Vergeltung. Er, der in dieser Welt zu kurz gekommen war, glaubte an den Sieg der Tugend und an die Bestrafung der Schlechten. Ihm war Frömmigkeit, Religion nur eine gründliche Fortsetzung seines Ressentiments in andern Welten. Er empfand Trost in dem Gedanken, daß die Feinde, die sein Arm nicht erreichte, im Jenseits zerschmettert würden. Er, der Unausgeglichene, fühlte sich als Repräsentant des großen Prinzips ausgleichender Gerechtigkeit. Als er in der letzten Rede das berühmte Wort von seinem Gewissen sprach [227], meinte er wirklich etwas, was man ihm nicht nehmen durfte, ohne ihn sehr unglücklich zu machen: Den Glauben an sein Bessersein und an einen Ausgleich mit Hilfe himmlischer Mächte, für alles das, was seine Tugend an Erdenglück ihm hatte entgehen lassen.

War der Glaube an das Glück der Gerechten und die Strafe der Ungerechten ihm ein tiefes inneres Bedürfnis, so kam noch eines hinzu, als die Religion des Atheismus Paris und die Provinzen eroberte. Seine Eifersucht konnte nicht dulden, daß ein Kult eingeführt wurde, der nicht nur mit seiner Person in keinem Zusammenhang stand, sondern dessen Erfinder und Propheten auch seine politischen Konkurrenten waren. Sein Haß sah sogleich die schwachen Seiten des neuen Kults. Was konnte das einfache Volk mit diesen Göttinnen der Vernunft anfangen, die »au lieu et à la place de la çi-devant Sainte Vierge« Platz nahmen? Konnte eine Gipsbüste des Brutus dem Bauern seine Heiligen ersetzen? Blitze abwenden und Vieh kurieren? Wachte die kalte Vernunft über die Heiligkeit des Contrat social, oder nicht vielmehr eine allmächtige, wohltätige Gottheit, wie sein Lehrer Jean Jacques geschrieben hatte? Er beschloß in einem kunstvollen Amalgam, Religion, Moral und Republik zu vereinigen und jeden Angriff auf diese Dreieinigkeit durch das Revolutionstribunal abwehren zu lassen.

In der ersten Novemberwoche 1793 griff die atheistische Bewegung in Paris um sich; am 7. November legte der Bischof Gobel sein Amt im Konvent nieder. Am gleichen Tag wandte sich Laveaux [228] im »Journal de la Montagne« vom pädagogischen Standpunkt gegen den Atheismus. Robespierre selbst ergriff am 9. November das Wort. Er sprach weinerlich von Föderalisten, Aristokraten, fremden Mächten und Spaltung der Jakobiner. »Ich möchte sie sehen«, rief er zum Schluß aus, »die Männer, die uns verleumden und die behaupten, sie seien bessere Patrioten als wir. Sie wollen nichts als unsere Posten ... Sie sollen sie nur nehmen.« – »Nein, nein«, ruft alles, »Du mußt an Deinem Posten bleiben [229]!«

Eine große Pause entsteht. Dann aber sind Robespierres Entschlüsse gefaßt. Am 21. November wird die Rede gehalten, die wohl seine beste ist. Zwar ist auch sie vollgestopft mit Sophismen und Phrasen, aber zwischendurch leuchtet etwas wie ein wirkliches Gefühl. Auch sie ist nicht mit jener hinreißenden Oratorik Dantons zu vergleichen, die so gefangen nimmt, weil sie alles andere als oratorisch ist, herausgezischt wie aus einem überhitzten Dampfkessel. Da sind noch allerlei kleine Ängstlichkeiten und rhetorische Kniffe. Im Grunde aber ist die Rede kraftvoll und beinahe ehrlich [230].

Die Rede erregte ungeheures Aufsehen. Sie klang wie eine Rückkehr zu alten Zeiten [231]. Ihr folgten wirkliche Maßregeln. Am 7. Dezember wurde ein Dekret, die unmittelbare Arbeit Robespierres, erlassen, das die Freiheit der Religionsausübung aussprach. In der Theaterzensur machte sich Robespierres Einschreiten zugunsten der Religion bemerkbar [232]. Hatte er schon früher leise Zeichen der Mißbilligung gegeben, wenn aus Kindermund die Religion entheiligt wurde [233], oder Chaumette die Göttin der Vernunft dem Konvent vorstellte [234], jetzt wo Robespierre spürte, daß er auf ein wirkliches Kraftelement in den Massen gestoßen und nahe daran war, es für sich mit Beschlag zu belegen, beginnt der Gedanke an eine Theokratie in ihm Wurzeln zu schlagen. Als Interpret des Höchsten Wesens konnte seine Verantwortungsscheu im Verborgenen bleiben und trotzdem sein Machttrieb sich ausleben. Aber noch stehen Hébert und Danton, der große lachende Heide im Wege. Erst wenn die Bahn frei von Spöttern ist, kann das Fest des Höchsten Wesens gefeiert werden und Robespierre sein Prophet sein.

Hébert war ins Nichts zurückgesunken, Danton war tot. Chaumettes Verhaftungsbefehl hatte Robespierre eigenhändig geschrieben; er findet sich heute noch in den Archiven [235]. Chaumette und Gobel waren verurteilt worden, weil sie den Atheismus zur Grundlage des Staates hatten machen wollen. Offen hatte sie Robespierres Staatsanwalt eines religiösen Delikts beschuldigt.

Es rundet sich die Entwicklung, die das Gesetz über die Freiheit der Religionsausübung eingeleitet hatte, Robespierre tritt mit seiner eigenen Religion hervor. Wenn im politischen Leben eine Opposition Freiheiten erkämpft, so erstrebt sie stets nur Mittel des Angriffs; ist der Sturm gelungen, so lehnt sie es ab, die Sturmleitern nunmehr ihrem Gegner zu überlassen[236]. Auch Robespierre war für Freiheit der Religionsausübung; wer aber eine andere Religion ausübte als die, die er erfunden hatte, wurde vor sein Inquisitionstribunal gestellt.

Am 7. Mai verkündet Robespierre in einer großen Rede seine Religion als Fundament der Republik. Am 18. Juni feiert Paris das Fest des Höchsten Wesens. Davids Festprogramm zeigt Robespierres Absicht und Geist. Er spricht zu seinem Volk, wenn er die Gestalt der Weisheit sprechen läßt: »Volk huldige dem Schöpfer der Natur, respektiere seine unveränderlichen Gesetze.« »Périsse l'audacieux qui oserait y porter atteinte.« Robespierre wird Gottes Verordnungen vermitteln. Seine Feinde sind Gottes Feinde.

Wenn es Robespierre gelang, moralische Formeln für die destruktiven Triebe, Haß, Neid, Eifersucht zu finden, so war seine Religion die Krönung dieses Lebenssystems. Das Höchste Wesen war sein neuestes und sicherstes Versteck, aus dem er über die Menschheit hergefallen wäre. Es ist oft gesagt worden, am 9. Thermidor 1794 habe Robespierre vor der Umkehr zu einer Politik der Versöhnung gestanden. Die Übergangsperiode sei abgelaufen gewesen, von der in allen Revolutionen die Rede ist und die die Erfüllung enttäuschungsvoll von der Verheißung trennt. Rousseau wollte alle die aus seiner Republik verbannen, die nicht an die Gottheit glaubten. Robespierre hätte in seiner Republik entschieden, daß keiner an die Gottheit glaube, der nicht an ihn glaube.

Alte Frauen schickten ihm verehrungsvolle Briefe. Er wurde als der neue Messias begrüßt. Die Massen aber sahen mit wachem Instinkt hinter diesem Verteidiger der Rentiers keinen Erlöser. Sie sahen diesem blassen, frühzeitig altgewordenen verzerrten Gesicht an, daß der Mann nicht einmal verstanden hatte, sich selbst zu erlösen. Der plötzliche Übergang zu himmlischen Dingen schien wie ein Verrat. Hatte Robespierre nicht immer und immer wieder versprochen, in dieser Welt sie glücklich und satt zu machen; ihnen Frieden und Brot zu geben? Der einzige, der in dieser eisernen Theokratie glücklich gewesen wäre, wäre Robespierre gewesen. Frankreich sah die Gefahr und fiel dem Großinquisitor in den Arm.

Abstieg · Ende

XIX

Ein Jahr lang hat Frankreich Robespierres Übergewicht, drei Monate nur seine unumschränkte Diktatur ertragen, weil als Nebenprodukt seines Machttriebs und seiner Vernichtung aller Konkurrenten eine unerhörte Konzentration der Führung entstand. Da Robespierre von militärischen Dingen, von auswärtiger Politik und von Verwaltung nichts verstand, griff er in diese Gebiete nicht ein. Seinen technischen Mitarbeitern kam die sachliche Zusammenfassung des Staatsbetriebs zugute, die sein Revolutionstribunal durch Wegräumung aller störenden Individuen aus dem anfänglichen Durcheinander und Gegeneinander herauswirtschaftete. Daß nicht die Frage nach dem politischen Wert dieser Gegner gestellt wurde, ja daß, je wertvoller, wie Danton, ein Konkurrent war, er als Störungsmoment, als Kraftverschwendungsfaktor um so mehr ins Gewicht fiel und um so eher abgestoßen werden mußte, erwies sich im Augenblick als rationell. Robespierres Ehrgeiz und Eifersucht waren unversöhnlich und unbestechlich. Der Zufall fügte es, daß für den Augenblick gerade der dunkelste Winkel seiner Seele zur sichersten Garantie der französischen Einheit wurde.

Zwei Probleme konnte der Terrorismus des Konvents und der Komitees nur mit den schärfsten Mitteln einer Art Lösung entgegenführen: Die Ernährung Frankreichs und die Bildung und Führung der Armee.

Der Bauer beantwortete die Einführung von Höchstpreisen sofort mit der Zurückhaltung von Lebensmitteln. Er weigerte sich, die entwerteten Assignaten anzunehmen oder er folgte jedem Kurssprung mit einer Preiserhöhung auf dem Fuß. Jede Drohung der Staatsgewalt wies er mit passivem Widerstand, der Einschränkung der Produktion zurück. Richteten sich auch zu Robespierres Zeiten die Klagen hauptsächlich gegen die Gutsbesitzer, nach dem 9. Thermidor beginnt das hungernde Volk von Paris seine Verwünschungen auch auf die Bauern auszudehnen. Aus dieser rücksichtslosen Habgier des Bauern, dem allein die Revolution einen sicheren und großen Gewinn in den Schoß geworfen hatte, für die Armee und die Hauptstadt Lebensmittel herauszuholen, genügten keine Aufrufe. Mit rohester Gewalt mußte ihr Widerstand gebrochen werden.

Allen Ausbrüchen revolutionärer Aktivität liegt die Verhungerungsfurcht der Massen zugrunde. Wer das Volk kennt, weiß, daß es inert bis zu einem erstaunlichen Grad ist; irgendeine große Furcht, wie jene grande peur des Jahres 1789, kann allein die Massen aus ihrer ungeheuren Fähigkeit, zu dulden, aus ihrer schlafsüchtigen Passivität hochreißen und aufscheuchen. Einem Kind gleich ist das Volk aber auch bereit, beim ersten Sonnenstrahl vom Zorn abzulassen.

Ungewöhnliche Witterungsverhältnisse kündeten schon Ende April des Jahres 1794 eine reiche Ernte an [237]. Der Winter war äußerst mild gewesen. Im März herrschten sommerliche Temperaturen [238]. Dem Jakobinerklub strömten Briefe zu, in denen der Gott der Sans-Culotten gepriesen wurde. Seitdem es keine Priester mehr gäbe, hätten Gewitter und Regenstürme aufgehört. Jetzt herrsche ein andauernder Frühling. Eine Ernte stehe in Aussicht, wie sie die Menschheit bisher noch nicht gesehen habe [239].

Kam dieser Brief aus der Gegend von Toulouse, so meldet ein Schreiben aus Straßburg, »daß Gott, der die freien Männer beschützt, weil sie notwendigerweise tugendsam sind, den Republikanern eine gute Ernte geben wird [240].«

Aus Nîmes schreibt ein Bürger, die Ernte an Seidenkokons sei so überreichlich in diesem Jahr, daß die Seide billiger als Garn, Leinwand und Wolle sein werde. Ölbäume und Weinstöcke versprächen einen außerordentlichen Ertrag [241]. Aus dem Süden schließlich trifft ein Brief ein, daß in den Departements an der Rhône-Mündung die Bevölkerung sich schon Mitte Mai von der neuen Ernte ernährte [242]. Morris hat recht: »Der Himmel scheint zugunsten der Republik entschieden zu haben [243].« Er hatte aber auch zu Ungunsten Robespierres entschieden.

Ein freundliches Geschick hatte dafür gesorgt, daß die Scheunen sich ungewöhnlich früh und reichlich füllten. Frankreich konnte dankbar für den Zufall, aber nicht stolz darauf sein. Wichtiger war, daß durch eine außerordentliche Leistung der Nation der Nahrungsspielraum sich nicht verringerte, den die Begehrlichkeit des Feindes einzuengen drohte. Außer dem praktischen Gewinn wurde nach so viel Unglück und Mißerfolg das Selbstgefühl der Nation gehoben; nach all den Exzessen einer tödlichen Streitsucht war es – zwangsweise allerdings – zu einer ersten großen Zusammenfassung der Kräfte gekommen. Mehr als alle Reden lehrte der Erfolg die Massen, freiwillig diesen Weg weiter zu gehen. Wortlos predigte der Sieg den Frieden im Innern.

Es geht nicht an, den Konvent des Terrorismus zu beschuldigen und gleichzeitig zuzugeben, daß er Frankreich gerettet hat. In den einzelnen Maßregeln, in den Individuen betrachtet, sind die groben Mängel dieser Kollektivität unverkennbar. Kindlich scheint uns seine Vorliebe für die sentimentale Phrase, unbegreiflich sein Schwanken[244], krankhaft seine Erregbarkeit, charakterlos das lange und feige Schweigen der neutralen Mitte. Aber all diese Fehler haben ihre Kehrseite. Die Feigheit der stummen Opposition vermindert die Reibung, das Schwanken ist bisweilen nützliche Elastizität, die Neigung zum Theatralischen und die Suggestivität läßt jede Anregung zur weithinwirkenden Tat werden. Dieses fiebernde Gehirn innervierte schlagartig die Muskeln der Nation, holte die letzten Kraftreserven heraus; Sünden wie Heldentaten beging der Konvent im Sturmschritt.

Als am Ende des Jahres 1792 die Freiwilligen-Armee plündernd, fluchend, ihre Offiziere erschlagend nach Frankreich zurückströmte, tauchte der erste Gedanke an die bewaffnete Volkserhebung auf. Auf Antrag Dubois-Crancés ordnete der Konvent die Einberufung von 300 000 Mann an; in alle Provinzen wurden Kommissare geschickt, um die Maßnahme zu propagieren. Aber noch herrschte der Kampf der Parteien um die Macht; keine Gruppe wollte ihre energischsten Anhänger an die Grenzen entlassen, weil sie eine Entblößung, eine Übervorteilung für den inneren Kampf fürchtete.

Erst in dem unerträglich heißen August des Jahres 1793 wird die bewaffnete Volkserhebung wirklich durchgeführt. Die Reste der alten Armee und das neue Heer werden verschmolzen. Das Führerpersonal wird mit unglaublicher Rücksichtslosigkeit erneuert und verbraucht. Gleichzeitig aber eröffnen sich dem Ehrgeiz der Jugend unerhörte Perspektiven [245]. Die Wissenschaft wird requiriert. Die äußerste Gefahr macht neuerungsfroh. Nach den Vorschlägen von Chappe wird eine Verbindung optischer Telegraphie zwischen Paris und der Nordarmee eingerichtet. In Meudon werden unter Coutelle die ersten Versuche mit einem Fesselballon gemacht, der später über dem Schlachtfeld von Fleurus steht. Neue Methoden der Salpetergewinnung werden in größtem Maßstabe angewendet. Die gemeinsame Tätigkeit, auf ein großes Ziel gerichtet, wirkt wie ein klugersonnenes Mittel geistiger Hygiene. Viel mehr noch als in den Führern, deren Namen wir kennen, regt sich in den Tiefen des Volkes ein bedenkenloser Opfermut. Müde des Streites, werfen die Massen sich in ein Extrem der engsten Gemeinsamkeit. Die Jugend in ihren gesündesten und entschlossensten Bestandteilen sammelt sich in den Armeen, fern vom Gezänk der Politik und dem Druck der inneren Zwangsordnung. Mit hellen Farben haben die späteren Generäle Napoleons jene Zeit beschrieben, in der Soldaten und Offiziere siegen mußten, weil niemals Soldaten freudiger gehorchten und niemals Offiziere freudiger vorangingen in Frugalität, Mut, Kameradschaft und Hingabe [246].

War die neue Armee Carnots Werk, so haben Prieur und Jeanbon St. André die französische Flotte neugeschaffen. In der Flotte hatte der Hochadel die Offizierstellen besessen; mit wenigen Ausnahmen verweigerte er dem neuen Frankreich seine Dienste. Leutnants, einfache Matrosen oder Kauffahrteifahrer kommandierten Kriegsschiffe. Bauern führten die Segelmanöver aus. Trotzdem schlug die neue Flotte sich ehrenvoll. Die Seeschlacht vom 1. Juni 1794 rettete den großen amerikanischen Getreidetransport, der glücklich Brest erreichte.

Das notwendige Ergebnis dieses Plus an materiellen und moralischen Kräften war der Sieg. Für die koalliierten Mächte bestand nicht die Möglichkeit der straffen Zusammenfassung, die die Zerschlagung der Parteien und die Vernichtung der Führer dem französischen Volk aufgezwungen hatte. Preußen und Österreich waren in Zersetzung begriffen, ihr Bündnis war eine besonders geschickte diplomatische Form, sich in der polnischen Frage gegenseitig zu übervorteilen. Die Armeen waren brav, aber in alten Formen erstarrt, gedrillt, aber nicht begeistert, von Greisen geführt.

Der Sieg von Fleurus, von Jourdan und Saint-Just erfochten, warf England bis nach Holland, die Österreicher bis an den Rhein zurück. Belgien fiel Frankreich in den Schoß. Ein Sonnenstrahl glitt über Frankreich. Der Terror hatte seine Schuldigkeit getan, der Terror konnte gehen. Da Robespierre nur über diese eine Regierungsmethode verfügte, war er vom 25. Juni an nicht nur überflüssig, nein schädlich geworden. Das Erntegeschenk des Himmels und Frankreichs hundertmal fruchtbarerer Sieg waren sein Todesurteil.

XX

Solange Robespierre gegen die Häupter politischer Gruppen wie Brissot, Hébert oder Danton wütete, konnte der Instinkt des Volkes sich mit dem Gedanken abfinden, der politischen Einigkeit, der ungestörten militärischen Aktion müsse dieses Opfer gebracht werden. Seit dem Gesetz vom 22. Prairial sah jedermann, worauf er hinausging. Er wollte immer weiter »épuration«. Er hatte die Jakobiner gereinigt, die Kommune, den Konvent, ganz Frankreich. Das Land duckte sich zitternd, die Hungersnot war im Augenblick beschworen, die Armee hatte den Sieg an die Trikolore geheftet. Nirgends waren mehr Parteien zu sehen, die sich zwischen Frankreich und sein Glück hätten stellen können. Unbeschränkt gebot das Komitee bis zum Mittelmeer, und im Komitee herrschte Robespierre. Robespierre näherte sich immer mehr dem »Marais« und dieser ihm, seitdem er Gott zu einer politischen Einrichtung, zum verfassungsmäßigen Bestandteil seines Zwangsstaates gemacht hatte. Robespierre verschwand auf lange Zeit, und als er wiederkam, wußte jeder, was das bedeute. In einer langen trübseligen, mühselig ausgefeilten Rede verlangte er die Reinigung der Komitees und die Unterordnung des Sicherheitskomitees unter das Wohlfahrtskomitee. Dunkle Drohungen waren eingestreut.

Aber er täuschte sich. Tief im Unterbewußtsein der Massen hatte sich eine Wandlung vollzogen. Seinen Gegnern blieb diese stille Verschiebung des Gleichgewichts nicht verborgen. Männer wie Billaud und Collot waren ihm an Entschlossenheit, Fouché an Klugheit, Cambon an moralischer Sauberkeit überlegen. Er bedrohte sie; aber nicht nur sie; in seiner unbestimmten und unklaren Art konnte jeder seine unheilvollen Andeutungen auf sich beziehen. Das Gesetz vom 22. Prairial erlaubte einen raschen und sicheren Würgegriff. Eine Verteidigung gab es nicht, nur den Angriff.

Robespierre selbst war nicht mehr der Alte. Mit Recht sahen die Gegner in der glückstrahlenden, kritiklosen Gespreiztheit seines Wesens bei der Thronbesteigung seines Gottes ein Zeichen von Schwäche. Immer enger wurde sein Kreis. Seine Neigung für Symbole und Mysterien nahm zu. Ganz im stillen wandte sich Frankreich von ihm ab. Der Klub war »rein«, aber durch die Abstoßung aller oppositionellen Elemente geschwächt und zur Sekte zusammengeschrumpft. Er hatte nie ein Augenmaß für die Wirklichkeit besessen; jetzt ging es ganz verloren, und wurde von religiösen Größenideen ersetzt. Robespierre duldete, daß in einem theosophischen Zirkel seine Gestalt als der Erneuerer des Reiches Gottes gefeiert wurde. Seine Gedankengänge, selbst seine Worte kehren in diesem Kreise wieder. Ein früherer Priester, Dom Gerle, erklärte den Gläubigen die dunklen Aussprüche einer Geisteskranken, die sich Mutter Gottes [247] nannte; Robespierre hatte diesem Mann ein certificat de civisme verschafft.

Die Ereignisse des 9. Thermidor sind bekannt. Sie deckten Robespierres Wesen an einem Zipfel auf, den er bisher sorgsam verborgen gehalten hatte. Er war unfähig zu handeln. Er war feige. Noch konnte alles gerettet werden. Aber er wagte nicht den Aufruf zu unterschreiben, der die Sektionen zum Sturm gegen den Konvent aufgerufen hätte. In wessen Namen soll ich unterschreiben? fragte er. Wieder trat die Scheu vor Verantwortung hervor, die seiner ganzen Politik den unehrlichen und hinterlistigen Charakter gegeben hatte. Im Namen des Höchsten Wesens etwa hätte er jeden Ruf zu den Waffen unterzeichnet; Saint-Just oder Couthon hätte er in die gewitterschwülen dunklen Straßen hinabgeschickt, mit dem Ruf an das Volk, die letzte Bastille im Manegesaal zu zerbrechen. Er selbst blieb im entscheidenden Augenblick stumm, ratlos, starrsinnig.

Im Scheine der Fackeln ritten die Abgesandten des Konvents, seine entschlossensten Draufgänger durch das nächtliche Paris, den Säbel in der Hand, von Gendarmen begleitet. Sie verlasen an den Straßenecken den Beschluß des Konvents, die Verräter außerhalb des Gesetzes zu stellen. Mit dem Mute der Furcht nahm der Konvent den Fetisch der Legalität wie eine Keule fest in die Hand und schlug damit auf die Rebellen los. Ihre eigenen Formeln gebrauchte er, die sie den Massen eingeimpft hatten. An alle Feinde Robespierres ging sein Appell. Und sie kamen aus den Ecken hervor, zahlreicher als man je gedacht, die radikalen Revolutionäre, die einst Hébert angebetet hatten, die konservativen Sektionen und vor allem die Freunde Dantons. Die Jugend bewaffnete sich, alle von Robespierres Herrschaft Ruinierten, selbst die Prostituierten und die Dienstboten [248].

Es ist unwichtig, festzustellen, ob Robespierre sich selbst verletzte oder verwundet wurde. Wenn noch Gedanken durch seinen Kopf gingen, als er die lange Nacht blutüberströmt in einem Vorzimmer des Wohlfahrtskomitees lag, so mußte er sehen, daß er ganz verlassen war. Allein hatte er herrschen wollen. Jetzt war er allein. Frankreich hatte ihn verworfen. Paris ihn vergessen. Die Fahrt zur Guillotine am andern Tag war die geringere Todesqual.

XXI

Robespierres Größe ist exogen gewesen, wenn man das Wort in diesem Sinne gebrauchen darf. So wie es Menschen gibt, die durch eine ungewöhnliche Anhäufung exzeptioneller Umstände zum Verbrecher werden, ohne wirklich Verbrecher zu sein, so kennt die Geschichte Persönlichkeiten, deren antisoziale Eigenschaften in einer Ausnahmesituation nützlich gewesen sind, gleich dem Messerstecher, der durch den Sonderzustand des Krieges für einige Zeit zum Musterkrieger avanciert.

Eine solche Persönlichkeit war Robespierre.

Seine ressentive Aktivität kam dem Abbau der alten französischen Staats- und Gesellschaftsformen zugute. Sein Haß gegen jede Superiorität – und da er inferior war, stieß er auf Schritt und Tritt gegen Superiorität –, seine Eifersucht, räumten im Verein mit einer gewissen konspiratorischen Technik die Gegner zur Seite; so kulturell wertvoll, so menschlich gewinnend teilweise diese Individuen waren, so bildete ihre Disharmonie ein Hemmnis für eine gemeinsame Kraftanstrengung. Wer der Führer sein sollte, war gleichgültig. Notwendig war, daß ein einziger führte und daß er die ganze übrige Nation zur Gefolgschaft zu zwingen verstand.

Dieser Lebensnotwendigkeit Frankreichs diente, ohne es zu wollen, Robespierre. Er rettete sein Land mit dem Terrorismus, der nicht einer großen politischen Idee entsprang, sondern dem Selbstbetonungsbedürfnis seiner eunuchoiden Konstitution.

Als Frankreich Brot in der Tasche fühlte und Sieg in den Lüften, als die konzentrierten Formen des neuen Staates im Rohbau geschaffen waren, sich in einer erfolgreichen Praxis befestigt hatten und nicht mehr Tag für Tag der widerstrebenden Nation aufgezwungen werden mußten, weigerte sich Frankreich, dem Manne weiter zu folgen, dessen Revolutionstribunal nur noch ein Instrument persönlicher Ranküne und nicht mehr ein Mittel, ein letztes Mittel nationaler Selbsterhaltung war. Was Frankreich gewollt hatte, war Einigkeit, die siegbedingende Einigkeit um jeden Preis gewesen; wenn es ging, mit guten Zureden, wenn es nicht ging, mit blutigem Zwang. Zwecklos Blut zu vergießen, weigerte sich der untrügliche Instinkt des Volkes, und diese Weigerung hieß der 9. Thermidor 1794.

In ruhigen Zeiten wäre Robespierre in der grauen düstern Provinzstadt bis an sein Lebensende geblieben. Wie seine Schwester hätte er für eine aristokratische Natur gegolten, für einen nicht ganz waschechten Aristokraten, aber doch für eine Persönlichkeit, die durch gewählte Ausdrücke und soignierte Kleidung auf Abstand vom Pöbel hielt. Mit den sichern Mitteln der Rechtsordnung hätte dieser ewig schwarz gekleidete Advokat, Mustermensch und Kirchenvorstand am Glück der andern herumgekratzt. Von seinem 30. Lebensjahr an ein Onkel, und nichts als Onkel, hätte er als treusorgender Bruder seine Geschwister durch pflichtgemäße Einmischungen gequält. Vielleicht wäre er wohltätig geworden, um Gelegenheit zu haben, sein Bessersein zu empfinden und fremdes Leid zu sehen. Mit untadligem Lebenswandel hätte er der Welt seine gereizte Vorzüglichkeit ins Gesicht geschrieen. Seine trockenen Plädoyers hätte er mit moralischen Sentenzen geölt, und hätte es damals schon Scheidungsprozesse gegeben, er wäre Spezialist geworden, um mitfühlend mitzuhelfen, daß zwei Menschen, die einstmals glücklich zusammen waren, haßerfüllt sich zerreißen. Als einsamer Sonderling, der kleine Jungen auf der Straße tätschelt[249] und von ihnen dafür im Chor ausgelacht wird, wäre er schließlich an innerer Giftigkeit, der nur noch die schmale Schleuse des

Detraktiven, der ohnmächtigen Kritik blieb, verdorrt und erstickt. Der kleine eingetrocknete Mann wäre geizig, ängstlich, stumm, unverständlich geworden, und eines Tages plötzlich und unbeachtet, zur Erleichterung seiner Unterhaltspflichtigen gestorben.

Zum Unterschied von Mirabeaus staatsmännischer Intuition, verschieden von dem großen sozialen Demagogen Danton, war Robespierre ein Kriminaloider. An dieser Feststellung ändert nichts, daß er vielleicht brünstiger als Ludwig XIV. glaubte, er sei der Staat und seine persönlichen Feinde seien Frankreichs Feinde. Als seinen gefährlichsten Feind hat ihn Frankreich jäh und unvermittelt abgeschüttelt, sobald seine Zufallsrolle ausgespielt war. Und wenn später Paris hungerte und fror, wenn die elementare Erhebung der Nation zu einem Schieberjahrmarkt zerfloß, wünschte die Phantasie des Volkes immer nur Robespierres Zeiten [250], niemals Robespierre zurück, und griff damit vergeblich nach den dunklen, stürmischen und wieder hellen Tagen, in denen eine eisern-despotische Staatsgewalt trotz seines angstvollen Sträubens Frankreich in den Sattel setzte und auf durchgehendem Pferde zu reiten zwang.

Saint-Just

Eine Welle pathologischer Unzufriedenheit spült gegen die äußern Formen der Zivilisation an. Es gibt kein stärkeres Symptom für die innere Abkehr von der Gegenwart, für den bittern Ekel an allem Bestehenden, als die Überproduktion an utopischen Gebilden, die gegenwärtig das klare Denken der Menschheit verdunkeln. Die Empfänglichkeit für Bilder der Phantasie, der Glaube an die Realisierbarkeit von Dichtungen in Staatsformen und der Gesellschaftsordnung, die systematische Ausgestaltung solcher imaginärer Beglückungsideen, deren dauernde Projektion in überreizte Köpfe ihnen Wirklichkeitswert gibt, ist ein Zeichen schwerer nervöser Erschöpfung.

Unter physiologischen Bedingungen kommt die gleiche Neigung in abgeschwächter Form bei Kindern, Frauen und Greisen zur Beobachtung; die Erfahrungen der Ethnologie lehren, daß primitive Völker, die sich dauernd als Opfer übermächtiger Naturkräfte fühlen, ebenfalls zu trostreichen Bildern flüchten. Diese Hilfe, dieser erhoffte Ausgleich wird meist von einem überirdischen Wesen erwartet, dessen Gunst zu erringen es gilt, einer Gunst, die zu vermitteln sich Zauberer, Medizinmänner, Priester und andere Intellektuelle erbieten.

Neben der religiösen Utopie, die das irdische Leben nur als kärglichen Einsatz für den spätern hohen Gewinn betrachtet, ist in den letzten Jahrtausenden häufig versucht worden, das Zusammenleben der Menschen, das praktischste aller Probleme, auf rein theoretischem, spekulativem Wege zu lösen. Im Gegensatz zum religiösen Zukunftsstaat wohnt der sozialen Utopie eine vehemente Verwirklichungstendenz inne. Die Menschen wollen schon in dieser Welt das selige Leben genießen; je ungleicher die Natur in ihrer souveränen Ungerechtigkeit die Menschen ausgestattet hat, um so mehr wollen sie durch Staat und Gesellschaft Glück und Unglück, Größe und

Kleinheit, Stärke und Schwäche nivellieren, und zwar sofort und ohne den Verzug, den die Religionen in ihrer Weisheit zwischen trostreichem Bild und erfüllter Verheißung eingeschoben haben.

Es ist kaum möglich, zwischen theoretischen und aktiven Utopisten eine klare Grenze zu ziehen. Wohl aber mag es gelingen, unter den Aktiven zwischen inaggressiven und kriminellen Utopisten zu unterscheiden. Nicht immer dürfen wir uns auf den modernen strafrechtlichen Grundsatz verlassen, daß einzig und allein das Vorstellungsbild des Täters uns über seinen sozialen Wert Auskunft gebe. Zweifellos gibt es Altruistische, die wir doch zu den Kriminellen rechnen müssen. Ebenso treten uns zahlreiche bedeutende Utopisten entgegen, die zweifellos zu den Kriminellen gehören. Es ist ein ungemein reizvolles Problem, den theoretischen Inhalt einer Utopie und die Persönlichkeit des Utopisten nebeneinander zu stellen; häufig scheint der Widerspruch unlösbar. Wir wollen den Versuch machen, bei einem der Führer der anarchischen Periode, die Frankreich vor 135 Jahren durchtobte, zu einer Synthese der scheinbaren Gegensätze zu gelangen und zu erweisen, daß Saint-Just, der Erfinder einer philanthropischen und altruistischen Utopie, ein krimineller Utopist gewesen ist.

I

Saint-Just war der Sohn eines alten pensionierten Wachtmeisters. Die Mutter galt für sehr fromm. Bei der Geburt des Sohnes war der Vater nicht weniger als 55 Jahre alt. Es ist in den Biographien von zwei Schwestern die Rede, ohne daß sich feststellen ließe, ob sie vor oder nach dem Bruder geboren sind. Der Vater starb, als Saint-Just – am 25. August 1767 geboren – erst acht Jahre alt war. Die Jugend verlebte er in verschiedenen Dörfern in der Umgebung von Noyon, vor allem dem Dorf Blérancourt, das der Krieg vollständig zerstört hat. Auf dem Collège Saint-Nicolas in Soissons machte er gute Fortschritte; er hatte aber keine Freunde und erschien auffällig kalt, gemessen, stolz und hochmütig. Dann lebte er im Hause der Mutter, bis ein unerfreuliches Ereignis ihn daraus vertrieb. Lange haben die Verehrer Saint-Justs bestritten, daß ein dunkler Punkt die Jugend ihres Idols beschatte. Vater aber hat vor einiger Zeit in seiner Geschichte Vergniauds den dokumentarischen Beweis erbracht: Vom 17. September 1786 bis 30. März 1887 war Saint-Just auf Antrag seiner Mutter in dem festen Haus (Maison de Force) der Mme. Marie in Picpus interniert, weil er sich unter Mitnahme »einer ziemlich beträchtlichen Menge Silberzeug, anderer Gegenstände und Bargeld« aus dem mütterlichen Hause entfernt hatte. Näheres läßt sich nicht feststellen, doch scheint damals eher der Eindruck einer Geistesstörung als eines Delikts vorgelegen zu haben, nach deren Ablauf man den jungen Menschen wieder entließ. Bei Ausbruch der Revolution stürzte sich Saint-Just, der im Jahre 1789 ein ziemlich schlüpfriges Epos »Organt« anonym veröffentlicht hatte, mit größter Leidenschaftlichkeit in das politische Leben; es ist bemerkenswert und ein Ereignis, das wir bei zahlreichen Revolutionären in den verschiedensten Formen wieder antreffen können, daß er gleich am Anfang einen Echec erlitt, der sich tief in sein verwundetes Selbstgefühl eingrub. Bei den Wahlen zur Legislative wurde er als Kandidat aufgestellt, wegen zu großer Jugend aber zurückgewiesen, obschon ihn das Vertrauen seiner revolutionären Mitbürger zum Oberstleutnant der heimischen Nationalgarde ernannt und den Dreiundzwanzigjährigen in dieser hohen Stellung zum Föderationsfest nach Paris gesandt hatte. In einem Briefe an einen Freund, den wir aus jener Zeit besitzen, kommt sein brennender, verletzter Ehrgeiz in krankhaft erregter Weise zum Ausdruck [1]. Aber das Glück war ihm hold; schon zwei Jahre später gab es wieder Wahlen, und wenige Tage nach Erreichung des wahlfähigen Alters konnte er, am 17. September 1792 vom Aisne-Kreis für den Konvent gewählt, in Paris eintreffen.

Am 13. November 1792 ergriff ein junger, ganz unbekannter Abgeordneter das Wort. Blonde Locken hingen um ein Gesicht, dessen Mädchenzüge den Ausdruck der Sanftmut trugen. Inmitten des Hauses, dessen Mitglieder schon damals ihre demokratische Gesinnung durch schlechte Manieren, verwahrloste Kleidung und rohe Worte zu beweisen begannen, fiel er durch Distinktion und Eleganz auf; in seinem Knopfloch stak eine rote Nelke. Dieses jüngste Mitglied des Konvents, dieser Stutzer und Soldatensohn, griff den König mit einer so unerhörten Schärfe und Brutalität an, seine Grundsätze waren so eiskalt, grausam und dabei anscheinend so logisch an höhere Gesichtspunkte angeknüpft und einem kunstvollen System entnommen, daß der Konvent erstarrte. Saint-Just war mit einem Schlag berühmt; er ging sofort daran, sich in seinem Interessenkreis als Spezialist auszubilden: für Heeres- und Verfassungsfragen. Robespierre benutzte die Rücksichtslosigkeit und den Fanatismus Saint-Justs, um aus ihm den Staatsanwalt der Anklagen zu machen, die er in der Stille ausgeheckt und mit vergifteten Spitzen versehen hatte; die große Angriffsrede gegen die Girondisten hielt am 8. Juli 1793 der jugendliche Abgeordnete des Aisne-Kreises.

Im Oktober ging Saint-Just mit außerordentlichen Vollmachten nach dem Elsaß. Er bereitete den glücklichen Generalangriff der vereinigten Mosel- und Rheinarmeen auf die Weißenburger Linien vor. Ende Januar finden wir ihn mit Le Bas bei der Nordarmee; am 17. Februar thront erhaben und hochmütig der Siebenundzwanzigjährige als Präsident des Konvents; am 13. März hält er die Anklagerede gegen die »Parteien des Auslands«, die in dunklen und drohenden Worten gegen die Hébertisten zielt; am 31. März vertritt sein fanatisierter Kopf den tödlichen Überfall Robespierres gegen Danton. Am 26. Juni wird in seiner Gegenwart der große Sieg von Fleurus erfochten. Er eilt nach Paris zurück, um Robespierres letzte Feinde dem Revolutionstribunal überliefern zu helfen. Aber unter Fouchés geistiger Leitung schlagen die Bedrohten zu; die ganze bisher in Furcht versteinerte Rechte des Konvents wirft sich auf die Seite der Angreifer, und der Nachmittag des 10. Thermidor sieht ihn sein junges, immer noch stolzes Haupt auf den Block des Henkers legen.

Diese äußeren Lebensschicksale sind einförmig und besagen wenig. Um gewisse typische Züge aus dieser seltsamen psychischen Konstitution herausschälen zu können, müssen wir den Versuch machen, sie weiter zu zerlegen. Wir müssen dabei von einem Kennzeichen ausgehen, das allen Zeitgenossen bereits aufgefallen, von keinem aber richtig verwertet worden ist: Der femininen Physiognomie des Mannes. Die Bilder, die ich von Saint-Just kenne, tragen einen so unverkennbaren mädchenhaften Zug, daß wir diese anatomischen Merkmale bei der Erklärung der psychischen Eigentümlichkeiten nicht außer acht lassen dürfen. Dazu tritt sein starker Sinn für elegante Kleidung; Saint-Just trug immer eine Blume im Knopfloch. Auf den Bildern sind mir Ohrringe aufgefallen. Die Schrift ist klein und zierlich und wechselt dauernd. Es sieht aus, als ob er nach wenigen Zeilen immer eine neue Feder genommen hätte. Eine gewisse hochmütige Haltung wird von allen Zeitgenossen erwähnt. Seine eiserne Ruhe war künstlich und wurde zuweilen durch »colères effroyables, incessantes, presque chroniques«[2], zerrissen. Camille Desmoulins, so wird erzählt, habe einmal gespöttelt, Saint-Just trage sein Haupt hoch zwischen den Schultern wie das heilige Sakrament, worauf Saint-Just entgegnet haben soll, Camille werde bald sein Haupt gleich dem heiligen Denis in der Hand tragen; im Germinal war Lucile Desmoulins Witwe.

Abgesehen von einigen erotischen Jugendversuchen hat Saint-Just nie mit einer Frau etwas zu tun gehabt. Er wurde von der wütenden Abneigung aller sexuell Indifferenten oder Deviierten gegen die Prostituierten und alles, was außerhalb der Familie mit Sexualvorgängen in Zusammenhang steht, beherrscht. Ich möchte annehmen, daß diese Antipathie als eine Sonderform des Neides und der Eifersucht aufzufassen ist, die einen Hauptzug in Saint-Justs Wesen ausmachte. Wie im Elsaß, so waren bei der Nordarmee die ersten Befehle des jungen Konventskommissars darauf gerichtet, die Armee von allen Frauen zu befreien, die ihnen damals in reichlicher Zahl nachliefen. Alle öffentlichen Mädchen mußten bei Todesstrafe das Feldlager verlassen. Die gleiche heftige Abneigung wandte er gegen Alkoholiker und Geschlechtskranke an. Jeder Offizier oder Unteroffizier, der am Tage der Schlacht betrunken oder geschlechtskrank war, wurde sofort seines Postens enthoben und als »Verdächtiger« »bis zum Frieden« gefangengesetzt. Jeder Offizier wurde kassiert, der geschlechtskrank in einem Lazarett lag und nicht binnen Monatsfrist zu seinem Truppenteil zurückkehrte; von dieser Anordnung läß sich sagen, daß sie mehr energisch als rationell gewesen ist.

Verehrer haben um Saint-Just und die Schwester seines Freundes[3] Le Bas die Legende einer starken Neigung herumerzählt. Neuere Forschungen haben daran nicht viel übrig gelassen. Für den, der Le Bas Briefe aufmerksam gelesen hatte, war schon von dem schönen Märchen nicht viel übrig geblieben. Vor einigen Jahren ist mit vier Worten das ganze künstlich aufgebaute Idyll zerstört worden. Lamartine hatte in seiner Geschichte der Girondisten von dem »stürmischen und leidenschaftlichen Gefühl Saint-Justs für die Schwester von Le Bas« gesprochen, aber er war vorsichtig genug gewesen, das Manuskript der noch lebenden Witwe des Konventsmitgliedes Le Bas hinzuschicken und um etwaige Verbesserungen zu bitten. »Dites: sentiment très calme«, hatte die alte Dame mit zitternden Fingern dazugeschrieben und damit ein für allemal die Streitfrage beendet [4].

Es ist nicht überflüssig, daß der Kriminalist bei seinen Objekten einen so gewaltigen, alle körperlichen und seelischen Äußerungen beherrschenden Grundtrieb wie die Sexualität in den Bereich seiner Beobachtungen zieht, auch wenn die kriminellen Handlungen in keinem unmittelbaren Zusammenhang mit dem Geschlechtstrieb und seinen Defekten zu stehen scheinen. Ich möchte beinahe glauben, als ob sich bei den meisten Utopisten, die ich aus der Geschichte und aus persönlicher Anschauung kenne, Abweichungen in der erotischen Konstitution feststellen lassen; es kann kein Zufall sein, daß die bedeutendsten Utopisten ohne Ausnahme auf dem Gebiet der sexuellen Beziehungen mit Reformvorschlägen hervorgetreten sind.

Saint-Justs Verhältnis zu Robespierre ist noch völlig ungeklärt. Hatte es einen erotischen Hintergrund? »Sie, den ich wie die Gottheit nur durch Wunder kenne«, hatte er in einem Anfall von Exaltiertheit am 19. August 1790 an Robespierre geschrieben. Sehr genaue Beobachter, wie Levasseur, haben wissen wollen, Saint-Just sei der bedeutendere von beiden gewesen. Trotzdem scheint Saint-Just einen wahren Kult mit Robespierre getrieben zu haben. Es ist schwer, sich vorzustellen, daß Saint-Just nicht in der Intimität Robespierres nebelhaften Mystizismus, seine geheime Furcht, seine Unklarheit, seine vorzeitige geistige Altersschwäche erkannt hat. Wir stehen vor einem Rätsel, das sich nur lösen ließe, wenn wir an Affinitäten denken, die stärker waren als sein Intellekt. Saint-Just hat für Robespierre bis zum letzten Augenblick seines Lebens nur Opfer gebracht; parasitisch wie alle Armen im Geist hat Robespierre aus den Gedanken seines jungen Freundes Münze geschlagen, wie er an seiner unerschütterlichen Tatkraft sich aufrichtete, bis beide das Geschick zu Boden warf.

Es ist von größtem psychologischen Interesse, Saint-Justs Reden und Schriften auf ihre Terminologie hin durchzuprüfen. Immer wieder treffen wir auf die Worte: terrible, farouche, rigueur, exterminer, sans pitié, sans frayeur, féroce, atroce, inexorable, inflexible, sévère, cruel, dur; am meisten aber klingt uns fast auf jeder Seite der Ausdruck: jalousie entgegen. Dem entsprach Saint-Justs Wesen in Wirklichkeit. Hérault de Séchelles, eine der edelsten Gestalten des Konvents, wurde von ihm bis zum bittern Ende verfolgt [5]. Hoche, ebenfalls eine ungewöhnliche Erscheinung, und Lacoste, dem Konventsmitglied, ging sein Haß durch alle Hindernisse hindurch nach. In innerster Seele war er eifersüchtig [6]. Eine Kränkung vergaß er nie [7]. Wenn wir uns daran erinnern, daß Paganel, ein sehr exakter Beobachter [8], in Saint-Just einen allgemeinen angespannten Zug von Angst gesehen haben will, so dürfen wir die Brutalitätshandlungen, die er beging, zum großen Teil zu den Abwehrakten rechnen. Im allgemeinen wird Saint-Justs Ruhe, Mut und Unerschütterlichkeit beschrieben. Aber revolutionäre Zeiten züchten Künstler der Verstellung, und Saint-Justs feminines Wesen kam solcher Doppelrolle sehr entgegen. »Die Politiker einigen sich nur auf Kosten des Volkes und weil sie sich fürchten«, hat er einmal ausgerufen und damit sein innerstes Herz geöffnet [9]. War das die rationelle Grundlage seiner Freundschaft mit Robespierre [10]?

Von keinem der wenigen Historiker, die Saint-Just zu erfassen versucht haben, ist auf einen bedeutsamen Zug in seinem Wesen hingewiesen worden: auf seine destruktive Grundtendenz. Aus seinem Idealstaat ist eine seltsame, erschütternde Notiz erhalten [11]. »Das Leben ist nur schwer für die, die vor dem Grabe zurückweichen. Ich flehe es herbei, das Grab, wie eine Wohltat der Vorsehung, um nicht mehr Zeuge der Untaten zu sein, die gegen mein Vaterland und die Menschheit gerichtet sind. – Gewiß, es heißt Geringes verlassen, wenn man aus einem unglücklichen Leben herausgeht, in dem man verdammt ist, als Mitschuldiger oder ohnmächtiger Zeuge des Verbrechens zu vegetieren. Ich verachte den Staub, aus dem ich zusammengesetzt bin und der zu Euch spricht: man kann ihn verfolgen und ihn sterben lassen, diesen Staub; aber niemals wird man mir das freie Leben entreißen können, das ich mir in den Jahrhunderten und in allen Himmeln gegeben habe.«

Hier haben wir einen Grundzug des echten Revolutionärs in seiner unverhülltesten Form. Es ist die Überempfindlichkeit [12] des Gefühlslebens, das unendliche Mitleid mit der leidenden Menschheit und gleichzeitig die brutalste Roheit gegenüber dem Gegner [13]. In Saint-Justs Worten sehen wir seine Empfindsamkeit noch an das Unvermögen gebunden, sich mit einer Gewalthandlung nach außen Luft zu machen. Seine krankhaft erregten Gefühle sind in ihren motorischen Äußerungen gehemmt, so daß als einziger Ausweg die Affekthandlung gegen sich selbst übrig bleibt. Die depressive Grundbestimmung geht mit einer gewissen Eitelkeitsfärbung einher: Große Männer sterben nicht in ihrem Bett [14]. Die, welche die Revolutionen in der Welt machen, die, welche das Gute tun wollen, dürfen nur im Grabe schlafen [15]. Ich habe vor kurzem auf diese Eigentümlichkeit, auf die Selbstdestruktivität des Revolutionärs hingewiesen [16]. Durch alle politische Meinungsverschiedenheit blickt eine tiefe innere Verwandtschaft, wenn wir einen andern geborenen Revolutionär, Brissot, zugeben hören, daß er keine ungerechte Gewaltsamkeit ansehen kann, ohne daß ihm das Blut kocht. Eine ganz ähnliche Bemerkung macht Rousseau in seinen Bekenntnissen. Im Jahre 1782 gesteht Brissot, daß er in seinen Träumen »der Meister des Berges sein möchte, junge Schüler in seinen Grundsätzen ausbilden, sie mit dem Gedanken des Todes vertraut machen, sie über die Erde hinsenden wie die Engel der Vernichtung, um die Schuldigen zu treffen und die Gerechten zu erhöhen«. Die gleiche apokalyptische Gedankenwelt lag über Europa an der Wende des 15. und 16. Jahrhunderts, als die großen religiösen und revolutionären Bewegungen sich vorbereiteten. Mit grandioser Meisterschaft hat Dürers Holzschnittkunst diesem revolutionären Gefühlschaos in seiner heimlichen Offenbarung Johannis schreckhafte Gestalt geliehen.

Dieser Zerstörungstrieb, ein nervöser Entlastungszwang, richtet sich wie bei den Bilderstürmern der Reformationszeit, wie bei den Kaiserbilderstürmern der deutschen Revolution gegen Lebloses. Durch Erlaß vom 24. November 1793 wird in Straßburg von Saint-Just und Le Bas verordnet: »Die Volkskommissare bei der Rheinarmee beauftragen die Stadtverwaltung, die steinernen Statuen abschlagen zu lassen, die sich auf dem Tempel der Vernunft (dem Straßburger Münster) befinden, und auf dem Dach dieses Tempels die Trikolore zu unterhalten.«

Die krankhafte Überempfindlichkeit für die Leiden anderer ist im Augenblick nicht unecht, wie man meinen könnte. Ich erinnere mich, während der Münchner kommunistischen Periode einen ganz jungen Soldaten gehört zu haben, der mit Tränen in den Augen von den Hunderttausenden bleicher, abgehärmter Arbeiter sprach, die in feuchten Kellern die Schwindsucht verzehrt. Der Gedanke war offenbar literarischen Ursprungs. Er saß aber so fest, er stand dem jungen Redner mit solcher Lebhaftigkeit vor Augen, daß er ihn und mehr noch die Zuhörer völlig überwältigte. Aus dieser weinerlichen Empfindsamkeit heraus schlug der Redner und das gesamte Auditorium plötzlich in aggressive Gedankengänge um. Die Verbindung wurde lose geknüpft durch die beweislos hingeworfene Behauptung, an dieser schrecklichen Anhäufung von unverdientem Unglück, die natürlich eine arge Übertreibung war, seien die Kapitalisten, die Aristokraten und andere böse Menschen schuld. Gegen diese Verbrecher verlangte der Redner, der eben noch im Mitgefühl verging, die brutalsten Maßregeln, die Guillotine und dergleichen. Dann forderte er die tobende Menge auf, bei ihren Handlungen nur ihr revolutionäres Gewissen zu befragen. Saint-Just hat genau den gleichen Versuch gemacht, an die Stelle objektiver Maßstäbe die eigene Selbstherrlichkeit zu setzen. »Il faut ramener toutes les définitions à la conscience«, steht im ersten Fragment seines Idealstaates. Damit brechen die letzten seelischen Dämme unter dem Druck der aufgepeitschten Gefühlswellen. Alle bösen Triebe nennen sich Gewissen und übernehmen die Führung.

Wir werden später kurz den Versuch machen, diese Gegensätzlichkeiten zu erklären [17]. Jetzt wollen wir nur die Tatsachen aneinanderreihen. Auch Saint-Just sorgte unermüdlich für den einfachen Soldaten, sein Patriotismus und das starre Festhalten an dem, was ihm als Staatsideal vorschwebte, war zweifellos einem altruistischen Gedankenkreis entnommen. Zur Verwirklichung seiner Ziele aber schritt er über Leichen, durch Vernichtung und Qualen. Es will mir scheinen, als ob seine Vorliebe für den Krieg, als ob der Sombreübergang, den er unter riesigen Menschenopfern immer und immer wieder ansetzte, psychologisch neben seine gewaltsamen politischen Maßregeln zu stellen sind [18]. Seinen Freunden verzieh er alles; seine Gegner überhäufte er mit einer giftigen Schlammflut sinnloser Verleumdungen. Aus dem überreizten Mitgefühl stieg der Geist der Rache drohend auf, wirkte wie ein Narkotikum auf jeden psychischen Widerstand und ging dann hemmungslos, durch die Überzeugung, eine gute Tat zu tun [19] – daher das Epitethon »heilig«, das er so oft neben seine haßvollen Affekte setzt – vorwärtsgepeitscht, gegen die Gegner vor. Wir werden sehen, daß er dem Begriff des Gegners in höchst charakteristischer Weise eine weite, ja unerschöpfliche Ausdehnung gab.

II

Nach Saint-Justs Tode ging ein Teil seiner Papiere verloren, andere wurden in Courtois bekannte Sammlung aufgenommen, andere wieder blieben unveröffentlicht, weil sie mit Politik nicht zusammenhingen. Diese Papiere wurden von einem Anhänger namens Briot in einer kleinen Auflage gedruckt, bald aber wieder eingestampft. Nodier gab diese Fragmente einer republikanischen Verfassung 1830 nach einem geretteten Exemplar mit einer Vorrede heraus.

Diese Fragmente sind, obwohl von der Wissenschaft fast ganz unbeachtet, von hohem Interesse. Erstens stammen sie aus der letzten Periode in Saint-Justs Leben, in die auch sein politisches Auftreten fällt, und dann sind sie ohne unmittelbaren Zweck wie schließlich alle seine Konventsreden niedergeschrieben. Sie stellen keine zusammenhängende Arbeit, eher kurze Notizen, Aphorismen, in Kapitel vereinigt, dar. Saint-Just entwickelt darin sein Staats- oder besser gesagt sein Gesellschaftsideal. Neben Gedanken, die direkt einer unverstandenen Schullektüre, meist Platos, entnommen sind, neben völlig dunklen Bemerkungen und zahlreichen unlösbaren Widersprüchen [20] finden sich Gedanken von Originalität und Tiefe.

In Saint-Justs Gesellschaft ist oberstes Gebot, daß jeder Mensch arbeite und den andern achte. Europa hat nur noch ein Mittel, Frankreich zu verderben: ihm die Arbeit und die Achtung der anständigen Menschen zu nehmen (Fragm. 4). Faulheit wird bestraft (Fragm. 13). Jeder Mann soll das Recht haben, unabhängig für sich zu leben, eine eigene Frau zu haben, gesunde und kräftige Kinder zu besitzen. Es darf weder Arme noch Reiche geben.

Erziehungsfragen nehmen einen auffallend großen Raum ein: Die Disziplin in der Kindheit soll streng sein. Man erzieht die Kinder in der Freude am Schweigen und in der Verachtung der Redner. Niemand darf ein Kind streicheln oder schlagen. Man lehrt sie das Gute und überläßt sie der Natur. In allen Jahreszeiten sollen die Kinder nur Leinwand tragen und auf Matten schlafen. Acht Stunden genügen. Sie leben von Wurzeln, Früchten, Milch, Brot, Wasser. Diese Forderung erinnert an die Gewohnheiten zahlreicher geistig kranker oder defekter Weltreformer, die eine neue

Moral durch eine bestimmte Form der Atmung, durch Essen von Obst und Nüssen, durch Nackt»kultur« oder Wohnen in Höhlen und hohlen Bäumen herbeiführen wollen.

Der prüden Anlage Saint-Justs entsprechend, sollen Mädchen über zehn Jahre an den Festen nur in Begleitung der Eltern oder des Vormundes in die Öffentlichkeit kommen. Frauen, die im Feldlager angetroffen werden, sind mit dem Tode zu bestrafen. Ehepaare, die binnen sieben Jahren keine Kinder haben oder keines adoptieren, werden von Staats wegen getrennt. Trunkenheit wird bestraft. Wer eine Frau schlägt, wird verbannt. Über die Freundschaft als soziale Einrichtung finden sich sehr merkwürdige Bestimmungen.

Ein Preis für Beredsamkeit wird dem Lakonischen erteilt, der im Augenblick der Gefahr ein erhabenes Wort ausspricht, der das Volk zur Sittlichkeit zurückruft, die fliehenden Soldaten aufhält [21]. Am 1. Floréal wählt jede Gemeinde einen jungen, wohlhabenden und wohlgestalteten Mann, der seinerseits, »um die Gleichheit zu ehren«, ein armes Mädchen zur Lebensgefährtin nimmt. Saint-Just vergißt, daß seine Vorschrift sich aufbaut auf der stärksten und der ewigsten aller Ungleichheiten, der Schönheit oder Häßlichkeit einer Frau.

Neben diesen rassehygienischen Gestaltungen finden sich allerlei Bemerkungen: Wenig Gesetze, die Zahl der Beamten vermindern, die Kollektivbehörden durch Einzelpersonen zu ersetzen. Alle diese Grundsätze, die so wenig der Verwaltungspraxis der Revolution entsprechen, erinnern an Tacitus tiefes Wort: »perditissima res publica, plurimae leges«. Ebenso seltsam in diesem Munde klingt der Ausspruch: Eine schwache Regierung ist nur eine Last für das Volk. Wenn Saint-Just meint, daß es sich weniger darum handelt, »ein Volk glücklich zu machen, als es zu verhindern, unglücklich zu sein«, so kommt damit die ganze pädagogische Leidenschaft des Ideologen oder auch sein Negativismus, seine auf Repression eingestellte Persönlichkeit zum Vorschein. Man denkt mehr an den Militärdiktator als an den kommunistischen Apostel, wenn man die Sätze liest: »In jeder Revolution ist ein Diktator notwendig, um den Staat durch die Gewalt zu retten, und jede Reform der Gesetze in Kriegszeiten ist zu suspendieren, um Intrigen und Verschwörungen des Auslandes zu verhindern« (Fragm. 17). Dazwischen soll jeder Bürger gezwungen sein, im Tempel alljährlich über die Verwendung seines Vermögens Rechenschaft abzulegen; das Privatleben aber sollte, wie wir sahen, ungestört bleiben.

Ganz widerspruchsvoll und dunkel ist Saint-Justs theoretische Auffassung der Revolution. Revoltieren dürfen nur das Volk und die Staatsbürger, aber nicht Beamte und Ausländer. Sie werden bei dem geringsten Versuch, da sie an Unruhen interessiert sind, um Böses zu tun oder um hochzusteigen, außerhalb des Gesetzes gestellt. Wer denkt bei diesem Grundsatz nicht an die Nacht vom 9. Thermidor, als Robespierre, Couthon und Saint-Just im Rathaus zusammensaßen und den Aufruf berieten, der die Massen zur Revolte gegen den Konvent aufreizen sollte. Auf Einwände erwiderte Saint-Just: wir wollen im Namen des Konvents an die Pariser und an die Provinz appellieren. »Der Konvent ist überall, wo wir sind!« Auch das Volk ist bei dieser Klasse von Menschen, wo *sie* sind. Je mehr Rechte sie dem Volke geben, um so mehr Macht geben sich sich selbst.

Revolten sind stets heilsam unter Despoten; in freien Staaten aber bisweilen für die Freiheit gefährlich (Fragm. 18). Denn die Revolte des Verbrechens »en usurpe les prétextes sublimes et le nom sacré«. Revolten schlagen freien Staaten tiefe und schmerzliche Wunden, die oft Jahrhunderte lang bluten. Denen, die an der Regierung sind, muß man Furcht machen, niemals aber dem Volk. Abgeordnete des Volkes dürfen nur von einem Gericht von 26 Abgeordneten verurteilt werden, die der Versammlung durch das Los entnommen sind und von denen die Hälfte abgelehnt werden kann. »Denn das Vaterland soll nicht dem Gutdünken eines Gerichtes ausgeliefert werden« (Fragm. 18). Wird ein Abgeordneter verurteilt, so hat er außerhalb Europas ein Exil zu suchen, um dem Volk nicht das Schauspiel zu geben, daß einer seiner Vertreter mit dem Tod bestraft wird.

Stärker können die Widersprüche nicht aufeinanderprallen, als dieser feierlich proklamierte Grundsatz und die Praxis des jungen Fanatikers, der kühl bis an Herz hinan Könige, Monarchisten, Republikaner, Revolutionäre und alte Freunde aufs Schafott schickte.

Im Fluge haben wir die utopistischen Bilder eines Gesellschaftslebens durcheilt, die in Saint-Justs Intellekt auftauchten und literarisch fixiert wurden. Wir würden sehr irren, wenn wir glaubten, daß sein Handeln seinen Idealen entsprach. »Er seufzte nach dem Ende der Revolution, um sich seinen gewohnten Gedanken hingeben zu können, um die Natur zu genießen und die Ruhe des Privatlebens in einem ländlichen Asyl zu fristen [22].« Es mag wohl sein, daß Saint-Just von all diesen Dingen oft gesprochen hat; aber das war auch nur eine Privatutopie. Die ganze verwickelte psychische Konstitution eines höchst gefährlichen Menschentypus, des kriminellen Utopisten, rollt sich vor uns auf, wenn wir jetzt zur Prüfung der Mittel übergehen, mit denen Saint-Just seine hohen Entwürfe einer neuen Gesellschaftsordnung zu verwirklichen versuchte. Klaffend und unüberbrückbar tut sich der Spalt zwischen Vorstellungswelt und Triebleben, Theorie und Lebenspraxis auf [23]. Nicht in seinen Worten und Schriften, in seinen Taten und Trieben haben wir das tiefste Wesen des Menschen, seinen sozial bedeutsamen Kern zu suchen. Saint-Just simuliert nicht seine empfindsame Philanthropie; aber er dissimuliert sein auf Schmerzzufügung eingestelltes Triebleben. Da die Worte leicht zu verstehen, die Taten aber unendlich schwierig zu erklären sind, gelingt ihm die Täuschung eines ganzen Volkes, weil er seine Handlungen durch tausend Sophismen scheinbar in Einklang mit seinem Evangelium zu bringen versteht. Häufig, fast immer haben wir die Worte erst wegzuräumen, hinter denen sich, absichtlich beschattet, dieses Menschen innere Welt ängstlich und schamvoll verbirgt.

III

Saint-Just ist in seiner kurzen politischen Laufbahn dreimal besonders hervorgetreten. Alle dreimal erhob er seine Stimme, um der bebenden Versammlung Todesurteile zu entreißen. Am 13. November 1792 sprach der junge Abgeordnete und Gegner der Todesstrafe gegen den König. Über drei Fragen zerbrachen sich damals die Juristen den Kopf: ob der König noch unverletzlich sei, wie die letzte revolutionäre Verfassung ausdrücklich erklärt hatte, ob der Konvent als Richter zuständig sei und ob der Appell ans Volk gewagt werden dürfe. Schneidend sprach Saint-Just gegen jede Formalität. Der Tyrann Cäsar sei im Senat geopfert worden ohne jede andere Formalität als 22 Dolchstiche. Der König sei weder unverantwortlich, noch als einfacher Bürger abzuurteilen. Der König sei als Feind zu vernichten, denn er habe sich außerhalb des Gesellschaftsvertrages mit dem französischen Volk gestellt. Die Formen der Strafprozeßordnung seien wohl für die Rechtsordnung da, nicht aber für das Naturrecht (er nennt es droit des gens), das hier allein den Ausschlag zu geben habe.

Saint-Just, der mädchenhafte Schwärmer, der mit milden und weisen Gesetzen sein Volk zur wahren Glückseligkeit führen will, mißbraucht Rousseaus konfuse Staatstheorie zur Begründung eines Willkürstandpunkts, der sich mit einer kühnen, rein dialektischen Konstruktion über jede Rechtsordnung erhebt. Der König ist für ihn, wie er sagt, kein Bürger, sondern ein Rebell, und es ist eine seltsame, aber nicht so seltene Erscheinung, Revolutionäre mit allem moralischen Nachdruck ihre Gegner Revolutionäre nennen zu hören. »Einen König wie einen Bürger aburteilen«, ruft er aus. »Dieses Wort wird die kalte Nachwelt in Erstaunen versetzen. Aburteilen heißt ein Gesetz zur Anwendung bringen. Ein Gesetz bedeutet einen rechtlichen Zusammenhang; welchen rechtlichen Zusammenhang gibt es zwischen der Menschheit und Königen?« Diese dunkle Logik versetzte die Nationalversammlung in helle Begeisterung. »Jeder König ist ein Usurpator und ein Rebell«, wiederholt der Redner. »Nur Heuchler können in diesem Prozeß Formen verlangen. Man wird Euch nach Euren Prinzipien beurteilen.« Mag das Königtum sich mit allerlei Illusionen umhüllen, es ist ein ewiges Verbrechen, gegen das jeder sich zu erheben und sich zu waffnen das Recht hat [24]. Saint-Justs mörderische Instinkte greifen nach immer neuen Sophistereien. »Das ungeschriebene Recht gegen die Tyrannei ist ein persönlicher Anspruch«, ruft er aus. »Es gibt keinen Akt der Souveränität, der einen einzelnen Bürger zwingen kann, dem König zu verzeihen. Darum kann der Appell an das Volk den König nicht retten, solange auch nur einer der Untertanen für die Hinrichtung stimmt.« Wenn es sich um Gnade oder Milde handelt, gilt also der Satz von der Souveränität des Volkes nicht mehr; gegen den Willen der Allgemeinheit darf der einzelne, mit einem höhern Rechte bewaffnet, seinen Anspruch durchsetzen. Jeder Bürger, sagt Saint-Just, hat gegen den König das Recht, das Brutus gegen Cäsar zustand.

Unschwer läßt sich die Methodik erkennen; nicht als ob absichtlich und mühsam die innere Überzeugung zu Ungunsten eines politischen Gegners umgebogen und gefälscht würde. Der Redner hat offenbar im Augenblick des Angriffs gar keine theoretische Weltanschauung, sondern eine Anzahl lose im Gedächtnis und auf der Zunge sitzender Gedankenverbindungen – verlängerte und in Sätze ausgezogene Schlagworte –, die er theoretisch weiter aufrecht erhält, von denen er aber in abenteuerlichster Weise Ausnahmen konstruiert, und zwar Ausnahmen, die in der Richtung seiner ressentiven Triebe liegen. Sieht man die Sätze genau an, verfolgt man die logischen Zwischenglieder und die diktatorisch hingeworfenen Prämissen, so stößt man immer wieder auf eine als ewige Wahrheit eingesetzte Behauptung, von der die ganze Gedankenkette wunschgemäß abgespult wird. Welches Recht hatte Brutus gegen Cäsar? Warum besteht zwischen der Menschheit und den Königen kein Zusammenhang? Warum ist der legitime König ein Usurpator? Warum ist das Königtum ein ewiges Verbrechen? Alle diese scheinbar unumstößlichen Fakten, nach deren Akzeptierung sich alles weitere als selbstverständlich ergibt, sind willkürlich zurechtgemachte Behauptungen, zu Dogmen gewordene Wünsche.

Am 2. Juni 1793 hatte ein kunstvoll arrangierter Pöbelauflauf, der schon am 31. Mai begonnen hatte, dem Konvent den Verhaftungsbefehl gegen 32 seiner Mitglieder abgetrotzt. Am 3. Juli tritt Saint-Just vor die Versammlung, um neun Girondisten, die wohlweislich entflohen waren, für vogelfrei erklären und gegen fünf von ihnen die Anklage vor dem Revolutionstribunal erheben zu lassen. Keine giftigere Anklage läßt sich denken als die Worte, die Saint-Just auf seine Feinde abschoß. Es gab keine ehrlicheren Republikaner als diese intellektuelle Blüte der Versammlung. Saint-Just beschuldigte sie einer Verschwörung gegen die Republik [25]. Er wirft ihnen geheime Verbindungen mit dem feindlichen Feldherrn, dem Herzog von York vor. Dieser entschädige die französischen Bauern für den Schaden, den sie im Feldzug erlitten. »On croirait qu'il ménage son domaine.« Mit einem oratorischen Kniff bösester Sorte wehrt er den Einwand ab, die Anklage verletze die Rechte der Volksvertreter. »Ihr habt die Volksvertretung zuerst geschändet«, ruft er aus. »Die Angeschuldigten haben zuerst das Beispiel der Strenge gegen die Volksvertreter gegeben [26]. Jetzt mögen sie sich dem Gesetz unterwerfen, das sie für die andern aufgestellt haben.

Sie sind Tyrannen, wenn sie sich über dieses Gesetz erheben wollen. Sie mögen zwischen den beiden Namen wählen, ob sie lieber Tyrannen oder Verschwörer sein wollen.«

Am 31. Oktober wurden 21 Girondisten, darunter Vergniaud und Gensonné, hingerichtet. Nur wenige von den Geflüchteten entrannen dem Tod im Westen und Süden des Landes. Ihr Mörder war neben Robespierre Saint-Just, der junge Mann, der die Tyrannei so haßte und in dessen utopischem Staat Kinder nicht geschlagen werden durften.

Saint-Justs größte und verhängnisvollste Stunde ist es gewesen, als er am 3. März 1794 die berühmte Anklagerede gegen Danton verlas. Wer sich durch dieses Gemisch gröblicher Lügen und haßerfüllter Entstellungen durcharbeitet, fragt sich immer wieder, ob ein Kopf wie Saint-Just wirklich an all die Dinge geglaubt haben kann, die er mit schneidender Kälte im Konvent vorbrachte. »Niemals kann die Gerechtigkeit Euch kompromittieren. Aber die Nachsicht wird Euch ins Verderben stürzen. Ich will Euch die letzten Anhänger des Royalismus denunzieren, die seit fünf Jahren hinter allen Parteistreitigkeiten standen und die hinter der Freiheit hergingen, wie der Tiger hinter der Beute herschleicht.« Unter dem Begriff Parteien versteht Saint-Just jeden Widerspruch; seine Ansicht ist, daß Parteien in einem freien Lande überflüssig sind. Eher, meint er, ist auf kein Gedeihen zu hoffen, solange noch irgendein Feind der Freiheit atmet (Rede vom 10. Oktober 1893). Nicht nur die Verräter, auch die Gleichgültigen müssen bestraft werden.

Jetzt baut sich in immer deutlichern Zügen das Bild des Mannes vor uns auf. Meinte es dieser sonderbare Schwärmer ernst mit dem Gedeihen der Freiheit, als er Hérault de Séchelles, Camille Desmoulins, dies ewige große Kind und Danton, den Einzigen, der nach Mirabeaus Tode etwas von einem Staatsmann hatte, in den Tod schickte? Ja, er glaubte daran. Er glaubte, daß die Menschen, die er haßte, schlechte Menschen und schlechte Republikaner seien. Er glaubte es wenigstens, solange er seine Rede zu Hause niederschrieb und solange im Konvent die Worte ihm von den Lippen fielen. Sein Märchenstaat lag in solchen Augenblicken weit hinter ihm; er erinnerte sich nur seiner, um zornig den Abstand zu ermessen, der sich zwischen ihm und der Wirklichkeit ausbreitete und um diese Divergenz alle Andersdenkenden entgelten zu lassen. Die Theorie ist in solchen Augenblicken nur dazu da, den grausamen und absolutistischen Instinkten des vorzeitig zu unumschränkter Macht gekommenen jungen Mannes einen leichten Überzug wohlklingender Worte zu geben. Alle Aussprüche dieses fleischgewordenen, an die Spitzen eines revolutionären Volkes gestellten Hasses sind nichts als augenblickliche Wünsche, in Sentenzform gekleidet, die jeder Wechsel der politischen Situation für Unsinn erklärt oder gegen den Autor wendet. Kann ein denkender Mensch den Grundsatz proklamieren, den Saint-Just immer wieder variiert hat: Ein Volk hat nur einen gefährlichen Feind: seine Regierung! (Rede vom 10. Oktober 1793.) Wer die Regierung eine dauernde Verschwörung gegen das Volk nennt, darf nicht den Ehrgeiz haben, selbst einmal regieren zu wollen, ebenso wie es unrationell ist, eine Dauerrevolution zu unterhalten, um zur Herrschaft zu kommen.

Es ist unmöglich, mit einer Theorie, die auf Daueropposition, auf den Kampf gegen jede Art der Überordnung eingefroren ist, in den Streit um die Macht einzutreten und dabei nicht Opfer der eigenen Phrasen zu werden. Machiavelli, den Saint-Just häufig gelesen haben soll, hat seinem Fürsten geraten, alles Böse, das unumgänglich notwendig zur Erringung der Herrschaft sei, gründlich und mit einem Schlag zu tun und dann daran zu gehen, die geschlagenen Wunden mit zahlreichen aufeinanderfolgenden guten Taten heilend zu bedecken. Theorien aber, vor allem blutige, anarchische Theorien sind immer da. Sie haben eine Tendenz zur Wiederauferstehung. Umgekehrt wie bei Machiavelli kommt es zu einzelnen guten Handlungen vielleicht, im übrigen aber zu unaufhörlichen Gewalttaten und Rechtsverletzungen. Theorien appellieren an kriminelle Instinkte, die stets auf der Lauer liegen, wenn sie sich auch nicht immer ans Licht des Tages wagen. Glaubt ein wirrer Kopf auf Grund einer Theorie auch noch Gutes zu tun, wenn er seine kriminellen Triebe von der Kette läßt, so bedeutet das eine erhebliche Abschwächung der ihm von der Gesellschaft aufgedrungenen, in revolutionären Zeiten sowieso stark beschädigten Hemmungen. Ein solcher innerlich aggressiver Mensch ist als soziales Wesen auch durch die herrlichste Utopie nicht zu entschuldigen. Im Gegenteil, je verlockender in seiner Vorstellungswelt die politischen und sozialen Träume sich aufbauen, um so geringer sind die retardierenden Momente, um so rücksichtsloser kann sich die in seinem Triebleben wurzelnde kriminelle Anlage durchsetzen, um so gefährlicher ist der Utopist.

Das Vorstellungsleben des kriminellen Utopisten scheint von der Willenssphäre völlig abgetrennt. Es ist für seine Handlungsweise etwas Sekundäres und wird oft mit viel dialektischem Geschick, aber mit einem deutlichen Mangel an Folgerichtigkeit wie eine Kulisse verändert, umgestellt, an die Bedürfnisse des Augenblicks angepaßt. Der kriminelle Utopist ist im Rahmen seines Trieblebens Milieumensch, heute Imperialist, morgen Anarchist, immer ein Krimineller. Denn primär und fundamental ist die antisoziale Anlage. Sie ist der Kern dieses Typus von Menschen, dem es oft lange Zeit, bisweilen immer gelingt, die Mitmenschen und die Nachwelt, da sie sich nur an Worte halten, in die Irre zu führen.

IV

Den tiefgreifenden Unterschied, der auf psychischem Gebiet zwischen dem Kriminellen besteht, der eine utopische Theorie aufgestellt hat, und dem sozialen Individuum, das an die Verwirklichung seiner utopischen Gedankengänge glaubt, macht ein Blick auf den Typus des inaggressiven Utopisten klar. Ein solcher sozialer Utopist war Plato, waren alle großen Utopisten, wie Campanella, Thomas Morus, Bacon und Bentham. Ich spreche nicht von dem Stifter der christlichen Religion, da die Religionen die Verwirklichung ihrer Utopien in das Jenseits verlegen und damit, wenigstens ursprünglich, »nicht von dieser Welt« sind. Die Religionsstifter sind Tröster, nicht Reformatoren. Ihre unerschöpfliche Kraft beruht darauf, daß sie der Utopie die ewige Unberührtheit erhalten.

Es ließe sich einwenden, daß Plato, Campanella mit seiner Civitas Solis, Morus mit seiner Utopia, Bacon, Harrington, Fénelon, Mably und Morelly eigentlich Künstler waren, inaktive Naturen, die in der Erfindung, nicht in der Realisierung ihrer hochfliegenden Gedanken Genuß empfanden. Aber das Leben bietet uns auch Utopisten kleinerer Sorte dar, die aktiv waren, ja die sich trotz aller Hindernisse bis zu einer Verwirklichung ihrer Utopie durchgearbeitet haben. Im Gegensatz zum kriminellen Utopisten sehen wir bei diesen mit Machtgier, Grausamkeit und andern antisozialen

Instinkten wenig oder gar nicht belasteten Menschen die Gesellschaftsgründung sich in ruhigen Formen vollziehen. Charakteristisch ist die Freiwilligkeit des Beitritts, die Toleranz gegenüber der übrigen Welt, die Utopieverwirklichung im Kleinen, der die Unfehlbarkeit, die Ausschließlichkeit und die riesigen Ausmaße in den Plänen der kriminellen, immer die »Menschheit« umfassenden Utopisten gegenüberstehen. Hier läßt die Ubiquität, die Weltrevolution, die Beglückung ganzer Rassen und Kontinente für Andersdenkende keinen Raum; es hat beinahe den Anschein, als ob Konflikte gesucht und durch die Ausnahmslosigkeit herbeigezwungen würden.

In den Vereinigten Staaten von Nord-Amerika ist häufig der Versuch gemacht worden, Utopien in kleinem Maßstab zu verwirklichen. Sowohl vor der französischen Revolution, wie vor dem Jahr 1848 ist diese Wanderungstendenz deutlich zu beobachten. Die meisten Kolonien haben sich nur kurze Zeit gehalten. Noch am längsten leisteten die Gemeinschaften dem zersetzenden Einfluß des wirklichen Lebens Widerstand, die sich auf religiöser Grundlage aufbauten. Von den rein sozialen Versuchen ist die Kolonie Nauvoo nach den Ideen von Etienne Cabet, des Dichters der »Voyage en Icarie« [27], längere Zeit in Betrieb gewesen. Der Gründer muß zur Klasse der inaggressiven Utopisten gerechnet werden. Es ist kein schärferer menschlicher Gegensatz zu dem Typus denkbar, dem Saint-Just angehörte. Hier in der Gegenüberstellung wird uns erst mancher pathologische Zug klar, über den wir bei historischen, bedeutsamen Persönlichkeiten leicht hinweggehen, weil wir instinktiv geneigt sind, beim – zeitweise wenigstens – erfolgreichen Politiker psychologisch unkritisch zu werden.

Auch Cabet schwebt für seine Utopie ein Idealmensch vor. Aber er wird nicht durch Vernichtung der Andersgestalteten gewonnen, sondern durch einen friedlichen Ausleseprozeß. Wer die Aufnahmebedingungen in den ikarischen Staat erfüllen wollte, mußte gesund sein, nicht zu alt sein, keine ansteckende, unheilbare oder schwere Krankheit haben, mit keinerlei Fehler behaftet sein, der zu körperlicher Arbeit untauglich machte. Der Aspirant durfte weder eine Vorliebe für noch Abneigung gegen einzelne Speisen besitzen, er mußte von Neid und Eifersucht frei sein und vermeiden, Neid zu erwecken.

Man sieht an diesen Vorschriften, die einen leisen kindlichen Anstrich tragen, daß Cabet sich die Sache leicht machte. Er suchte aus einem gegebenen Menschenmaterial das Beste herauszuziehen und dadurch all die Schwierigkeiten zu vermeiden, die die natürliche Ungleichheit, Krankheiten und Leidenschaften der Durchführung eines praktischen Kommunismus in den Weg legen. Wie bei den meisten derartigen Persönlichkeiten, verband sich bei den Ikariern der instinktive Drang nach primitiven Verhältnissen mit der noch größern Unfähigkeit, anders als unter Kulturbedingungen zu leben. Ihr Speisesaal erhob sich auf entrindeten Bäumen; sie trugen Schwarz und hatten die bekannte Vorliebe vieler psychopathischer Männer für Samt. 1854 hatte Cabet geschrieben: »Wir haben in der Tat gemeinsame Produktion, organisierte freie Arbeit ohne Gehalt, ohne Geld und ohne andern Zwang als das Gefühl der Verpflichtung gegen die Gemeinschaft. Wir haben gemeinsam Verbrauch und Nutznießung je nach den Bedürfnissen eines jeden, nach dem Prinzip der Brüderlichkeit und Gleichheit, ohne ein Privileg für irgend jemanden. Wir haben die tatsächliche Souveränität des Volkes, die Demokratie im Werke, die Freiheit in Anwendung und das Tor weit offen allen friedlichen Reformen. In unserer Gesellschaft gibt es keinen Überfluß, aber auch kein Elend, weder Reiche noch Arme, weder Herrschaft noch Abhängigkeit, weder Sorgen noch Unruhen, weder Verbrechen noch Gendarme, weder Prozesse noch Gerichte, das Glück der Ehe und der Familie für jeden[28], Unterricht für die Mädchen wie für die Knaben, die Wohltat der Erziehung für alle.«

Die Wirklichkeit aber sah etwas anders aus. Schon Artikel 15 des Gesellschaftsvertrags hatte die volle Souveränität des Volkes wie bei Robespierre und Saint-Just einstweilen noch etwas aufgeschoben. Er lautete: »Herr Cabet erläßt sämtliche Vorschriften, die er für notwendig hält, um die Ordnung, die Wirtschaft, die Arbeit, die Produktion, die Praxis der Brüderlichkeit und die Verwirklichung des Kommunismus zu organisieren. Jeder Genosse verpflichtet sich, die Vorschriften ohne Widersetzlichkeit und Widerspruch auszuführen«[29]. Auch hier treffen wir auf den Gedankengang, mit dem Saint-Justs Anhänger schützend vor ihn getreten sind: Die revolutionäre Aktion sei für ihn nur »un moyen et un passage« gewesen; auch hier finden wir die unbeschränkteste Diktatur als

Mittel der Einführung kommunistischer Prinzipien. Aber diese Befehlsgewalt ist beim inaggressiven Utopisten zurückhaltend und nur gegen Freiwillige zur Anwendung gebracht; sie sieht in den Zuwiderhandelnden Bedauernswerte, die ihr eigenes Glück nicht wollen, nicht aber persönliche Feinde, die nur durch Vernichtung zu bekehren sind, obschon die Schwierigkeiten in der Kolonie die Umbildung des Reformeifers in Animosität begünstigt hätten und mitten im Urwald brutale Maßregeln nicht unmöglich gewesen wären. Dieser friedliche Kommunismus, der nicht mit einer Expropriation der andern begann, brauchte wie der Krieg Geld und immer wieder Geld. Diese ideal organisierte Gesellschaft war in keinem Augenblick ihres Bestehens imstande, sich selbst zu unterhalten.

Ein Besucher berichtet: Man arbeitet lau und ohne Freude. Frédéric Olinet gibt bereits 16 Monate nach der Installation der Kolonie (1850) folgendes bezeichnendes Bild der Lage: »Man beklagte sich über den Speisezettel, auf dem ohne jede Abwechslung Rindfleisch, gekochtes Schweinefleisch, Maismehl und ein stets allzu dünner Tee standen. Man beklagte sich über die Parteilichkeit der Beauftragten bei der Zuweisung der Wohnungen, die Belästigung, die sich aus den Mahlzeiten zu bestimmter Stunde und in einem gemeinsamen Speisesaal ergab, das Übermaß und die Kniffliсhkeit der bürokratischen Formalitäten [30], die man über sich ergehen lassen mußte, um den unbedeutendsten Gegenstand zu erhalten; über die bereits bemerkbare Bildung von Cliquen und Parteien, über das Bestehen eines organisierten Spionagesystems.«

Cabet litt wohl unter der Verzerrung seiner Lieblingsidee in den Händen wirklicher Menschen, er korrigierte sein Weltbild auch nur wenig, aber er reagierte nicht in aggressiver Form, wie er dies tief im Dickicht der amerikanischen Wälder, als die Mehrheit der Kolonie noch begeistert hinter ihm stand, wohl hätte tun können. Er liebte seine Idee mehr als ihre Durchführung mit Hilfe gerade seiner Person und unter Brechung aller entgegentretenden Widerstände [31]. »Es war etwas vom Priester in seiner Person, in der Feinheit seiner Züge, in der Weichheit seiner Manieren, in der ausgesprochenen Zuvorkommenheit seiner Begrüßung«, beschreibt ihm ein Besucher [32]. Zwei Jahrhunderte vorher geboren, wäre er ein Mann der Kirche gewesen. Schon diese Beschreibung zeigt uns den gewaltigen Unterschied der beiden utopischen Typen. Absurdes und

Weisheit vereinigte wie Saint-Just auch dieser Mann in sich. Läßt sich eine größere Naivität denken als das Bild aus seinem Idealland: Da sind alle Frauen mit Edelsteinen und Federn reich geschmückt. Aber aller Schmuck ist künstlich und wird vom Staat beschafft. Cabet fragt: Sind etwa diese Schmucksachen weniger schön, wenn alle Frauen sie in gleicher Weise tragen und keine sie der andern vorzeigen kann? In seinem Staat gibt es fast keine Krankheiten, keinen Selbstmord, keine Verbrecher, Spieler, Prostituierte, Bettler, Trinker mehr. Fast alle jungen Ikarierinnen sind »charmantes«. Daneben aber stehen Gedanken, die die moderne Wissenschaft zu ihren besten zählt: Über die Ehe entscheiden Gelehrte und Ärzte, und der Verbrecher ist wie jedes andere biologische Phänomen zu betrachten.

Zurück zum kriminellen Utopisten. Er ist ein Krimineller und nebenbei ein Utopist. Hinter seiner Utopie steht ein heftiger destruktiver Zug. Nicht die Verwirklichung seiner Phantasiewelt ist die Hauptsache, sondern der Angriff auf alles Bestehende, der angeblich Vorbedingung für den erträumten Neuaufbau ist. Es ist kennzeichnend für den kriminellen Utopisten, daß er *alles* ausnahmslos schlecht findet, was ihm von alten Gesellschaftsformen entgegentritt und daß er niemals aus der Periode des Hasses und des Niederreißens herauskommt. Seine Feinde hören merkwürdigerweise nie auf; nie ist der Bauplatz von altem Gemäuer ganz gereinigt, auf dem sich das Schloß seiner sozialen Träume erheben soll. Wenn eine überirdische Macht seine Utopie plötzlich fertig herzauberte, so würde er unglücklich und verzweifelt sein.

In allen Revolutionen muß der Kriminalist zwei scharf gesonderte Prozesse unterscheiden: Den Vorgang der Machteroberung und den der Machtbewahrung. Nur das Stadium der Machterringung ist der Tummelplatz revolutionärer Methoden. Nur solange ein Mann eine Frau verführen will, darf seine Überredungskunst mit einer »neuen« Moral spielen. Will er die Frau als sein Eigentum behalten, so wird er für Treue sein; wer an der Macht ist, will sie sich bewahren. Er wird konservativ. Die Kampfperiode wird er, wenn er wirklich zum Herrschen geboren ist, möglichst abkürzen, ihr den Charakter der Ausnahme, der bedauerlichen Notwendigkeit zu geben suchen, stets aber revolutionäre Theorien wie Gift scheuen.

Der kriminelle Utopist verstrickt sich in die destruktive Übergangsperiode, die er sich künstlich konstruiert hat, um in ihr seine gewalttätigen Instinkte ausleben zu können. Sie ist es auch, der er regelmäßig erliegt. Die angewandte Kriminalpsychologie muß an diesem Punkt einsetzen. Sie muß von der skeptischen Erkenntnis ausgehen, daß Massen, die durch Hunger, Krankheit, Überanstrengung und schwere Gemütsbewegungen für utopische Gifte empfänglich gemacht worden sind, dem Utopisten, der sich ihnen aufnötigt, immer nachlaufen werden. Aber eines Tages kommt der Rückschlag, muß er kommen. Die Kriminaltaktik braucht dieser latenten Reaktion, die sich allmählich explosiv anhäuft, im richtigen Augenblick nur einen leisen Anstoß zu geben, um ohne eigene Kraftanstrengung den Kriminellen durch den Utopisten zu vernichten.

Die eigenen mörderischen Theorien waren es, die Saint-Justs Haupt auf den Richtblock niederbeugten. Bei seinem Tode brach die Menge in endloses Jubelgeschrei über die Vernichtung des Tyrannen aus, ganz wie er es das souveräne und gute Volk von Paris gelehrt hatte.

Fouché

I

Es war die Agonie der Revolution. Zehn Jahre der Erregung, der Überfütterung mit großen Worten, der bittersten Enttäuschungen hatten Frankreich müde, skeptisch und politisch gleichgültig gemacht. Nach all den mißbrauchten Enthusiasmen war nur noch ein animalisches Bedürfnis nach Ruhe, Essen und ungestörtem Alleinsein geblieben.

Aber alle diese ersehnten Dinge waren nichts als eine ewig entweichende Fata Morgana. Wohl gab es eine neue Zeitrechnung, aus der das ganze krankhaft gesteigerte Selbstgefühl dieser Tage sprach, wohl nannte man statt Herr sich Bürger und Du. Doch abgesehen von diesen Reformen war das Dasein für die große Mehrzahl des Volkes kaum lebenswert. Das endgültige Ergebnis aller Sozialisierungsbestrebungen war gewesen, daß auch ein bedeutender Teil des Gemeindevermögens in Privathände überging [1]. Wenige Spekulanten hatten sich bereichert, der Reiche war verarmt [2], der Arme ganz verelendet und noch um sein Letztes, die Hoffnung auf bessere Zeiten, betrogen. Räuberbanden durchzogen das flache Land und deckten ihre Plünderungssucht einmal mit edlen kommunistischen Grundsätzen, dann wieder mit den Farben royalistischer Treue. Haufen bewaffneter Banditen brachen am hellen Tage in die großen Städte ein. In wahnsinniger Spiellust und Vergnügungssucht erschöpften sich alle Klassen der Bevölkerung. Ein brutaler Egoismus zerbrach die sexuellen Beziehungen, vergiftete das Leben der Gesellschaft schon in der Zelle. Das Kind wurde vom Vater als Konkurrent, von der Mutter als Ausbeuter empfunden und gehaßt. In einzelnen Departements gab es 2 bis 3 000 Findelkinder, ihre Sterblichkeit wird mit 95 Prozent angegeben. Von Jahr zu Jahr nahm das Analphabetentum zu, und als ob die ganze Erde entschlossen sei, zu dem Ausgangspunkt ihrer Entwicklung zurückzukehren, so zerfielen die Werke der Menschen, Straßen und Kanäle, so legte sich ein grüner Teppich des Unkrauts über Wiesen und Äcker [3], daß sie der asiatischen Steppe glichen, so nahm die Raubtierplage mit Füchsen und gewaltigen Wolfsrudeln überhand.

Auch die Abwehr des Menschen gegen seine mikroskopischen Feinde zerbröckelte; das Kurpfuschertum stand in höchster Blüte, weil der medizinische Unterricht keinen Nachwuchs mehr heranbildete. Die Richter verließen schlecht oder gar nicht besoldet ihren Posten. In die Lücken trat ein profitgieriges Winkelkonsulententum. Die Staatswaldungen – Reste eines wirklichen und nützlichen Kommunismus – waren verwüstet und geplündert. Die Massen hatten zu ihren eigenen Gunsten wieder Privateigentum daraus gemacht, ohne an Nachpflanzung und die Rechte der kommenden Generationen zu denken. Die bittere Not hatte längst den Gedanken an einen Kreuzzug für die Würde der Menschheit und zu Ehren der Weltrevolution gefälscht. Das darbende Frankreich drängte mit beutegierigen Heeren gegen die Nachbarländer an [4]. Das Leben in der Heimat war unerträglich, und gerade dies war es, was die entschlossensten Elemente der Nation unter die Trikolore führte, wähend der strudelnde Tumult der Hauptstadt die politischen Hochstapler und die sozialen Erfinder ganz Europas ansaugte.

In den ersten acht Jahren der Revolution allein waren über 22 000 Gesetze ergangen, ohne daß man der Gerechtigkeit nähergekommen wäre. Ja die wirtschaftliche Lage strafte die Einsicht dieser Gesetze und die Psychologie der Gesetzgeber immer von neuem Lüge. Die letzten Versuche, mit Hilfe einer Zwangsanleihe bei den Reichen aus dem Sumpf der Finanzmisere herauszukommen (Gesetz vom 6. August 1799), hatten auch dem ärmsten Proletarier, den die Leiden der letzten Jahre von dem Rausch der Schlagworte mehr und mehr ernüchterten, die Augen geöffnet. Wieder einmal war das Vermögen eines jeden Wohlhabenderen bis zur völligen Beschlagnahme angreifbar. Wieder einmal verschwand das Geld vom Markt, jeder Ankauf unterblieb, es gab kaum noch Dienstboten; sofort sank jede ökonomische Wirtschaft auf den Zustand des Vegetierens, der geringsten Selbstkosten, auf das Niveau dürftigster Selbstversorgung herab. »Eine allgemeine Verkehrsstockung war entstanden; keine Fabrik erhielt eine Bestellung; vergebens erwarteten die Kaufleute ihre Kunden; die große Mehrzahl der Arbeiter wurde beschäftigungs- und brotlos. Die unglücklichen Leute wüteten über die Urheber ihrer Bedrängnis; es ereignete sich die beispiellose Tatsache, daß in Lyon die Fabrikarbeiter, nicht pflichtig zur Zwangsanleihe wie sie waren, freiwillig und in Masse sich zu Beiträgen meldeten, um ihre Fabrikherren zu erleichtern und zur Wiederaufnahme der eingestellten Fabrikation zu ermutigen [5].«

Während so der innerliche Abfall der Proletariermassen von dem tödlichen Dilettantismus ihrer einst so bejubelten Führer unaufhaltsam vor sich ging, während die Jakobiner, ihres Massenanhangs wie ihrer Firma beraubt, immer mehr sich zu einem bloßen Schutzbündnis aller Kompromittierten, aller durch gemeinsam vergossenes Blut Solidarischen zusammenballten und allmählich aus der politischen Wirklichkeit herausgleitend zu anarchistischen Geheimbünden wurden, tobte im Süden und Westen die royalistische Erhebung. Von solchen Gewalten hin und her gezerrt, standen verachtet und nicht einmal gefürchtet das Direktorium [6] und die beiden Räte.

Ein politischer Hexenkessel war es, in den Fouché stieg, als er am 11. Thermidor 1799 aus Den Haag in Paris eintraf, um das Polizeiministerium zu übernehmen. Über die Gründe, die sowohl Barras wie Sieyès zu dieser Wahl bestimmten, können nur Vermutungen ausgesprochen werden [7]. Es ist seltsam, daß beide so grundverschiedene Staatsmänner zu dem gleichen Entschluß gelangten. Joseph Fouché hat beider Erwartungen enttäuscht und übertroffen.

Bentham hat einst einen Maschinenmenschen erfunden, der nur denkt, sich nur von Interessen, wohlerwogenen Gründen und streng abgezirkelten Vernünftigkeiten leiten läßt; auf solche Normalindividuen hat er sein großartiges System der Menschenbeherrschung gegründet [8]. Ein solcher Mensch kommt im wirklichen Leben nicht vor. Ein solcher Mensch war Joseph Fouché. Selten hat eine kompliziertere Persönlichkeit die geschichtliche Forschung [9] in Verwirrung und Staunen versetzt. Er versöhnte seine Zeitgenossen nicht dadurch, daß er ihnen Gelegenheit gab, ihren Ärger und ihren Neid durch einen gelungenen Schlag gegen ihn abzureagieren. Sie haßten ihn, weil er ihnen nie erlaubte, mit ihm Mitleid zu haben oder schadenfroh zu sein. Sie kannten sehr genau seine moralische Asthenie und zeigten mit Fingern darauf, aber gleichzeitig bewunderten sie wider Willen die hohe Intelligenz, die tiefe Menschenkenntnis und die natürliche Unerschrockenheit des blassen, undurchdringlichen, ja körperlich ein wenig ungepflegten Menschen [10]. Bis zum Ausbruch der Revolution nannte er sich Fouché de Rouzerolles. Wie so viele, die sich auf den Boden der Revolution stellten, demokratisierte der am 21. Mai 1759 als Sohn eines Schiffskapitäns aus der Umgebung von Nantes geborene junge geistliche Lehrer [11] seinen Namen. Für die Kenntnis seines Wesens gibt diese Mischung von Seemannsblut, sazerdotalen Anwandlungen, naturwissenschaftlichen Neigungen [12] und pädagogischem Talent [13] ein wenig Licht. Ungewöhnlich stark war bei ihm noch im Alter eine Eigenheit: Man könnte seine Lust, Menschen zu täuschen, in die Irre zu führen oder dorthin zu führen, wo er wollte, sie aber nicht wollten, eine Art Spieltrieb nennen, der wie ein dämonischer Zwang auf ihm lag [14]. Höchster Genuß war ihm, der sonst mäßig bis zur Frugalität war, dieses Spiel mit den Menschen. Sehr gefährlich für den sozialen Frieden, solange er gouvernementales Objekt war, hatte diese Eigenschaft auf den Missionen des Konventsmitglieds Fouché in Troyes, Nivers und Lyon sich in furchtbarer Weise ausgelebt; sie war dem Diktator Robespierre, vor dem sonst alles zitterte, verderblich geworden. Sie sollte der französischen Nation unschätzbare Dienste leisten, als eine Stellung gefunden war, diese hochgezüchtete, sehr bedenkliche Eigenschaft zu »schienen«, in den Dienst des bedrohten Staates zu stellen und gegen dessen Feinde zu verwenden.

II

Fouché ist viermal Polizeiminister gewesen. Wie er es fertig brachte, zuerst unter dem Direktorium und dem Konsulat, dann unter dem Kaiserreich, weiter nach der Rückkehr Napoleons von Elba und schließlich unter Ludwig XVIII., dessen Bruder er aufs Schafott geschickt hatte, an der Spitze des innerpolitisch wichtigsten Postens in Frankreich zu stehen, ist ein Märchen, spannendste, erstaunlichste Wirklichkeit, gehört aber nicht in eine kriminalpolitische Arbeit. Auch die Anfangspunkte seiner Tätigkeit sollen nur gestreift werden; dagegen wird es notwendig sein, vor allem für Fragen der Organisation, die mittelste und längste seiner Amtsperioden (1804 bis 1810) und sein viertes Ministerium im Sommer 1815 schärfer ins Auge zu fassen. In dem zweiten, kriminaltechnisch fruchtbarsten

Ministerium flog Fouchés Ehrgeiz noch nicht wie später über den Kreis seiner amtlichen Aufgaben hinaus zu den höchsten und geheimsten Zielen. Eine ungeheuer schwierige, aber auf die innere Sanierung des Landes beschränkte Aufgabe harrte des Angriffs. Wir wollen sehen, wie der Massenmitrailleur von Lyon sie der Lösung zuführte.

Die Geschichte des französischen Polizeiministeriums zu Anfang des 19. Jahrhunderts spiegelt einen Teil der wirtschaftlichen und moralischen Entwicklung wider. Die alte Organisation von 1796 genügt nicht mehr; wir sehen die erste Abteilung des Ministeriums (Handel, Gesundheitswesen, Verkehr) um das Referat Falschmünzerei vermehrt. Man kann sich denken, in welcher Blüte zur Zeit der Assignatenwirtschaft die Notenfälschung nicht ohne Beihilfe des feindlichen Auslands gewesen ist. Ebenso tritt zu dieser Abteilung das Referat der »mobilen Kolonnen«, einer Spezialtruppe, bestimmt zur Unterdrückung der überall aufflackernden royalistischen Aufstandsbewegungen.

Unterdessen war durch die Siege der französichen Armeen Frankreichs Herrschaftsbereich gewachsen. Die Arbeitsteilung des Ministeriums mußte außer nach sachlichen Momenten noch nach territorialen Gesichtspunkten vorgenommen werden. So schuf Fouché 1804 vier große Polizeibezirke. Norden, Westen und Osten wurden zusammengefaßt, ferner der Süden und ein kleiner Teil des Ostens; Paris bildete einen Bezirk für sich, schließlich die Departements jenseits der Alpen. An die Spitze eines jeden solchen geographischen Bezirks trat ein Staatsrat mit verhältnismäßig bedeutenden Vollmachten. Den wichtigen Nordwestbezirk erhielt der berühmte Réal, Paris und Umgebung Dubois. Fouché war nicht der Mann, diese Persönlichkeiten sich über den Kopf wachsen zu lassen. Wenn man sich auch jede Woche einmal vereinigte und über die dringlichsten Geschäfte konferierte, so war Fouché doch immer der Vorgesetzte. In diesem Generalstab der Staatspolizei, wie Madelin es nennt, war nur einer Chef; Fouché wollte seinen Mitarbeitern so viel Freiheit geben, als sie brauchten, Spezialisten in ihren Bezirken, Spezialisten der hauptstädtischen und provinzialen Sonderformen der Kriminalität zu werden. Fouché war kein Rusticus in revolutionären Dingen. Er wußte, daß eine wirksame Staatspolizei nicht nur physisch stärker sein muß als ihre Gegner, sondern intelligenter;

daß gerade im Gegensatz zur irrationellen Dynamik der Verschwörungen und Putsche alle Logomachie, alle Diskussion, alles Schwanken, aller persönlicher Neid in kraftsparender Weise durch straffe Organisation und Disziplin vermieden werden muß. Er haßte das Besserwissenwollen von Leuten, die nur etwas anderes wollten. So erhielten die Staatsräte oft die Befehle des Ministers, ohne über seine weiteren Absichten orientiert zu sein; sie fielen, wenn es notwendig war, sofort aus kleinen informativen Zentralstellen in die Rolle von Unterorganen der Exekutive zurück.

Das Ministerium selbst war in dieser Zeit allgemeiner Desorganisation aufs schärfste zusammengefaßt. Von seinen sechs Abteilungen unterstand die erste dem Geheimsekretär des Ministers; alle Angelegenheiten wurden hier erledigt, die der Minister keinem seiner Mitarbeiter anvertraute. Sie war stark beschäftigt. Die zweite Abteilung war die der »allgemeinen Sicherheit und geheimen Polizei«. Von ihr werden wir hauptsächlich zu reden haben. Desmarest, der berühmte und gefürchtete Desmarest leitete sie. Daß ihr auch die Aufsicht über die Gefängnisse anvertraut war, läßt vermuten, daß trotz aller Senatskommissionen für den Schutz der »liberté individuelle« in diesen Fragen der Polizei ein weiter Spielraum gelassen war. Fouché selbst hat einmal erklärt, die Polizei dürfe niemals die Formen der Gesetzlichkeit abstreifen, den Fall höchstens ausgenommen, daß die Polizei ebenso rasch handeln müsse wie der Kriminelle. Es will scheinen, als ob damals viele Verbrecher sehr rasch gehandelt hätten.

Die fünfte und sechste Abteilung umfaßten die Rechnungssachen und die Archive. Die vierte hatte das Referat über die Streichung und Überwachung der Emigrierten, konnte also durch die außerordentlich wichtigen Belohnungsmöglichkeiten, die sie in der Hand hatte, auf die Entschlußbildung ungezählter Familien des Landes in ihrem Sinne wirken. Die dritte Abteilung bedeutete der Form nach eine Art Verbindungsstelle über Gefängnis- und Pressefragen mit den entsprechenden Kommissionen des Senats. Von hier aus konnte die Polizei einerseits auf den Senat wirken, andererseits war hier der Ort, Beschwerden und Klagen in einem endlosen Schriftverkehr zu begraben. Die Presse, das Theater, Drucksachen und Bücherwesen waren einem besonderen Bureau des journaux übertragen. Hier sammelte Fouché die besten Federn, nicht immer so sehr, um sie zur eigenen Propaganda zu verwenden, sondern nur um sie der Opposition wegzunehmen.

Wir eilen, die Organisation in den Provinzen zu überblicken, um dann zu einem viel interessanteren Punkt zu gelangen, alle diese leblosen Organe in Funktion zu sehen.

Die französische Provinz hatte Fouché schon im zweiten Jahr seines ersten Ministeriums mit einem Netz von Agenten überspannt. Er sah ein, daß es kurzsichtig wäre, die heimlich zurückströmenden Emigranten, die royalistischen Sendlinge, in Paris zu erwarten und zuzusehen, bis konservative Städte wie Straßburg, klerikale wie Lyon, royalistische wie Bordeaux sich zu offenem Aufruhr erhöben. Die Häfen der Süd- und der Westküste bedurften besonderer Überwachung, ebenso wie die wichtigsten Plätze der neugewonnenen Provinzen. So wurden die Generalkommissare der Polizei, die durch ein Gesetz vom 27. Oktober 1800 geschaffen waren, trotz mancher Konflikte und Reibungen mit den örtlichen Präfekten beibehalten. Es ist Fouché nie ganz gelungen, ihre Stellung klar gegenüber den Befugnissen der vom Minister des Innern ernannten Präfekten und der Maires abzugrenzen [15], seine Energie aber sorgte dafür, daß sie sich gegen die rivalisierenden Militär-, Justiz-, Marine- und andern Behörden immer durchsetzten. Zu ihrer Verfügung standen die Nationalgarde und die Gendarmerie. Generalkommissare der Polizei gab es in Toulon, Marseille, Bordeaux, Lyon und Genua. Dazu traten im Lauf der Zeit Turin, Antwerpen, Livorno, Lorient, Le Havre, St. Malo, La Rochelle, Straßburg und Morlaix, schließlich, kurz ehe Fouchés zweites Ministerium endete, Wesel, Bayonne, Perpignan, Elba, Civitaveccia [16]. Die unterworfenen Provinzen erhielten Generaldirektoren der Polizei, zum Beispiel Florenz, Amsterdam und Rom.

Schließlich gab es Kommissare, die mit besonderen Aufträgen und für bestimmte Territorien auf längere oder kürzere Zeit in die Provinzen gingen. In Boulogne saß solch ein Spezialkommissar, der den gesamten Verkehr nach England überwachte. Dieser Verkehr war ausdrücklich auf den Hafen Boulogne beschränkt, um Personen und Post [17] besser kontrollieren zu können. Dem Kommissar unterstand die gesamte Küstenstrecke von Boulogne bis Ostende. Alle technischen Hilfsmittel, wie bewaffnete Polizeiboote, standen ihm für die Sperre zur Verfügung. Mit dem instinktiven Scharfblick des geborenen Vorgesetzten hatte Fouché hier einen seiner gerissensten Beamten, Mengaud, installiert. Allein in den Persönlichkeiten, die wie Réal, Desmarest, Mengaud und andere an wichtigen Posten standen, lag ein unschätzbares blut- und arbeitsparendes Moment der Generalprävention. Fouché wollte selbst den Gedanken, ihn gefahrlos und mit Gewinn angreifen zu können, in der Entstehung ersticken. »L'Europe doit savoir qu'on ne conspire pas contre moi.« Hauptfaktoren in diesem System der Abschreckung waren nicht gerade die moralischen, aber die intellektuellen Qualitäten der Männer, die er dem Verbrechen entgegenwarf.

III

Jede Revolution stellt enge Zusammenhänge zwischen auswärtiger Politik und Kriminalität her. Die Träger des gestürzten Regimes gehen ins Ausland und versuchen von dort aus mit Hilfe ihrer gleichfalls geflüchteten Anhänger – auf den französischen Emigrantenlisten standen zu Zeiten 170 000 Personen – oder mit Unterstützung fremder Staaten wieder zur Herrschaft zu gelangen. Wie alle jungen Regierungen sind die neuen Machthaber reizbar und brutal in der Behandlung politischer Gegner. Damit pflegen sie Märtyrer zu schaffen und der eigenen Sache schweren Schaden zuzufügen.

Fouché fand eine besonders verwickelte Lage vor. Das Direktorium, das Konsulat und später der Kaiser standen einer Mehrheit von Prätendenten gegenüber. In der Vendée und der Bretagne wütet fast ohne Aufhören mit englischem Geld und englischen Waffen genährt, die Erhebung. Die Royalisten treten in drei Schattierungen auf. Einmal die royalistischen Anarchisten, deren Mittel die Ermordung des Staatschefs, Bündnis mit dem feindlichen Ausland und bewaffneter Angriff sind. Eine gemäßigtere Richtung sucht einen innerpolitischen Zusammenschluß mit der extremen Linken, den Anarchisten. Schließlich gibt es eine Fraktion, die auf verfassungsmäßigem Wege oder auf dem damals beinahe politische Usance gewordenen Wege des Staatsstreichs ihr Ziel erreichen will.

Neben Ludwig XVIII. steht noch ein anderer Prätendent, der Sohn des Philippe Egalité. Die Bourbonen spaltet überhaupt trotz verwandtschaftlicher Exterieurs ein bitterer Haß und eine verderbliche Eifersucht, sehr zum Schaden des monarchischen Gedankens. Die laute Betonung revolutionärer Gesinnung war bei Philippe Egalité [18] nichts als eines der Mittel bei dem Versuch gewesen, den Thron seines Verwandten zu besteigen. Auch mit dieser Strömung hatte Fouché zu rechnen.

Auf der anderen Seite standen die Ultraradikalen, die zwar in den Arbeitermassen allen Kredit verloren hatten, aber bei jeder wirtschaftlichen Krise in den großen Städten noch eine Anzahl Anhänger auf die Beine brachten. Diese Jakobiner hatten murrend das Kaisertum ertragen, sie waren aber zu jedem Schlag bereit, sowie die Restauration in Aussicht stand. Denn mit der Rückkehr des legitimen Königs konnten sie mit Sicherheit erwarten, daß ihnen für den Königsmord die Rechnung würde präsentiert werden.

Zwischen diesen feindlichen Gewalten galt es eine feste Position einzunehmen. Fouchés Entscheidung wurde dadurch beeinflußt, daß er zu den Königsmördern gehörte [19]; ja vielleicht hat der große Menschenkenner Napoleon sich seiner Treue für sicher gehalten, weil er eine Versöhnung Fouchés mit dem Bruder des hingerichteten Königs für unmöglich hielt. Napoleon hat sich in dem königlichen Gefühl Ludwigs XVIII. wie in Fouchés Geschicklichkeit getäuscht.

Fouché nahm den Kampf gegen den aktivistischen Royalismus in großzügiger Weise auf. Seine Agenten saßen in Hamburg, Berlin, Wien, St. Petersburg, London und New York. Sie folgten den Armeen des Kaisers, der zwischen 1804 und 1810 fast dauernd außer Landes war. Sie streiften um die Pariser Gesandtschaften. In dem damals noch dänischen Altona befand sich ein besonders gefährliches Royalistennest. Unter Bourrienne, Napoleons Schulfreund und Privatsekretär, war in Hamburg eine sorgfältige Überwachung aller Altonaer Verdächtigen eingerichtet. Die Deutschen galten damals für besonders fanatische Nationalisten. Desmarest spricht, als ob es sich um einen bestimmten Typus des politischen Verbrechers handle, von den »illuminés allemands«. Wir hören, daß alle Deutschen im Alter von 18 bis 22 Jahren genau beobachtet wurden, die nach Paris kamen [20].

Bewundert war der Scharfsinn der politischen Polizei in aller Munde. Madelin erzählt einen Fall: Ein Chouan ist aus der Bretagne verschwunden. Er ist 18 Monate nicht gesehen worden. Er hat eine Frau, die ihm notorisch treu ist. Diese Frau ist schwanger. Die Polizei vermutet, daß ihr Mann unterdessen heimlich in politischer Mission im Lande gewesen ist. Später stellt sich diese Vermutung als zutreffend heraus. Oder: Meldungen aus der Vendée besagen, daß dort eine gewisse Unruhe herrscht. Vor Fouché liegt ein Londoner Bericht, daß der oder jener royalistische Agitator nicht mehr zu sehen sei. Gleichzeitig meldet die Hamburger Zentrale, in den Kreisen der Altonaer Emigranten scheine man günstige Nachrichten zu erwarten. Fouché weiß, daß es jetzt vorzubeugen gilt. Er greift zu seinem Kriminalatlas [21]. Darin findet er eine sorgfältige Zusammenstellung aller Anfahrtshäfen, der wichtigsten Zugangsstraßen, der Spionennester, der Chouans beherbergenden Spelunken und Privatleute [22], der gefährdetsten Ortschaften. Er hat aber noch eine andere völlig moderne Einrichtung, nämlich sein Verbrecheralbum, allerdings nur ein Album der politischen Verbrecher bestimmter Färbung. Bei diesen Kollektivdelikten kommt es darauf an, keine Massenbildung zustande kommen zu lassen, den Auflauf nicht im tatsächlichen Sinne, sondern im Sinne einer politischen Interessen- und Arbeitsgemeinschaft rechtzeitig zu zerstreuen. Er nennt dieses Verbrecheralbum seine Biographie chouannique [23]. Er besitzt hier von über 1 000 Personen nicht nur ein Signalement, sondern eine Art rekonstruierter Stammrolle der heimlichen royalistischen Armee: alte Offiziere und Unteroffiziere des Vendéekrieges, ihre Eltern und Freunde, Helfer bei der Propaganda und der Flucht, Frauen, mit denen sie ein Verhältnis haben [24], Bootsleute, Gastwirte, Paketschmuggler und dergleichen Hilfspersonen. Fouché hat den ganz modernen deterministischen Grundsatz: »Qui a chouanné, chouannera.«

Noch ist Desmarests [25] Geheimpolizei nicht in Aktion getreten. Da sind die diplomatischen Kuriere der fremden Regierungen bestochen. Seine Agenten sitzen in den Vorstadttheatern und belauschen die plaudernden Zuhörer. Die elegante Dame mit dem großen Salon schickt ihre Meldungen, ebenso wie die Köche der Bourbonen »interessiert« sind, wie es in dem damaligen Polizeijargon heißt. Vor dem Palais Royal sitzt ein Observateur, und damit er nicht zu sehr auffällt, hat man einen besonders scharf beobachtenden Krüppel dazu genommen. In den Gefängnissen, den kleinen Spielhöllen, unter dem Publikum der Schwurgerichte hat die Kriminalpolizei aufmerksame Ohren. Sie hat überall Augen, um zu sehen, und Arme um zuzufassen, wie Fouché einmal sagt. Damit kann sie vorbeugen, und Fouché ist ein viel zu guter Kenner der Menschen und der Massen, um diese Vorbeugung in politisch erregten Zeiten nicht doppelt zu schätzen. Er weiß, jedes Verbrechen steckt an. Er schätzt nicht die hallenden Verhandlungen politischer Prozesse, und so hat er mit ruhiger Seele etwas für unsere Rechtsbegriffe Monströses eingeführt: Im Einverständnis mit dem Justizminister kann er die »enquête administrative« anordnen und eine längere Detention verhängen. Wir werden noch darauf zurückkommen und begründen, warum dieses Vorgehen gerade bei Fouché viel von seiner schreckhaften Illegalität verlor.

Meisterhaft handhabt Fouché das Instrument der öffentlichen Meinung. Er hat die Presse und den Parlamentarismus verachtet, wie sonst höchstens noch Napoleon. Vielleicht hat er sie so verachtet, weil er selbst soviel öffentliche Meinung gemacht hat. Durch sein bureau des journaux und andere, dunklere Kanäle fabriziert er Begeisterung und Erbitterung. Nicht in plumper Weise durch dauernde Selbstberühmung. Er läßt sich scheinbar durch Widerspruch und Gegengründe von seinem Standpunkt abbringen und dorthin drängen, wohin er will [26]. Die Polizei macht Couplets und Theaterstücke, läßt Karikaturen an den Straßenecken ankleben und dann scheinbar beschlagnahmen, genau wie sie ihre Agenten, die in England sich volles Vertrauen erwerben sollen, mit großem Lärm und fürchterlichen Drohungen ausweist.

Der Suggestibilität der erregten Zeiten entsprechend ist die Technik der Gerüchterzeugung aufs höchste ausgebildet. Diese Waffe überläßt die Polizei nicht ihren Gegnern, wie so viele törichte Regierungen vor und nach Fouché. Sie schlägt damit schnell und kräftig zu. Friseure und Besitzer kleiner Kneipen werfen ihre Nachrichten in die Massen. Damen des Hochadels erfüllen die Salons mit den Andeutungen ihrer Auftraggeber.

Die außerordentliche Schlagkraft der französischen Polizei, die selbst durchreisenden Fremden sofort auffiel [27], erzielte Fouché neben einer sorgfältigen Auswahl des Personals [28], neben der scharfen hierarchischen Gliederung, die reibungsloses Ineinanderspielen aller Organe ermöglichte, durch reichliche Verwendung von Geldmitteln. Er selbst bezog im Jahre 1806 ein Gehalt von

140 000 frs und starb als der größte Grundbesitzer Frankreichs [29]. Aber auch seine Unterorgane wurden hoch belohnt und hatten für wichtige Zwecke stets bedeutende Summen zu ihrer Verfügung. Nachrevolutionäre Perioden pflegen eine besonders aufrichtige Wertschätzung materieller Güter mit sich zu bringen; als wolle der ausgebrannte, vielfach mißbrauchte Idealismus der Massen sich in sein Gegenteil umkehren, so entwickelt sich aus den Trümmern der alten Besitzverhältnisse ein rohes, rücksichtsloses Spekulantentum. Die bei Verschwörungen häufig beschlagnahmten großen Summen gingen vielfach an die Polizei. Fouché gab erhebliche Beträge, ja manchmal die ganze Summe an den Denunzianten und die Beamten der Exekutive, die die Recherchen geleitet und die Verhaftung vorgenommen hatten.

Brachte er so, indem er den Egoismus eines jeden in Trab setzte, regen Eifer [30] in den Dienstbetrieb, so schützte ihn seine genaue Kenntnis aller Verhältnisse, dazu eine Art doppelter und dreifacher Buchführung in seinen Informationen vor Täuschungen durch seine Untergebenen. Die großen Summen, deren die politische Polizei bedurfte, hatte sie nicht dem Finanzminister zu entreißen, sondern bezog sie aus ihrer Stellung als Aufsichtsorgan der Spielklubs. Die Spielwut war damals allgemein. Den Inhabern der Spielhöllen war mit dem polizeilichen Schutz gegen Plündereien und andere Störungen des Geschäftsbetriebs ebenso gedient, wie der Polizei mit den Millionen [31], die sie als Abgabe erhob, und ohne allzu peinliche Abrechnung für ihre Zwecke verwenden konnte.

Bisher haben wir die Organisation, die äußere Technik und die allgemeinen Grundsätze des Vorgehens der politischen Polizei überblicken können, die zu so großen Erfolgen führten. Noch bleibt einiges über die persönliche Psychologie ihres Chefs zu sagen. Mehr als alle äußeren Anordnungen und Anstöße hat die persönliche Politik, die staatsmännische Kriminalpolitik Fouchés seine Polizei zu einem kunstreichen Instrument der Erneuerung des totwunden, fiebergeschüttelten Volkes gemacht, ohne die Napoleons Weltmilitarismus in der Luft gehangen hätte. Ja es will scheinen, als habe Fouché bisweilen seine persönlichen Anschauungen ganz von der amtlichen Politik getrennt. Wir dürfen nicht ohne weiteres sagen, daß diese Differenz opportuner, im Grunde verächtlicher Schlauheit entsprang. Viel eher dürfen wir bei diesem komplizierten Menschen annehmen, daß gerade eine Summierung und Verschmelzung beider antagonistischer Tendenzen in seiner Absicht lag.

Fouché hatte etwa zehn Jahre vor der Zeit, von der wir jetzt in der Hauptsache sprechen, als Kommissar des Konvents in Lyon eine unerhörte Roheit der Sprache und eine nicht begreifliche Grausamkeit des Vorgehens entwickelt. Dieser gleiche Mann konnte auch jetzt noch mit größter Energie und Rücksichtslosigkeit gegen royalistische und anarchistische Verschwörer einschreiten und sie ohne das geringste Bedenken vor die Läufe der Hinrichtungspelotons stellen. Der gleiche Mann aber, der Exjakobiner, Exatheist und Exkommunist, verkehrte als Intimer in den exklusivsten Salons des Faubourg St. Germain [32], er hatte Freunde unter den alten Montagnards, unter der hohen Geistlichkeit [33], er, der einst befohlen hatte, über dem Tor der Kirchhöfe die Worte anzubringen: »Der Tod ist ein ewiger Schlaf«; er hatte Freunde unter der Napoleon grollenden Bourgeoisie, unter den oppositionellen Intellektuellen des Senats, den Advokaten, den Banquiers vor allen. Seine erbittertsten Feinde sahen mit Staunen, wie er Napoleons häufig aus Wutanfällen geborene Befehle »sabotierte«, indem er die Bedrohten von ihrer bevorstehenden Verhaftung in Kenntnis setzte, durch seine Agenten ihnen Geld und Pässe verschaffte und sie glücklich über die Grenze schaffte. Napoleon selbst war klug genug, den passiven Widerstand seines kühl denkenden Ministers zu bemerken und, da er wohl wußte, welche Fehler er schon in der Erregung begangen hatte, zu schätzen. Bisweilen beachtete Fouché mit bewundernswerter Kühnheit die Befehle des Kaisers überhaupt nicht, obwohl der Monarch eine private Konterpolizei hatte und seinen Minister scharf überwachen ließ. Fouché besaß auch feinere Mittel [34], den Willen des Kaisers zu beeinflussen. Täglich war es Sitte, dem Staatschef ein »bulletin du ministère« vorzulegen. Darin fand der Kaiser eine Zusammenstellung von Situationsberichten aus allen Teilen Frankreichs über das wachsende Deserteurunwesen, das Brigantentum, über Brände; Gesandschaftsgerüchte [35] sind verzeichnet, Berichte über öffentliche und private Versammlungen schließen sich an, über Anarchisten, zurückgekehrte Emigranten, Theater, Börse und Lebensmittel [36]. Die mondäne Chronik mit einem geheimen Teil ist häufig von der Hand Fouchés.

Fouché, der an einem Tag zusammen mit Collot über 200 Menschen durch Artillerie hatte hinrichten lassen, war ein Gegner der Todesstrafe geworden. Nicht aus irgendeinem moralischen Gefühl heraus, nicht aus »Theophilanthropie«, sondern weil die Erfahrung eines langen, bewegten Lebens ihm über das Unpraktische eines grob-brutalen Vorgehens gründlichen Unterricht gegeben hatte. In jedem Menschen, den die Militärgerichte zum Tode verurteilten, und für dessen Vollstreckung nicht ganz dringende Gründe sprachen, sah er eine wichtige Informierungs-, eine Auskunftsmöglichkeit für immer in Schweigen versinken, sah er vielleicht auch häufig einen späteren Verbündeten seiner Person und seiner Sache für immer abtreten. Viel weiter als der Wirkungskreis der Drohung und der Strafe schien ihm das Herrschaftsgebiet der Belohnung. In drei Worten hat er sein Programm ausgedrückt: »Concilier, rassurer, faire espérer« [37]. Darum war auch die Verletzung der Rechtsgrundsätze, die in der enquête administrative lag, solange Fouchés Ministerium dauerte, in der Praxis nicht so gefährlich, wie sie als Prinzip bedenklich war. Denn in seinem nüchternen, aller gefühlsmäßigen Erregung, allen Hasses der Parteien baren Kopf war die Sicherungshaft nur durch die objektive Gefährlichkeit für das Staatswohl in ihrer Dauer begrenzt. Es war eine rohe Vorstufe der unbestimmten Verurteilung. Fouché beging auch nicht selten die formelle Ungeheuerlichkeit, Freigesprochene in Haft zu behalten. Teilnehmer zum Tode Verurteilter, die nach dem Tenor des gerichtlichen Urteils zur Verfügung seiner Exzellenz gestellt waren, wurden einfach entlassen oder, wenn sie nicht ungefährlich waren, in Freiheit gesetzt, aber unter Aufsicht der Polizei gestellt und an einen bestimmten Aufenthaltsort gewiesen. Unter Polizeiaufsicht dürfen wir uns nicht die schwerfälligen Manöver der jetzigen Institution vorstellen, sondern eine sehr effektive Überwachung ohne äußerlich sichtbaren Apparat. Nichts spricht deutlicher für die unerbittliche Genauigkeit der damaligen polizeilichen Maßnahmen als die tiefe Verzweiflung, in die sie die politischen Verbrecher mit nicht ganz starken Nerven stürzten. Allein im Falle Georges Cadoudal, Pichegru, Moreau finden wir vier Selbstmorde oder Selbstmordversuche. Schon vor dem Attentatsversuch kann Georges' Leutnant Debar in der Bretagne keine zuverlässigen Leute zusammenkriegen, weil er nach eigenen Worten »nur apathische Menschen vorfand, die durch die

Überwachung völlig verängstigt waren«[38]. Fouché hat seinen Grundsatz in einem Brief an Napoleon zum Ausdruck gebracht: »Die Polizei, so wie ich sie auffasse, ist dazu bestimmt, strafbaren Handlungen vorzubeugen und sie zu verhindern; sie soll die im Keime ersticken, an die das Gesetz nicht gedacht hat.« Die Bestrafung hält er für ein großes Übel; das liegt eben an der »Unvollkommenheit der Gesellschaftsordnung (de l'art social), die nicht vorzubeugen weiß[39].« Seine Auffassung war also ausgesprochen die, daß die Polizei mit der Fülle ihrer Maßregeln nicht nur vor die Gesetze, sondern auch in ihre Lücken zu treten habe. Man könnte dagegen einwenden, daß es sicherer wäre, die Lücken des Gesetzes in umsichtiger Weise auszufüllen. Aber gerade in Revolutionen leidet wie alle Majestäten auch die Majestät des Gesetzes. Die politische Praxis hat zu oft ihre sehr irdische Herkunft, ihre Vergänglichkeit und ihre Abhängigkeit von der Macht bewiesen. Nachrevolutionäre Perioden haben deshalb ein instinktives Zutrauen zu Menschen, nicht zu Gesetzen. Sie rufen nach einem starken Mann und nicht nach strengen Gesetzen, weil besser als höchste Gerechtigkeit auf dem Papier ein mittelmäßiges Prinzip ist, das sich durchführen läßt, da die Macht hinter ihm steht.

Noch bleibt ein Wort über die Verwirklichung der polizeilichen Anordnungen zu sagen. Außer den einzelnen Gemeindepolizisten standen dazu dem Polizeiminister die Gendarmerie, dann die Nationalgarden, schließlich die Armee zur Verfügung. Für größere Unternehmungen gegen insurgierte Landesteile war das System der »Camps volants« vorgesehen und genau vorbereitet. Entstanden irgendwo schwerere Unruhen, so umschlossen Gendarmerie und ganze Infanteriebrigaden einen bestimmten Landstrich und hielten systematisch und gründlich Kesseltreiben ab. Das militärische Kommando hatten Generäle, die Oberleitung und der strategische Plan lagen bei Fouché. In Paris entsprach dieser Maßregel zum Teil die Schließung der Barrieren. Niemand wurde mehr aus- noch eingelassen. Für die Bevölkerung war diese Anordnung mit schweren Unannehmlichkeiten verknüpft, ein Grund mehr für sie, die Nachforschungen der Polizei aktiv zu unterstützen und die Aufhebung der Anordnung herbeizuführen.

IV

Sicherheitspolizei und politische Polizei sind in der allgemeinen Schätzung aller Zeiten scharf unterschieden gewesen. Wie der konstitutionelle Monarch, so ist die Sicherheitspolizei nicht ohne weiteres Diener einer bestimmten politischen Form; unter Päpsten und Königen, Scheinrepubliken und wirklichen Demokratien besteht immer das gleiche Bedürfnis nach einer sozialen Ordnung, nach einem Schutz gegen die Elemente, die gegen die Grundlagen eines jeden gesellschaftlichen Zusammenlebens anlaufen. Ja die Haltung gegenüber der Polizei ist ein sehr feines Kriterium für die staatsbildende Kraft und die ordnungswollende Tendenz einer großen politischen Umwälzung. Radikale Unterdrückung der Sicherheitsorgane bedeutet nicht Erneuerung der Gesellschaft, sondern Rückkehr zum Urzustand, gewollte Unordnung. Eine solche Gesellschaft mag durch Selbsthilfe – meist unterbunden durch die Waffenabgabe – oder durch Reste von Gewöhnung und gutmütigem Temperament sich eine Zeitlang über Wasser halten. Sie ist ein Spielball der sozialen Unterwelt und ihrer dunklen Triebe. Sie ist alles andere, nur kein Staat; sie scheitert in dem Augenblick, in dem sie wieder Staatsähnliches zu werden versucht mit Armee, Polizei und Regierung durch den Abfall und die Selbstzerfleischung ihrer Anhänger, die nur zu halten wären, wenn sie alle Generäle, Polizeipräsidenten und Minister werden könnten.

Die Sicherheitspolizei ist deshalb, abgesehen vielleicht von England, wo sie sich aller Einmischung in politische Dinge enthält, selten beliebt, aber stets als Notwendigkeit anerkannt. Nach den Stürmen der Revolution hatte sich des französischen Volkes eine Sehnsucht nach Ruhe und Ordnung um jeden Preis bemächtigt. Die Besitzverhältnisse waren völlig auf den Kopf gestellt. Die riesenhaften Landmassen des Adels und der Geistlichkeit hatten neue Eigentümer gefunden, die jetzt nur noch ein Bestreben hatten: Ruhe um jeden Preis, Sicherheit des Eigentums. Ihre kommunistischen Neigungen hatten sofort Halt gemacht, als sie Eigentümer geworden waren. Es hatte sich – ein Fingerzeig für jeden Staatsmann, diesen Prozeß künstlich und rechtzeitig einzuleiten[40] – die Partei der Ordnung zahlenmäßig so vermehrt, daß eine neue Majorität sich erst einmal psychisch vorbereitete und dann langsam physisch durchsetzte. Dem

Beutesicherungsbedürfnis dieser neuen Majorität, das sich elementar neben den alten Ordnungstendenzen aufrichtete, kam Fouchés glänzender und schlagfertiger Apparat entgegen. Auch seine Polizei war nicht beliebt beim Volk, aber sie war auch nicht verhaßt und den Massen verächtlich, wie die Polizei des Wohlfahrtsausschusses. Sie erreichte das höchste Ziel, das eine Sicherheitspolizei erreichen kann: sie war gefürchtet und bewundert [41] und entnahm aus beiden Gefühlsrichtungen Kraft und Wirksamkeit zugunsten ihrer großen Aufgabe.

Die politische Polizei ist weniger ein Werkzeug gemeinsamer sozialer Abwehr als eine Form der Politik mit den Mitteln der Polizei. Die politische Polizei sucht die innere Machtstellung einer bestimmten Herrschaftsgruppe zu schützen und tritt damit leicht in Gegensatz zu allen vorwärtsstrebenden Elementen der Nation. Anders in bestimmten nachrevolutionären Perioden. Hier hat die politische Formgebung einen Sprung gemacht. Notwendige Zwischenstufen sind übergangen worden. Die äußeren Gestaltungen staatlichen, wirtschaftlichen und sozialen Lebens sind in dem Gluthauch großer Massenerregungen hoch emporgeschossen; was ihnen fehlt, ist der Lebenssaft einer geistigen und moralischen Entwicklung, auf der allein die Dauer äußerer Veränderungen beruht. Ohne Zusammenhang mit dem Boden der Tatsachen welken die künstlichen Produkte eines warmen Wintertags. Wie die Nacht dem Tag, so folgt ein Rückschlag. Diese Reaktion ist um so schärfer, je mehr die Revolution sich in utopischen Extremen verloren und ihre Träume der widerstrebenden Wirklichkeit aufgezwungen hat [42]. Damit ergibt sich nicht für die Unterbeamten, wohl aber für die Zentralleitung der politischen Polizei eine Aufgabe von höchster, beinahe kultureller Wichtigkeit. Sie, die in der gegenwärtigen Regierungsform das Staatsinteresse vertritt und nicht die Diktaturgelüste einer sogenannten Klasse, sie, die so starke Machtbefugnisse und damit so viel schützende Möglichkeiten besitzt, hat die kulturell wertvollen Personen und Errungenschaften der Revolution zu retten, wenn das Volk nach einem Wort Vergniauds [43] »wie das Kind zu seiner Klapper, zu seinen Königen zurückkehrt«, wenn nicht immer die Könige, aber doch ihre unterdrückten, beraubten, seelisch gemarterten Anhänger mit der ganzen Erbitterung des Parteigeistes, um ihre getöteten oder vertriebenen Eltern, ihre gelynchten Ideale zu rächen, über die sterbende Revolution herfallen.

Ich möchte nicht mit Bestimmtheit behaupten, daß Fouché diesen Gedankengang sich mit voller theoretischer Klarheit formulierte. Aber auch ihm fehlte nach den Erfahrungen einer zwanzigjährigen Revolutionszeit das kindliche Zutrauen zu dem Schutz der Gesetze, das lange Zeiten sozialer Ruhe sicher und denkfaul gewordenen Oberschichten vorzaubern. Fouché hatte im Konvent hundertmal gesehen, wie das Schiff der Gesetzgebung von den Windstößen kurzsichtiger Leidenschaften hin- und hergestoßen wurde, und wie gerade die gemeinsten und häßlichsten Triebe der Menschen nach schützenden Verkleidungen suchen, die sie dem Arsenal der alten Einrichtungen entnehmen, nach Ausnahme»gesetzen«, Revolutions»tribunalen« und Expropriationen ohne Entschädigung. Schutz in dieser Springflut der Leidenschaften konnte keine Gesetzgebung, die ja erstes Opfer und erste Waffe dieser Affekte war, geben, sondern nur Männer, die der entfesselten Triebe mit leiseren Mitteln Herr würden durch Mitgehen, In- die-Hand-nehmen, allmähliche Domestizierung, durch »Regularisierung« [44], bis die Zeit ihr Werk getan und für eine gerechte Gesetzgebung freie Bahn geschaffen hätte.

Fouché war ein Königsmörder und er kämpfte für seine Vergangenheit, wenn er Napoelon und nach der Restauration Ludwig XVIII. immer und immer wieder Milde gegen die alten Revolutionäre und Respekt vor den gesunden Errungenschaften der Revolution predigte. Eines sah sein kühler Verstand und seine ungeheure Menschenverachtung jedenfalls voraus: Den Abfall der Massen von der Revolution, ihre ewige Undankbarkeit [45], die siegreiche Rückkehr des Ordnungsprinzips. Vielleicht ging seine Klugheit sogar so weit, von einem bestimmten Augenblick an zu erkennen, daß nach einer Art psychischen Trägheitsgesetzes Frankreich trotz allen Ruhmes und allen Glanzes, trotz der Genialität seines Herrschers sich nach dem alten, gewohnten Kinderspielzeug zurücksehne, das es nur in einem Augenblick des Unmuts weggeworfen hatte, nach den Nachfolgern des heiligen Ludwig und Heinrich IV. Je mehr er aber sah, daß die Revolution nur ein winziger Punkt in der Linie der Entwicklung sei, die oder jene Form der Reaktion aber Menschenalter umfasse, um so mutiger war es, wenn er die Nation vor dauernden schweren Erschütterungen zu bewahren suchte, indem er durchsetzen wollte, daß nach seinen Worten der Thron sich nicht auf den Trümmern, sondern auf den Neubildungen der Revolution erhebe. Er wollte, daß das Kaiserreich das Werk der Revolution, das heißt seine großen und lebensfähigen, längst vor der Revolution und von Nichtrevolutionären erdachten Prinzipien, verteidige und ihnen Dauer gäbe. Gerade darum verlangte er eine starke, fest im Sattel sitzende Regierung, die mit der Anarchie, einem Schmarotzer der Revolution, und jedem Unsinn von Theoretikern, Metapolitikern und Exaltierten fertig zu werden verstände. Er schützte deshalb auch die kleinen Torheiten der Revolution, die Freiheitsbäume, die blau-weiß-roten Kokarden und andere Dinge, über die er innerlich lächelte, er, dessen erste Amtshandlung im Jahre 1799 die Schließung der Manège, des früheren Jakobinerklubs, und die Vernichtung ihrer Presse gewesen war, weil ihm nicht verborgen blieb, daß solche Schmähung von Symbolen tief verletzt und bei Gelegenheit von den Massen, wenn sie gerade die Macht haben, in rohester Form imitiert wird. Fouché, der selten Furcht gehabt hat, sah mit Besorgnis Napoleons Annäherung an den Hochadel, die instinktive Neigung des Parvenus zu allem Legitimen, Uralten. Er fürchtete längst die Anarchie nicht mehr, die immer durch Selbstmord endet, nur noch eine stupide, mechanische Wiederherstellung der alten sumpfigen Zustände, eine Restauration der alten geworfenen Herrschaftsgruppen, nicht durch eigene überlegene moralische und physische Kraft [46], sondern durch die Kraft ausländischer Regimenter und den erschöpften Wankelmut [47] der Massen. Er wußte genau, daß eine solche Restauration nicht Dauer haben und Frankreich nicht gesund und glücklich machen könne, und er sah ein trostloses Defizit vor sich: Alle Selbstverstümmlung der Nation war umsonst gewesen. Eine furchtbare Explosion hatte den Bau des alten Frankreich zerrissen und einen Trümmerhaufen zurückgelassen. Ein Präriebrand hatte nicht nur den Traum der Kinder erfüllt, das Schulhaus ergriffen, sondern alle Wohnstätten in Asche gelegt. Aber nur einige wenige hatten mit dem Elan, dem Herzblut und auch der ewigen Kanaille im Menschen spekuliert und Geschäfte gemacht. Das Volk war bettelarm und illusionslos geworden. Alle Erfahrungen waren in den Wind gestreut. Man begann den Wiederaufbau nach dem alten, abgelegten Plan. Die ci-devant Herren hatten für den Augenblick das Gefühl des Sieges, und sie säten in zufriedener Verblendung [48] sich neue Exile und Frankreich neue Revolutionen.

Fouchés Absichten, denen noch Napoleon einen weiten Spielraum ließ, sind unter Ludwig XVIII. gescheitert. Nicht weil der König so töricht oder von Leidenschaft blind war, daß er nicht erkannte, man könne nicht alle Männer deportieren, die anders dächten als er. Die Besitzer der Nationalgüter zitterten um ihre Rechte, die Republikaner sahen sich bedroht, die liberalen Monarchisten waren mißmutig, die Armee dachte sehnsüchtig an ihren kleinen Korporal zurück. Jeder Gruppe stellte sich einer seiner Verwandten als Prätendent zur Verfügung. Wollte er überhaupt regieren, so mußte er sich seinen Anhängern mit Haut und Haar verschreiben, vor denen ihm selbst graute. Fouché hatte ihm geraten, dieses in tausend Unruhen groß gewordene Volk ganz allmählich in Abstufungen zu friedlichen Verhältnissen zurückzuführen, seinen Betätigungsdrang von der militaristischen Welteroberung und der revolutionären Weltbeglükkung auf unpolitische Gebiete abzuleiten, seiner nervösen Unruhe Kunst, Wissenschaft, Handel, Industrie zum Objekt zu geben, aber nicht zu erwarten, diese in Erregung und Schwung befindliche Masse werde vor einer königlichen Kabinettsorder plötzlich in Ehrfurcht haltmachen. Alles war umsonst. Unter Napoleon hatte Fouché zu den genialsten Mitteln gegriffen [49], den Royalismus zu entmutigen und das Kaiserreich zu konsolidieren. Alle seine Bemühungen scheiterten vor der reaktionären Welle, die bald nach der Rückkehr Ludwigs XVIII. im Herbst 1815 zu einer vernichtenden Kammermehrheit führte [50]. Wie die Revolution, so mißbrauchte jetzt die Restauration die Gesetzgebung und die Verwaltung für persönliche Rache und politische Gehässigkeit. Wie für die Jakobiner in den Jahren 1793 und 1794 war jetzt für sie »le bon temps« gekommen. Unzählige Royalisten hatte Fouché unter Barras und Napoleon gerettet. In den hundert Tagen hatte er jede Grausamkeit des erbittert zurückkehrenden Kaisers bekämpft. Unter Ludwig XVIII. konnte er den Widerstand gegen den weißen Schrecken, gegen die Dutzende von Todesurteilen und Hunderte von Verbannungen nicht aufrechterhalten, die man ihm täglich abzutrotzen versuchte. Mit gewohnter schlauer und zäher Hartnäckigkeit trat er vor Republikaner wie die Generäle Napoleons. Diesmal mußte er weichen. Der ewig wunde Punkt seines Lebens, das Todesvotum gegen Ludwig XVI., wurde hervorgeholt. Der König konnte ihn nicht halten, obwohl er den grollenden, unbeschäftigten Mann mehr fürchtete als Fouché, seinen Minister. Kurz darauf, während eine Dresdner Gesandtschaft ihm die Ungnade vergoldete, setzten seine Gegner die Verbannung durch. Seit 1818 österreichischer Staatsangehöriger, starb Fouché am zweiten Weihnachtstag 1820 in Triest. Die Untätigkeit hat den ruhelosen Mann getötet. Wie das Volk den Tod großer Männer und zornigen Anteil der Natur sich zusammendenkt, so wird erzählt, bei seinem Begräbnis habe ein furchtbarer Schneesturm Triest überfallen und den Sarg vom Leichenwagen auf die Straße gestürzt.

V

Fouchés Kriminalpolitik kann nur im Rahmen wilder, großartiger und chaotischer Zeiten richtig gewertet werden. Es wäre falsch, sie ohne weiteres als Vorbild Konstellationen zugrunde zu legen, die aus sehr verschiedenen Ursachen herausgewachsen sind, wenn sie auch wie alle Revolutionen im Initialstadium und in den Mitteln der Revolutionseinleitung sich ähneln. Der Apparat, den er geschaffen, war nur ohne Gefahr und schweres Mißlingen brauchbar, solange ein Mann seiner geistigen Überlegenheit, seiner Traditionslosigkeit[51] und seiner Menschenverachtung an der Spitze stand. Ihm fehlte die Eitelkeit des Groß-Erscheinenwollens, er wäre zum Beispiel niemals im Automobil gefahren, um sich sehen zu lassen, an den Quellen wirklicher Macht aber klammerte er sich fest. »Man regiert niemals so sicher, als wenn man nicht so tut, als ob man regiere.« Er hatte Europa mit einem Netz von Beobachtungsstationen der politischen und sozialen Atmosphäre überzogen, von denen die Sturmwarnungen bei ihm zusammenliefen. Weil auswärtige Politik in revolutionären Zeiten und lange danach nichts anderes sein soll, als ein Mittel innerpolitischer Konsolidierung, verlangte er, daß die Diplomatie seinen Zwecken diene und auch ihm ihre Berichte vorlege. Wurde irgendwo ein barometrisches Minimum gemeldet, dann griff er zu; mit Ruhe, Kraft und hohem Wissen. Unnötige Härten der Repression mißachtete er als sicheres Zeichen der Schwäche. Ja beim politischen Verbrecher dachte dieser Mann, dessen blutleere Gestalt aussah wie ein Symbol der Staatsraison, immer daran, daß Frankreich mehr sei als die gerade herrschenden Personen, daß es für jene nur einen Weg gäbe, seiner Treue sicher zu sein, nämlich kein anderes Interesse zu kennen als das Frankreichs. Für ihn war den gerade herrschenden Personeni zu mißfallen und dem Lande schädlich zu sein, eine oft sehr verschiedene Sache.

Einst hatte er gegen politisch Andersdenkende gewütet. Ströme von Blut waren über die Ebene des Brotteaux bei Lyon gerieselt. Die »integrale«, die »gradlinige« Revolution hatte den letzten Hochruf auf den König in der Kehle der Opfer erstickt. Die Menschen waren vernichtet. Aber ein jeder dieser stillen Toten hatte stärker als tausend Lebende die Geister bewegt; sie waren in ihrem Grab die wahren Sieger. Diese Lehre hat Fouché nie vergessen. Instinktiv, ohne je eine Kriminalpsychologie gelesen zu haben, wußte er, daß der Staat mit Gewaltsamkeiten den Bürger nur zur Brutalität erzieht, und daß früher oder später diese Roheit verdoppelt oder verdreifacht auf ihn zurückfällt. Deshalb seine Vorliebe für die stille Macht des Geldes. Damit gewann das Vorgehen der Polizei leicht etwas Hinterlistiges, Unmoralisches, Korrumpierendes, und die Phantasie des Volkes hat mehr daraus gemacht, als sich erweisen läßt[52]. Persönlich war Fouché freigebig und wohltätig. Dieser gefürchtete Kinderschreck war überraschend gut zu vielen Menschen, die es ihm nie gedankt haben. Vielleicht haben sie empfunden, daß seine Milde nicht einem gütigen Gefühl entsprang, sondern einzig und allein nüchterner Berechnung, manchmal auch einem absichtslosen Spieltrieb dieser seltsamen Natur, der zu seiner Erholung einmal etwas ohne Zweck tat, der ein großer Schweiger und zwischendurch in seinem Salon bisweilen ein großer Schwätzer war. Er schenkte Ehre, Freiheit, Leben, weil es ihm Spaß machte, einen anderen zu beschenken, und weil einer von seinen Schützlingen einmal ausnahmsweise dankbar sein konnte. Die meisten haben sich einem moralisch Farbenblinden innerlich nicht verpflichtet gefühlt; weil Fouché nicht mit edlen Menschen rechnete, weil er vor der Revolution Respekt hatte, die Revolutionäre aber verachtete, blieben ihm Enttäuschung und Verbitterung erspart. Wie alle arbeitsamen Menschen hatte er ein Asyl, in das er sich zurückziehen konnte, wenn ihm vor der Welt und dem Herrn der Schöpfung ekelte.

Daß in Fouchés Wesen trotz eines musterhaften Familienlebens, einer gewissen Intimitätsangst, mönchischer Abstinenz und eines ausgesprochenen Sinns für einfaches Leben kriminaloide Spuren, nur von seinem Intellekt gebändigt, zu finden sind, wird bei genauerer Betrachtung ohne die deutlichen Ausschreitungen seiner politischen Flegeljahre klar. Es besteht eine geheime Affinität zwischen der theoretischen Neigung zu diesen Dingen und der wirklichen Kriminalität, zwischen bloßem Interesse und stärkeren Vorstellungsinhalten. In allen Revolutionen, vor allem in der französischen Kommune, diesem Paradebeispiel eines Aufstands der Großstadt-Kriminellen, von Sklavengehirnen und Sklavenkonstitutionen, sehen wir den Verbrecher in die Posten von Polizeipräfekten, Gefängnisdirektoren oder Ausnahmerichtern drängen. Aber gerade darum war es ein günstiger Stern Frankreichs, der diesen seltenen Mann als Jagdhund des Verbrechens auf den Ministersessel führte. Wir wissen, daß Fouché den Gedanken hin- und hergewendet hat, 1815 die entfesselten Leidenschaften einer nationalen Revolution den Verbündeten entgegenzuwerfen [53], und wir wissen gleichfalls, daß die Verbündeten diese Pläne kannten, fürchteten und auf die Bedingungen des Friedensvertrages wirksam werden ließen.

Seine Haltung dem politischen Verbrecher gegenüber war aus Mitleid und Geringschätzung gemischt. Verglich er die Chancen eines Straßenräubers und eines konspirierenden Generals, so lagen auf den ersten Blick die Aussichten durchaus auf seiten des Verschwörers oder Putschisten oder wie man es nennen mag. Den politischen Verbrecher und seinen Anhang verführen die lockenden Vorteile, die in der Eroberung der Macht liegen. Das erfolgreiche Verbrechen des Hochverrats ist in der Lage, sich Indemnität zu erteilen, ja sich selbst zu glorifizieren. Aus dem gleichen Grund reden alle Revolutionen von Menschheitsbeglückung. Sie wollen die Weltrevolution, weil sie sich aus der Illegalität lösen, wenn sie die territoriale Isolierung durchbrechen. Daß es trotz alledem so wenig große politische Verbrecher gibt, liegt darin begründet, daß es zwar sehr leicht ist, einen Putsch größten Stils zu machen [54], sehr schwer aber, die Aktion fortzusetzen, die man nicht wie der gewöhnliche Verbrecher mit der Flucht erfolgreich abschließen kann. Man muß dableiben, in aller Öffentlichkeit dastehen, ja eigentlich jetzt erst anfangen, und daran scheitert fast jede solche Unternehmung, wenn sie nicht von einer sehr starken Volksströmung getragen und erheblichen Machtmitteln unterstützt ist. Vor allem steht den großen politischen Verbrechen im Wege, daß nur Gebildete (im Sinne ausgebildeter Denkfähigkeit und gewisser Umgangsformen) für eine dauernde Staatsumwälzung in Betracht kommen, diese aber im Gegensatz zum klinisch Geisteskranken und zum fanatisierten Schwachsinnigen der Kollektivprävention zugänglich sind und bei näherer Überlegung zurücktreten. So ist das politische Verbrechen meist negativ orientiert. Hierzu sind untergeordnete Personen leicht verwendbar. Ein bedeutsames, wie wir sahen, auch von Fouché angewandtes Mittel gegen die Ermordung des Staatschefs liegt in der Tatsache der Dynastie. Der König lebt, auch wenn der König tot ist. Republiken müssen auf diesen Schutz verzichten. Es sind deshalb stets gegen hervorragende Präsidenten verhältnismäßig mehr Attentate begangen worden als gegen Monarchen.

Nach der christlichen Auffassung vermag eine gute Tat die böse wieder auszulöschen. Dann hat Fouché die Rechnung seines Lebens beglichen. Ich kann mir nicht die Vorwürfe zu eigen machen, die seine Zeit ihm ins Grab nachgeschleudert hat. Unüberbrückbar ist auch für mich die Kluft zwischen dem Konventskommissar und seiner späteren Tätigkeit. Fouché hat in einer der von ihm inspirierten Schriften von einem gesunden Baum gesprochen, der inmitten eines brennenden Waldes nicht unberührt bleiben kann. Man würde dieses Bild belächeln, würde die Geschichte, ja die persönliche Erfahrung uns nicht Menschen, viele, viele Menschen zeigen, die den Massengefühlen ihrer Umgebung bis zur Auslöschung der Persönlichkeit erlegen sind, oder, vielleicht besser gesagt, deren Persönlichkeit sich unter diesen Umständen in ihren tiefsten Wurzeln entdeckte. Biographen wie Madelin haben von Mimikry gesprochen; aber gleichgültig, ob Suggestibilität, aufgewühlte Triebhaftigkeit, Mimikry oder Berechnung, uns kann das Konventsmitglied Fouché weder gefallen noch imponieren. Dann kommt die große Korrektur im Weltbild und der Handlungsweise des Mannes. Von jetzt an, als Minister und zwischendurch als Gesandter, ist er genau betrachtet immer der gleiche geblieben. Durch seine Intelligenz war er immer unabhängig oder, wenn man eine politische Einkleidung will, Republikaner; sein Machttrieb [55] fesselte ihn an die verschiedenen Regime, denen er diente oder die ihm dienten. Man hat ihn einen

Opportunisten gescholten. Daran ist viel Falsches und etwas Richtiges. Robespierre war kein Opportunist und Ludwig XVIII. noch weniger, denn seine Politik führte wieder einen Napoleon ins Land und legte den Keim zu drei neuen Revolutionen. Fouché konnte wirklicher Opportunist sein, weil keine dumpfen, nie gesättigten Leidenschaften seinen Intellekt trübten, wie Robespierres nagender Ehrgeiz und Ludwigs nachgiebige, stark sein wollende Schwäche, diese gefährlichste Berufskrankheit der Könige. Ich habe einmal gesagt: Schon zwanzig Jahre vor dem Bastille-Sturm waren in den Köpfen der Menschen Barrikaden gebaut und Guillotinen errichtet. Ich könnte hinzufügen: Schon mit den Tagen des roten Schreckens waren in Frankreich heimlich die Könige wieder eingezogen. Fouché sah diese Entwicklung klar voraus. Die Revolution der gesamten französischen Nation hatte ein konstitutionelles Königtum gewollt; einige wenige hatten das fiebernde Frankreich in all die späteren Übertreibungen hineingestoßen und immer mehr verwickelt, in die Freiheit, in der man verhungerte und jeden Tag einem neuen Despoten hörig war. Wie in Vergniauds prophetische Ahnungen, so traten vor Fouchés mathematische Voraussicht die unabwendbar wiederkehrenden Könige. Nur wußte er nicht, ob die Dynastie Bourbon oder Napoleon heißen würde. Er liebte Napoleon auf seine Weise, wie der Kaiser trotz aller Abneigung von Fouché nicht loskam. Aber Bonaparte wurde von brennender Ländergier verzehrt, die Frankreich mit Siegen und Triumphen zerstörte. Daß Napoleon das große Spiel verloren hatte, erkannte Fouché längst vor dem Kaiser. Seine ganze Haltung während der hundert Tage ist ein einziger Beweis dafür. In St. Helena hat Napoleon bedauert, daß er Fouché nicht rechtzeitig habe erschießen lassen. Schon einmal während seines Ministeriums war Fouché von dem schäumenden Kaiser angefahren und mit dem Erschießen bedroht worden. Fouché, der Mann der Mäßigung, hatte als Chef der Staatspolizei davon abgeraten.

Mit wenigen Ausnahmen ist die Wissenschaft an Fouché vorbeigegangen; sie wird zu ihm zurückkehren und mehr bei ihm und seiner Zeit finden, mehr von ihm und seiner Zeit lernen, als dieser kurze Beitrag zur Technik der politischen Polizei in vergangenen Tagen sagen und andeuten konnte.

Nachtrag

Fouchés Debüt in der Politik: Der Ausgang der Revolution, ein soziales Märchen, vorgelesen im Jakobinerklub zu Nantes im Jahre 1792.

»Ihr habt alle von der Meuterei auf der ›Jung-Carolina‹ gehört, einem hübschen Dreimaster, der siebenmal die Reise um die Welt gemacht hat und jetzt in den Werften von Nantes verfault. Im Jahre 1792, das durch sein Prachtwetter wie durch seine Stürme gleich auffällig war, kam die Mannschaft dieses Schiffes von Jamaika zurück und hatte der damaligen patriotischen Trunkenheit einige Rumbowlen hinzugefügt, die sie nicht wenig verstärkten. Sie erklärte sich also in den Zustand der Rebellion und warf in ihrer Eigenschaft als Souverän an Bord den Steuermann und den Kapitän ins Meer. Nach dieser gelungenen Unternehmung und einigen bewegten Nächten, in denen das Schiff allen Bewegungen und allen Richtungen außer der nach Hause folgte, war die Besatzung der Souveränität müde geworden und dankte zugunsten eines Obermatrosen mit Namen Beaugenty ab ... Dieser Beaugenty ist heute ein nach jeder Dimension wohl arrondierter alter Mann und hat sich in jeder Beziehung verbessert. In der Zeit, von der wir sprechen, war er der richtige Teufel, mit Umgangsformen, die des Satans würdig gewesen wären, und dem nur die Macht fehlte, um mit dem großen Staatsschiff das zu versuchen, was er auf der ›Jung-Carolina‹ gemacht hatte. Wir müssen aber zu Ehren seiner kritischen Veranlagung bemerken, daß man ihn von dem Moment an, wo die von der Mannschaft weggeworfene Autorität in seine Hände übergegangen war, vom Rebellen hatte zum Despoten werden sehen, und daß an die Stelle seines anarchischen Geschreis der positive Ton des Herrn getreten war.«

Dieser Vorfall kommt im Jakobinerklub in Nantes eines Tages zur Diskussion. Man feiert die Besatzung der ›Jung-Carolina‹.

Man wendet sich mit wütenden Worten gegen die Schiffe der Handelsmarine, die noch nicht diese Säuberung in ihren Reihen vorgenommen haben, Beaugenty allen voran durch seinen massiven Ton. Da bittet ein junger, klug und schüchtern aussehender Mann um das Wort. Man hört, er heiße Fouché und sei der Sohn eines alten Seebären. Er hält lächelnd ein Blatt hoch, das, wie er sagt, wichtige Mitteilungen enthält, die mit der Tagesordnung zusammenhängen. »Soll ich lesen?« – »Ja, ja«, schreit man von allen Seiten. Und Fouché beginnt mit sanfter und deutlicher Stimme:

»Erste Mitteilung: Auf hoher See, an Bord der Atlanta, 2. Februar 1792.

Das Beispiel der ›Jung-Carolina‹ ist nicht ohne Ruhm; es ist nicht ohne Ertrag geblieben. Wir sind ihm mit Erfolg nachgegangen. Auf der Höhe der Azoren hat die Bemannung der ›Atlanta‹ sich für frei erklärt und ledig eines jeden Eides gegen seine Führer. Einige von diesen haben sich auf die Vorschriften berufen oder auf ihre Stellung: sie wurden in Ketten gelegt und in den Schiffsraum gebracht. Zwei der aufsässigsten, der Kapitän und der Steuermann, sind umgekommen. Der eine flog ins Meer, der andere wurde am großen Mast aufgehängt. Unterdessen zog ein Sturm herauf; da aber kein Mensch zu steuern verstand und da jeder kommandierte, ohne daß einer gehorchen wollte, war das Ergebnis, daß Wind und Wellen uns umherwarfen. Diese Unordnung schien noch den Reiz der Freiheit zu erhöhen, die wir uns errungen hatten, und um sie festlicher zu begehen und mehr von ihr zu haben, hat sich die Bemannung erst gründlich betrunken und dann angefangen, sich zu prügeln. Stellt Euch vor das Geschrei der Kämpfer, vermischt mit dem Grölen der Trinkenden, und den Anprall der Wogen, übertönt vom Donner des Himmels! Bei jeder andern Gelegenheit hätte dieses Schauspiel uns entsetzt: jetzt war es unsere ganze Freude, weil es uns mehr den Wert der Freiheit schätzen ließ. Zwar zwei Drittel der Besatzung sind ertrunken, das Schiff ist manövrierunfähig und zieht überall Wasser, der Verlust der Instrumente verhindert die Sonnenhöhe aufzunehmen, und ohne Steuermann können wir nicht steuern. Aber wir haben die Genugtuung, diesen Halunken am großen Mast hängen zu sehen, und wenn wir untergehen, so gehen wir als freie Männer unter. Vive la liberté!«

Hier machte Fouché eine Pause, um das Publikum die Schönheit seiner Erzählung genießen zu lassen. Dann ließ er seinen sanften und ruhigen Blick umherwandern und rief plötzlich wie der Verfasser des Berichtes: »Es lebe die Freiheit!« Aber nur ein dumpfes Murmeln antwortete auf diesen Appell, und niemand nahm ihn auf, außer ein paar Kindern in Holzschuhen und fünf oder sechs decoiffierten Frauen, die auf der Tribüne strickten. Ich bitte zu vermerken, daß die Matrosen der »Jung-Carolina« kaum noch atmeten, und daß das Gesicht des Kapitäns Beaugenty verzerrter und häßlicher schien, weil es finsterer geworden war.

Der Redner drehte jetzt das Blatt um und setzte seine Lektüre mit einer zweiten Mitteilung fort:

»In Ergänzung meines ersten Schreibens will ich Dir erzählen, mein Freund, daß nach 40stündiger Rebellion, Bürgerkrieg und Sturm unser armes Schiff auf Grund geriet. Die, welche diesem dreifachen Unheil entronnen waren, sah man plötzlich in den Wellen verschwinden. Der größte Teil ertrank, ein paar aber kamen wieder an die Oberfläche und erreichten schwimmend das Riff, gegen das die Atlanta gefahren war. Dieses Riff ist eine Kette von Korallen, hinter denen eine kleine Insel liegt. Von dort schreibe ich Dir. Sie hat uns in ihrem Schoß empfangen, aber wie teuer hat sie ihre Gastfreundschaft verkauft! Du mußt wissen, daß bei der ersten Versammlung der Schiffbrüchigen der Mutigste oder, besser gesagt, der Rücksichtsloseste zu unserm Haupt ernannt wurde oder besser sich selbst ernannte. Zwei andere unserer Gefährten wurden ihm zugeteilt. Der eine süßlich und geschickt, der andere bequem und strohdumm. Das sind die drei Männer, die unter dem Vorwand, uns am nützlichsten zu sein, sich zu unseren Herren gemacht haben und die ebenfalls unter dem Vorwand, das allgemeine Wohl verlange, daß wir arbeiten, uns zu ihren Sklaven gemacht haben. Jedenfalls lassen sie uns unter dieser Begründung den unfruchtbaren Boden bestellen, von dem sie sich den besten Teil ausgesucht haben. Sie nennen ihre Einrichtung ›Familie‹ und der Chef nennt sich ›Vater‹. Aber unter dieser väterlichen Herrschaft stirbt man vor Hunger, man arbeitet 14 Stunden am Tage und man wird braun und blau geschlagen. Ich möchte beinahe glauben, daß wir eine Dummheit begangen haben, als wir unseren Kapitän den Haifischen vorwarfen und unsern Steuermann am großen Mast aufknüpften.« ...

Bei diesem letzten Satz brach die Besatzung der »Jung-Carolina«, die bisher in dumpfem Schweigen befangen gewesen war, in lärmendes Gelächter aus. Selbst Beaugenty lächelte und erschien dabei noch häßlicher . . .

Matériaux pour servir à la vie publique et privée de Joseph Fouché, dit le duc d'Otrante. Recueillis par M. N., Paris. Chez Domère Libraire. 1821. S. 9 ff.

Anmerkungen

Einleitung

1 Landauer, Gustav: *Die französische Revolution in Briefen,* S. 149, Frankfurt/Hamburg 1961, Brief vom 13. August 1789.

2 »Als Robespierre seinen Kollegen und einer ganzen Anzahl seiner Zeitgenossen den Hals abschneiden ließ, besaß er einen ungeheuren Nimbus, und die Masse folgte ihm mit ebenso vielen Verwünschungen zur Guillotine wie am Tage zuvor seinen Opfern.« Le Bon, Gustave: *Psychologie der Massen,* S. 100, Stuttgart 1964.

3 Landauer, *Französische Revolution in Briefen,* a.a.O., S. 441.

4 Ebenda, S. 186.

5 Sieburg, Friedrich: *Robespierre,* S. 53, München 1963.

6 Grimm, Tilemann: *Mao Tse-tung:* »Das eigentümlich Dunkle, das ich zuerst so stark empfunden hatte, stellte sich als geistige Vereinsamung heraus.« S. 125, Hamburg 1968.

7 Als die Rebellen gegen Jaweh unter Aarons Führung abgefallen waren und sich das Goldene Kalb zum Gott erkoren hatten, kam der Befehl aus Moses Mund: »Gürte ein jeder sein Schwert um seine Lenden und durchgehet hin und zurück von einem Tor zum andern das Lager, und erwürge ein jeglicher seinen Bruder, Freund und Nächsten.« 2 Mos. 32, 27.

8 Nach Heinrich von Treitschke: *Deutsche Geschichte im Neunzehnten Jahrhundert,* Bd. III, S. 755, Leipzig 1885.

9 Plutarch, Solon 14.

10 Ebenda, 16: »Solon gefiel jetzt keiner Partei.«

Robespierre

1 Paris, Jeunesse de Robespierre. Arras 1871. Eine Genealogie von Robespierre findet sich auch in Borel d'Hauterive, Armorial général de France. Paris 1856, I, 33.

2 Le Blond de Neuvéglise, La vie et les crimes de Robespierre, Augsburg 1795, 20.

3 Nouvelle Biographie Générale. Paris 1863, Bd. 42.

4 Paris 16.

5 Hamel, Histoire de Robespierre. Paris 1865, I, 12.

6 Wir müssen bei Robespierres Vater an eine schizophrene Erkrankung denken.

7 Villiers, Souvenirs d'un déporté. Paris 1802.

8 Charlotte Robespierre, Mémoires sur ses deux frères, ed. Laponneraye Paris 1835, 38.

9 Hamel I, 19.

10 Über Rousseaus Stellung zu den Tieren s. Confessions, VI.

11 Hamel I, 19.

12 »Wir haben ... die Erlaubnis bekommen, Gärten und Palais des ausgewanderten Bischofs zu besichtigen. Diese Gärten waren zu Zeiten des Bischofs für Jedermann offen und eine angenehme Promenade. Jetzt sind sie geschlossen und in Unordnung. Ich bin im allgemeinen nicht gut auf die ersten Emigranten zu sprechen, aber man hat viel für den Bischof von Arras anzuführen. Er ist von Undankbarkeit verfolgt und geächtet worden. Er hat die beiden Robespierres aus dem Elend gezogen, sie erziehen lassen und beschützt. Die Revolution gab ihnen Gelegenheit, ihre Anlagen zu entfalten und ihre Talente machten sie populär. Sie wurden die Feinde des Klerus, weil ihr Beschützer ein Bischof war, und versuchten ihren Wohltäter verhaßt zu machen, weil die Welt nicht vergessen, sie selbst aber nicht verzeihen konnten, was sie ihm alles schuldeten.« Arras den 1. September 1792. Un séjour en France de 1792 à 95, ed. Taine. Paris 1872, 25.

13 Nach Robespierres erstem Zusammenstoß mit Brissot und Guadet im Jakobinerklub am 25. April 1792 machte Prieur zwei Tage später einen Versöhnungsversuch. »L'ordre du jour c'est de rétablir la paix entre les patriotes. (Applaudissements universels.) L'ordre du jour c'est que Robes-

pierre soit moins entier dans ses opinions: car je le connais, Robespierre.« F. A. Aulard, La société des Jacobins. Paris 1889, III, 539.

14 Neuvéglise.

15 Neuvéglise 44.

16 In einem Bericht über die Sitzung des Jakobinerklubs vom 29. Januar 1791 ist er noch als de Robespierre bezeichnet. Nach dem Journal des Klubs (Aulard, Jac. II, 43) und in Berichten der Polizeiagenten aus dem Jahre 1793 taucht (vielleicht mit einem Unterton von Spott) Robespierres Adel wieder auf. »... pour les battre à mon aise j'ai donné à M. Marat de pompeux éloges ainsi qu'à M. de Robespierre.« Bericht Dutards an Garat vom 25. Mai 1793 Schmidt, Tableaux de la Révolution Française. Paris 1867–1870, I, 298.

17 Paris 48.

18 Abgedruckt in Mémoires de l'Académie de Metz, Bd. 20, 389 ff.

19 Paris 130.

20 Lacretelle veröffentlichte im Mercure vom 3. Dezember 1785 eine maliziös kränkende Anerkennung seines unterlegenen Gegners. Zuerst wies er auf die zahlreichen Entlehnungen hin, die der Autor bei Montesquieu und Duclos gemacht habe. Er schloß mit den Worten: »Diese Arbeit wird mit Interesse gelesen werden ... Sie ist voller gesunder Gesichtspunkte und voll von Zügen eines glücklichen und wahren Talents. Man wird seine Erwartungen noch höher spannen, wenn man erfährt, daß der Autor sich dem Anwaltsberufe gewidmet hat, der so wohl zu einem lebhaften Geiste paßt; daß er seinen ersten Fall plädierte, als er diese Schrift verfaßte, und daß er niemals in Paris gelebt hat, wo der Verkehr mit Literaten das Talent entwickelt und den Geschmack vervollkommnet.«

21 Motto der Denkschrift: »Rien n'est utile que ce qui est honnête.«

22 Paris 147.

23 Nero im Beginn seiner Herrschaft: Als man ihn daran mahnte, unter ein Todesurteil, wie herkömmlich, seine Unterschrift zu setzen, rief er aus: »Wie sehr wünschte ich, nicht schreiben zu können.« Sueton, Nero Claudius Cäsar, Kap. 10.

24 A la nation artésienne sur la nécessité de réformer les états d'Artois 1789. in: Paris 242.

25 Une Journée 30.

26 Sitzung des Jakobinerklubs vom 17. April 1792: »M. Robespierre propose que l'on consacre à jamais le souvenir de la fête des soldats de Château-Vieux par cette inscription: le 15 avril 1792 ... la pauvreté et le peuple triomphèrent avec les gardes françaises, les soldats de Château-Vieux et tous les bons citoyens persécutés pour la cause de la Révolution.« Aulard, Jac. III, 506.

27 Mémoires. Paris I, 5.

28 Histoire de la conjuration de Robespierre. Paris IV, 59.

29 Er hatte ein sinistres Aussehen, sagt Dumont, und sah nicht gerade ins Gesicht. Er hatte in den Augen ein unaufhörliches Zwinkern (vgl. Nouvelle Biog. Univ. Paris 1863, Bd. 42, 403), Kontraktionen um den Mund und Lippen (Barère, Mémoires. Paris I, 117).

30 Die gelbe Gesichtsfarbe kehrt in jeder Beschreibung wieder. Wir kennen eine interessante Parallele aus späterer Zeit. »Als Madame de Staël Talleyrand bei Barras einführte, fuhr Barras zurück. Er hatte Talleyrand bisher nur flüchtig betrachtet. Als er dieses blasse Gesicht, die verhängten Augen und andere Details der Physiognomie erblickte, glaubte er, vom Schein gegenseitigen Hasses getäuscht, Robespierre bei sich eintreten zu sehen.« F. Lollié, Talleyrand et la société française. Paris 1910, 169. Wir dürfen annehmen, daß die seltsamen Infantilismen, die bei Talleyrand noch in den vierziger Jahren stark ausgeprägt waren, bei Robespierre nicht fehlten.

31 Beim Fest des Höchsten Wesens geriet Robespierre durch diesen überstürzten Schritt weit vor den Konvent, der Ataxie als Hochmut auslegte und bespöttelte.

32 Duval, Souvenirs de la terreur. Paris 1842, IV, 334, nennt die Stimme »glapissante«.

33 Mémoires I, 117.

34 Erwähnt bei Stéfane Pol, Autour de Robespierre. Le Conventionel, Le Bas. Paris 1901. X.

35 Nouvelle Biog. Univ. Bd. 42, 403.

36 »Chaumette hatte im Luxembourg, im Jardin des Plantes, den Champs Élysées, im Park von Monceaux Kartoffelplantagen anlegen lassen. Darin trat nach dem Sturz der Kommune Wandel ein. Dank Robespierres nahmen die Tuilerien wieder ihr kokettes Aussehen an. Vierzehn Tage waren nicht verflossen, da bedeckte schon feiner Sand die herrlichen Alleen, die Beete füllten sich mit Blumen ... C'est que Robespierre avait l'amour des fleurs.« Duval, Souvenirs. Paris 1842, IV, 332.

37 Les femmes de la révolution. Paris 1854, II, 117.

38 Les femmes, II, 120.

39 Mémoires. Paris 1822, 63.

40 »Er war zur Rechten auf die Wand gemalt, links graviert zu sehen. Im Hintergrund stand seine Büste, gegenüber sein Bas-Relief. Auf den Tischen ringsherum gab es außerdem ein halbes Dutzend Robespierres in kleinen Gravuren.« Barbaroux 63.

41 Erwähnt von Paris 17.

42 Duval berichtet im Fall Amaranthe, er sei einmal »complètement ivre« gewesen. Souvenirs IV, 374. Der Bruder wird aber auch an anderer Stelle als trunkliebend bezeichnet (Villiers, Souvenirs 6).

43 Bosisio lebte von ungesalzener Polenta, Passanante von bloßem Brot, Guiteau nur von Nüssen, Lazzaretti begnügte sich mit zwei Kartoffeln, Mangiona aß täglich nur für zehn sous Erbsen, Bohnen oder Reis. Lombroso, Der politische Verbrecher. Hamburg 1892, II, 29.

44 Erwähnt bei Baudot. Notes historiques, Paris 1893, 278.

45 Mehrfach bei führenden Revolutionären erwähnt. Handelte es sich um eine Bindehautblutung nach epileptischem Anfall, um eine Ekchymose nach Hustenstößen oder um eine Hyperämie nach Influenza, die am Ende des 18. Jahrhunderts in mehreren großen Epidemien über Europa hinwegzog?

46 Veröffentlicht Bouffenoir, Les Portraits de Robespierre. Paris 1910, Planche 3.

47 Bouffenoir, Planche 18.

48 Nach Plinius Hist. Nat. XXXVII pflegte Nero, wenn er den Wettkämpfen zusah, einen konkav geschliffenen Smaragd zu tragen, der ihm als Monokel oder Lorgnon diente. Daß Augengläser etwas Mondänes waren, sehen wir aus einer zufälligen Bemerkung des Polizeiagenten Dutard an den Minister Garat vom 19. Juni 1793. Er beschreibt, wie die »gens comme il faut« einer Hinrichtung zusehen. »Ils avaient presque tous des lorgnettes fines et se déplaçaient souvent pour chercher le point visuel qui devait le mieux s'accommoder à leur vue.« Schmidt, Tableau de la révolution française. Leipzig 1867, II, 75. Nach Montjoie 60 wollte Robespierre mit der Brille Franklin, damals als Forscher wie als Staatsmann gleich berühmt, kopieren.

49 »Charlotte datiert in ihren Memoiren Fouchés Heiratsantrag auf 1792/93. Damals war aber Fouché schon verheiratet und wohnte in der Rue St. Honoré, wenige Schritte vom Hause der Duplays. Fouché ließ sie sitzen, Charlotte aber blieb in ihrer weiblichen Instinktlosigkeit zurück, berückt von seinem hinreißenden Geist und seiner außerordentlichen Liebenswürdigkeit. Den Bruder ließ Fouché hinrichten, ihr gab er als Minister des Empire eine Pension.« Madelin, Fouché. Paris 1901, I, 16.

50 »Charlotte de Robespierre, d'un caractère froid et dur avait dès sa première jeunesse les aigreurs d'une vieille fille, son attitude et ses goûts étaient ceux d'aristocratie de province; elle eût fort aisément tournée à la grande dame.« Michelet, Les femmes, II, 117.

51 »Charlotte... était soeur de Robespierre et ma mère la regardait comme sa fille. Pauvre Mère! Elle croyait Charlotte aussi pure et sincère que ses frères. Grand Dieu! Cela n'ètait pas.« Stéfan Pol, Autour de Robespierre, 105.

52 »Ein Weib, das Robespierres Frau zu werden bestimmt war, muß ewig unverheiratet bleiben.«

53 Mémoires 79.

54 Mémoires 74.

55 Souvenirs d'un déporté, Oeuvres posthumes de Pierre Villiers, ancien capitaine des Dragons. Paris 1802, 6. Das Buch ist äußerst selten und zum Teil sehr schlüpfrig.

56 Eine Andeutung dieses Konflikts findet sich in der anfeuernden Rede Augustins im Pariser Jakobinerklub vom 11. Juli 1794, Aulard. Jac. VI, 218.

57 Ich habe einen der militärischen Anführer der Münchner Kommune von 1919 gekannt, der in Anstaltskleidung haltlos, verängstigt, kaum zum Sprechen zu bringen war und von einem Erröten ins andere fiel, während er in der selbstverliehenen Uniform als Kommandeur der Südarmee einen freien, stolzen und unbefangenen Eindruck gemacht hatte. – Der Hemmung des Timiden entspricht häufig ungehemmteste Offenheit gegenüber einer unpersönlichen Zuhörerschaft, etwa den Lesern eines Buches oder den Teilnehmern einer großen Versammlung. Wir kommen so zur Schamlosigkeit des Timiden.

58 Maupassant, selbst eine auseinanderfallende Persönlichkeit von höchstem künstlerischen Einfühlungsvermögen, läßt in seinem »Josef«, diesem ersten beglaubigten Fall von genuiner Timidität, die Baronin André de Fraisières sagen: »Um zu den Timiden zu kommen, so sind sie oft von einer unbegreiflichen Dummheit. Das sind die Männer, die sich nicht ausziehen können, selbst wenn sie ganz allein schlafen, sobald in ihrem Zimmer ein Spiegel steht. Mit diesen Menschen muß man energisch sein, Blick und Händedruck verwenden. Aber auch das hilft bisweilen nichts. Sie wissen oft nicht, wie und wo anzufangen. Fällt man als allerletztes Mittel vor ihnen in Ohnmacht ... so pflegen sie einen. Und wenn man allmählich wieder anfängt zu sich zu kommen ... dann holen sie auch noch Hilfe.«

59 Das Paradebeispiel eines Timiden war Robespierres Ideal, Rousseau. Aber auch Napoleon muß als Timider aufgefaßt werden. Daher seine schlechte Laune, seine grobe Ungezogenheit gegenüber den Frauen. Er fragt auf den Hofbällen die Damen, wie alt sie sind, er ruft empört: Was, 23 Jahre und noch nicht verheiratet, er sagt den vor Scham vergehenden Frauen in Gegenwart ihrer Männer ins Gesicht, daß sie zu mager sind oder rote Arme haben. »Und Sie, Madame, tragen Sie nie etwas anderes als dieses graue Kleid? Ziehen Sie das nie wieder an. Ich habe mich satt dran gesehen.« – »Das ist seine Art«, sagt Lolli (Talleyrand 378), »er fährt die Frauen an wie seine Soldaten, nur etwas unfreundlicher.«

60 Napoleon hielt sich für einen Kenner in Toilettenfragen. Er war für Hände und Füße besonders ansprechbar und äußerte sich den Damen rückhaltlos gegenüber, wenn ihm die Füße nicht gefielen. Gerade diese

Menschen mit einem leichten Fußfetischismus sind Sexualschwächlinge genau wie die Toilettenliebhaber und -kenner. Bei der Sektion von Napoleons Leiche stellte sich heraus, daß die äußeren Sexualorgane zurückgeblieben und kindergroß waren. Die Grobheit des Kaisers ist sicher keine Freude an der ungezogenen Behandlung der Frauen gewesen. Die Frauen schüchterten den Herrn Europas ein. Er war ihnen gegenüber unsicher und rettete sich in die Grobheit hinein, als der einzigen Form der Überlegenheit, die ihm diesen unheimlichen Wesen gegenüber zu Gebote stand. Er hat höchstens zwei Tage im Jahre, sagte Josephine, an denen eine Frau Gewalt über ihn hat.

61 Warum hat Robespierre das Testament von Marie Antoinette an sich genommen und aufbewahrt? Courtois fand es in seinen Papieren und hatte es weggesteckt. 1816 kam es zum Vorschein. Vgl. Lamartine, Histoire de la Restauration. Bruxelles 1852, VI, 62.

62 Siehe Robespierres Rede im Jakobinerklub vom 15. Mai 1794, »nous sommes bien loin de vouloir devenir des persécuteurs«. Aulard, Club. VI, 135. Vorher hatte er Danton töten lassen.

63 Les femmes, II, 8.

64 »Un ignorant comme Robespierre.« Mémoires II, 9.

65 Gerade in der Kunstlosigkeit und der mechanischen Wiederholung lag, wie wir sehen werden, der Schlüssel seiner Wirkung auf die Massen und das Geheimnis seines Erfolges.

66 Die Zitate waren zum Teil gar nicht passend. Zum Beispiel wissen wir aus Sueton, wie das Volk mit den Mördern seines Lieblings, des Cäsar, umging. Robespierre aber spielt voll Stolz dem Volk gegenüber dauernd mit dem Dolche des Brutus. »Von seinen Mördern aber überlebte ihn beinahe kein einziger über drei Jahre, und keiner starb eines natürlichen Todes. Nachdem sie alle insgesamt verurteilt waren, kam ein Teil durch Schiffbruch, ein andrer in der Schlacht um. Einige nahmen sich mit demselben Dolche, mit dem sie die Untant an Cäsar vollbracht hatten, das Leben.« Sueton, Gaius Julius Cäsar, 89.

67 Confessions, 17.

68 Mémoires de la vie politique de Fouché, Duc d'Otrante. Paris 1819, 21.

69 Beim Fest des Höchsten Wesens war das Monstrum des Atheismus in Pappe aufgebaut worden, dazu der Ehrgeiz, die Selbstsucht, die Zwietracht, der Wahnsinn und die falsche Einfachheit (alles Spiegel-Eigenschaften Robespierres). Auf diesen Figuren stand geschrieben: Einzige Hoffnung des Auslands. Robespierre als Präsident des Festes sollte die Figuren anzünden und hinter den Trümmern sollte eine Allegorie der Weisheit aus den Flammen unversehrt aufsteigen. Ehe er die Fackel nahm, sah Robespierre Ruggiéry starr an und fragte ihn in beinahe drohendem

Ton: »Es ist doch keine Gefahr, mein Herr?« – »Nicht die geringste, Bürger.« – »Um so besser.« – G. Duval, Souvenirs IV, 350.

70 d'Héricault, La révolution de Thermidor, Robespierre et le comité de salut public en l'an II. Paris 1876, 263.

71 Aulard, Jac. V, 2.

72 Nach dem Attentat, wenn man das Auftreten eines imbezillen kleinen Mädchens, der Cécile Renaud, die mit zwei Taschenmessern bewaffnet in Robespierres Wohnung kam, um zu sehen, wie ein Tyrann ausschaue, so nennen darf, schlug Robespierres Intimus Legendre am 25. Mai 1794 im Klub vor, man solle die Abgeordneten nicht mehr allein lassen, »dont l'existence est très utile à la République«. Dagegen sprach vielleicht nicht ohne Auftrag Robespierres Couthon, »nur Despoten wollten eine Schutzgarde haben und sie seien nicht geschaffen, jenen gleichgestellt zu werden. Es hieße ihre Freunde, das Volk und die Vorsehung beleidigen, wenn man glaubte, man könne sichere Wächter haben.« Erschreckt zieht Legendre seinen Vorschlag zurück. Dann ergreift Robespierre das Wort und erklärt, er sei persönlich an den Vorgängen am wenigsten interessiert. Nur ihre öffentliche Bedeutung wolle er streifen. Nach einigem versteckten Selbstlob greift er Rousselin an, der den hinterlistigen Vorschlag gemacht habe, man solle im Tempel der Vernunft dem Höchsten Wesen einen Dankgottesdienst abhalten. »Il fait voir que cette mesure est très dangereuse parce qu'elle amène aux anciennes cérémonies religieuses.« Solche Ablehnungen finden sich nicht selten bei Robespierre. Sie sind Aufmunterungen und gleichzeitig eklatante Beweismittel seiner Bescheidenheit. Aulard, Jac. VI, 146 ff.

73 Von Torquemada, dem spanischen Großinquisitor erzählt Sabatini in: Torquemada, London 1905, 378: »That he went in dread of attack is evinced not only by the fact that he was never seen abroad without his numerous escort of armed familiars ... but he never sat down to dine without a horn of unicorn upon his table as a charm against poison.«

74 Robespierre pflegte andern vorzuwerfen, sie stellten sich krank, um ungehindert intrigieren zu können. So brach er am 5. April 1794 gegen Dufourny los: »Du hast eine Krankheit simuliert, um Deine nächtlichen Schritte zu verbergen. Fabre d'Eglantine und Danton haben es ebenso gemacht; sie glaubten uns die Augen zu verschließen, wenn sie von ihrer schwachen Gesundheit sprachen. Es gibt keinen übelwollenden Menschen, der sich nicht irgendeinen physischen oder geistigen Defekt zugeschrieben hätte, um diese Entschuldigung für seine Sünden zu haben. Voilà ton portrait.« Aulard, Jac. VI, 51.

Wieder müssen wir einen Cäsar zum Vergleich heranziehen: »Er stellte sich krank, damit Germanicus desto gelassener eine baldige Nachfolge oder jedenfalls eine sofortige Mitregentschaft erwarten möchte.« Sueton, Tiberius Nero Cäsar, 25.

75 Im Salon von 1791 hing ein Ölbild Robespierres von Mme. Guiard, mit der Aufschrift: l'incorruptible. Ein Kritiker bemerkt: »Die guten Patrioten spendeten mit ganzem Herzen der Inschrift Beifall... Im Britischen Museum befindet sich ein höchst seltsamer, unnatürlich geschraubter galant-sein-sollender Brief vom 13. Februar 1791, in dem Robespierre der Malerin ankündigt, daß er ihr sitzen wolle... Im gleichen Salon hing noch ein anderes Bild Robespierres von Boze, das die Kritiker schlecht fanden. Einer riet ironisch oder im Ernst, Robespierre solle sich beim Gemaltwerden lieber an die Frauen halten, die ihn besser behandelten.« Bouffenoir 10.

76 Am 10. Mai 1793, also noch vor seinem offiziellen Eintritt in das Wohlfahrtskomitee stellt Robespierre im Klub die Forderung auf: »Il faut que l'autorité exécutive soit placée dans des mains populaires et incorruptibles, qui placent leur bonheur dans le bonheur général.« Aulard, Jac. V, 185; siehe auch 12. Juni 1793, Aulard V, 252.

77 Über Nikias: »Erstens war er allen Bestechungsversuchen vollkommen unzugänglich, eine so seltene Eigenschaft, daß ein Mann, der diese offenkundig besaß, hierdurch eine weit höhere Vertrauensstellung erwarb als ihm die größte geistige Überlegenheit hätte verleihen können.« G. Grote, Geschichte Griechenlands. Berlin 1882, III, 532.

78 Saint-Just hat diese Kinderlosigkeit den Gegenrevolutionären bitter vorgeworfen. »Tous ces oisifs n'ont pas d'enfants; ils ont des valets qui ne se marient pas.« Oeuvres complètes, ed. Charles Vellay, Paris 1902, II, 269. Er selbst hatte keine Kinder und hatte sich bei andern über solchen Widerspruch mit einer scharfen Antithese gewundert: »Ainsi les consuls Papius et Poppaeus, tous les deux célibataires, firent des lois contre le célibat.« Rede vom 10. Oktober 1793, Oeuvres II, 79.

79 Es hat nicht an Zweifeln ob seiner völligen Unbestechlichkeit gefehlt, obwohl keine wirkliche Tatsache hat vorgebracht werden können. So berichtet d'Héricault (262) Tachereau-Fargue, der Robespierre sehr genau gekannt habe, beschuldige ihn kaufmännischer Spekulationen. Er nennt als einzigen Beweis die Druckerei, die Nicolas auf seine Veranlassung aufgemacht hatte und die er derart protegierte, daß sie jährlich 60 000 Livres einbrachte, die zwischen Maximilien, Nicolas, Duplay und zwei andern geteilt wurden.

Auf diesen Nicolas bezieht sich eine Bemerkung, die im Jakobinerklub kurz nach dem 9. Thermidor fiel: »Ein Mitglied erklärt, zwei gute Patrioten seien gleichzeitig aus dem Klub ausgeschlossen und verhaftet worden. Der eine ist Dufourny, wohlbekannt durch seine republikanische Gesinnung, der andere ist Lavaux, der das Unglück hatte, eine Zeitung herauszugeben, in der er durch seine wohlüberlegten Betrachtungen mehr Geist entwickelte als Maximilien; außerdem hatte er eine Druckerei aufgemacht, die der des Herrn Nicolas zu nahe lag, eines andern Schergen und Dieners des Tyrannen.« Jakobinerklub 31. Juli 1794, Aulard, Jac. VI, 303.

80 Rousseau hat in einer berühmten Stelle (Confessions, IV) gestanden, er habe nie kleine Ladenmädchen, Zimmermädchen usw. lieben können, sondern nur feine Damen. »Il me fallait des demoiselles.« Ein schönes Kleid, hübsche Schuhe, Bänder, Spitzen, gut frisierte Haare, alles das habe ihn gereizt... »Je préférerais toujours la moins jolie, ayant plus de tout cela. Je trouve moi-même cette préférence très ridicule, mais mon coeur la donne malgré moi.«

In dieser Liebe zur Eleganz steckt ein starker Bestandteil psychischen Masochismus. Überwältigung, zum mindesten durch äußere Formen, durch Überlegenheit von Schmuckobjekten wird aufgesucht.

81 Emile, V.

82 Michelet (Les femmes II, 116) erzählt die anecdote d'un artiste illustre, véridique, admirateur de Robespierre, der sie von Alexander von Lameth gehört hatte: Eines Abends wollte Robespierre nach Schluß eines Diners nach Hause gehen. Er bemerkte, daß er seine Börse zu Hause gelassen hatte, und lieh sich deshalb 6 Francs mit dem Bemerken, auf dem Rückweg wolle er noch zu einem Mädchen gehen. »Cela vaut mieux que de séduire les femmes de ses amis.« Wahrscheinlich ist dieser künstliche Zynismus der überempfindlichen Timidität Robespierres sehr schwer gefallen. Ich möchte mit Bestimmtheit annehmen, daß der ganze Vorgang wohlüberlegt und arrangiert war, um einen Don Juan simulieren zu können.

83 Bouffenoir, 148.

84 Bouffenoir, 8.

85 Über diese Frau s. meine Abhandlung »Die revolutionäre Frau« in: Schweizerische Zeitschrift für Strafrecht 1923, 31/32.

86 Neuvéglise meint, Robespierre sei nur enthaltsam gewesen aus Furcht vor der Lungenschwindsucht, die in der Familie erblich war. Eine besondere Art der Galanterie auf dem Höhepunkt der Macht habe darin bestanden, Frauen ins Gefängnis werfen zu lassen und dann ihnen persönlich mitzuteilen, daß sie entlassen seien (63).

87 Neuvéglise, 208.

88 Einen davon habe ich näher untersucht in meinem Aufsatz »Saint-Just, ein Beitrag zur Kenntnis des kriminellen Utopisten« in: Schweizerische Zeitschrift für Strafrecht 1920, der hier erneut vorgelegt wird, s. S. 101 passim.

89 »Torquemada himself a man of the most rigid chastity must have been moved by anger by the unchastity so prevalent among clergy.« Sabatini, 169.

90 Chaumette ist stets für mittelmäßig gehalten worden. Dutard, der ein ausgezeichneter Menschenkenner war, beurteilt ihn recht günstig. (Rapport vom 7. Juni 1793, Schmidt II, 11.) »Chaumette, der wirklich ein Revolutionär, der Mann des Volkes ist, der nur das Volk studiert und sonst nichts weiter, fühlte sehr wohl die Wahrheit dessen, was ich sage (Dutard hatte von der Macht der Religion gesprochen). Er wollte alle Kirchenfeste in Feste der Freiheit, der Gleichheit, der Einigkeit usw. umwandeln. Er wollte auch, es solle Schaustücke und Lustspiele auf dem ganzen Erdenrund geben, die das Volk ansehen und die Reichen bezahlen sollten. Castigat ridendo mores. Chaumette wollte mit einem Wort eine Religion etablieren, deren Grundlage völlig auf dem Evangelium ruhen sollte, er hätte als ihr Erfinder gegolten und in einiger Zeit hätte man ihn verehrt, wie der Mohammedaner Mohammed anbetet.«

Rapport vom 12. Juni 1793: »M. Chaumette porte son ambition à devenir chef de faction. Il n'a pas encore tous les talents requis, mais il a du caractère ... ce petit bonhomme là ne manque pas de talent ... du moins il s'entend bien en révolution.« Schmidt II, 25/26.

Jetzt erst können wir den Haß Robespierres gegen den Stifter einer Konkurrenzreligion verstehen.

Ein besonders kennzeichnendes Beispiel zur Moralsucht des sexuell »Vermanschten« gibt die folgende Rede Couthons: »Der Klub muß die der öffentlichen Verachtung ausliefern, die den Atheismus aufbringen wollen, die, welche nicht die Tugend praktizieren und ohne Moral leben. Im ancien régime sah man, wie Eheleute sich trennten und gesondert lebten. Heute sind es nicht mehr die Großen, die sich so benehmen, sondern die Hochgekommenen. Sowie die, welche früher friedlich und tugendhaft im Schoße ihrer Familie lebten, einen Platz ergattert haben, verlassen sie ihre Frauen, verachten sie die Liebkosungen ihrer Kinder und geben sich dem Lotterleben mit Frauen hin, die ihr Geschlecht schänden. ›Des immoralités aussi abominables ne peuvent pas être tolérées.‹ Mit Energie müssen sich die guten Bürger gegen die erheben, die sich dem hingeben. Der Jakobinerklub muß sie der Verachtung der anständigen Menschen ausliefern.« Jac. Cl. 15. Mai 1794, Aulard, Jac. VI, 134. Noch bezeichnender ist das Wort aus einer Rede Julliens, vorgelesen am 16. Mai 1794: »Tout ce qui est corrompu est contre-révolutionnaire.« Aulard, Jac. VI, 136.

91 Stéfane Pol, 126 ff.

92 »Les honneurs et la confiance aveugle que s'accordent les magistrats entre eux sont une tyrannie. Nul individu ne doit être vertueux ni célèbre devant vous, car un peuple libre et une assemblée nationale ne sont point fait pour admirer personne ... Le bonheur public est la mesure des réputations.« Saint-Just, Rede vom 8. Juli 1793, Oeuvres II, 20.

Wieder drängt sich die Ähnlichkeit mit Nero auf: »Und um das Andenken und die Spur jedes andern Siegers in den heiligen Spielen vor ihm überall zu vernichten, gab er Befehl, die Statuen und ihre Porträtbildnisse samt und sonders umzustürzen und mit Haken in die Latrinen zu schleifen.« Sueton, Nero Claudius Cäsar, 24.

Sofort nach der Verhaftung Héberts und seiner Mitschuldigen tauchen Gerüchte auf, Marat sei auch ein Cordelier gewesen. Sie haben zu viel Ähnlichkeit mit Robespierres Gedankengängen, um nicht sehr wahrscheinlich von ihm inspiriert zu sein. In allen Agentenberichten finden sich diese Gerüchte (besonders deutlich im Bericht vom 26. März 1794, Schmidt II, 192). »In den Cafés, bei den Restaurateuren und in den Gruppen geht das Gerücht um, Marat sei kein so guter Patriot gewesen, wie das Volk es geglaubt habe und noch jetzt glaube. Man habe entdeckt, er sei in die letzte Verschwörung verwickelt. Seine Frau sei sogar festgenommen. Man bemerkt dazu, man hätte ihn nicht so sehr mit Ehren überschütten und ihm so viele Altäre aufrichten sollen. Das wäre auch nicht mit dem Prinzip der Gleichheit zu vereinigen. Man verlangte sogar, diese Altäre sollten umgestürzt werden. Überhaupt sei es mißlich, scheinbar großen Männern Ehren unmittelbar nach ihrem Tode zu erweisen.« Die Agenten erzählen selbst, wie sie bisweilen in die Diskussion der Gruppen eingegriffen und die Meinung der Regierung vertreten haben. Im Café Flora an der Porte St. Denis äußerte man: Man wird Marat aus dem Pantheon als Ausländer entfernen. Ein Mann aus dem Volk fügte hinzu: Es steht zu hoffen, daß man auch Le Pelletier als früheren Adligen hinaustun wird. Schmidt II, 193.

93 Courtois hat eine unvollendete Rede Robespierres gegen Fabre d'Eglantine und seine Genossen in den Papieren gefunden und herausgegeben. (Courtois, Stück LII.) Robespierre gibt in diesen Vorwürfen eine Selbstcharakteristik von treffendster Gedrungenheit. Ich greife nur einige Stellen heraus.

»Personne ne connait mieux l'art de faire concourir à l'exécution de son plan l'intrigue, la force et la faiblesse, l'activité et la paresse, l'apathie et l'inquiétude, le courage et la peur, le vice et la vertu.

Personne ne connait mieux l'art de donner aux autres ses propres idées et ses propres sentiments, à leur insu, de jeter d'avance dans les esprits et comme sans dessein des idées dont il reservait l'application à un autre temps et qui semblaient d'elles mêmes à d'autres circonstances qu'il avait préparées; de manière que c'étaient les faits, la raison et non lui qui semblaient persuader ceux qu'il voulait tromper, le patriote faible et fier de ses talents ...

Il avait comme principe que la peur est un des plus grands mobiles des actions des hommes ...«

94 S. dazu den Rapport von Fabre d'Eglantine über den Kalender vom 6. Oktober 1793. Buchez und Roux, Hist. Parl. XXI, 423, 439.

95 »Was erwartet Ihr denn von diesen Offizieren? Wenn sie keine Autorität, keinen Einfluß haben, können sie ihre Aufgabe nicht durchführen; wenn sie aber Autorität haben, werden sie sie zu nichts anderm verwenden, als dazu, ihre Grundsätze und ihre Partei triumphieren zu lassen.« Hamel I, 469.

Rousseau hat dieses Mißtrauen des infantilen Gehirns sehr treffend gezeichnet, wenn er von den Kindern sagt: »Ne pouvant tout, ils croient ne rien pouvoir; tant d'obstacles inaccoutumés les rebutent, tant de mépris les avilissent. Ils deviennent lâches, craintifs, rampants et retombent autant au dessous d'eux-mêmes qu'ils s'étaient élevés au dessus.« Emile, II.

96 »Augustin wäre ein ausgezeichneter General gewesen ... Mein älterer Bruder, in seinem Büro schreibend oder auf der Tribüne redend, machte alle Throne Europas zittern; aber hier lagen auch die Grenzen seiner Wirkung. Nur schwer hätte er sich entschließen können, den Harnisch anzulegen und mit dem Schwert in der Hand loszugehen, oder ein Gewehr in der Hand in die Straße niederzusteigen.« Charlotte Robespierre, Mémoiren 58.

97 »Aber Cicero pflegte nicht bloß sich vor dem Anblick der Waffen zu entsetzen; allemal betrat er mit Furcht und Beklemmung die Rednerbühne, ja bei vielen öffentlichen Reden hörte er kaum auf zu zittern und zu beben, bis er durch den Vortrag selbst ins Feuer gekommen war.« Plutarch, M. Tullius Cicero, 35. Diese Furcht vor dem Auditorium hat in der Konstituante Robespierre selbst Dumont gestanden.

98 Saint-Just war kein Antimilitarist, darum dürfen wir in den folgenden Worten Robespierres Diktat vermuten: »Man hätte ganz Europa den Krieg erklärt, wie man es seitdem getan hat, um die Aufmerksamkeit der Geister nach außen abzuziehen, um die Zahl der guten Bürger zu vermindern, um die erste Verfassung zu widerrufen, und alles aus dem Wunsch nach einer starken Regierung, nachdem man sich ganz Europa auf den Hals geladen hätte.« ... Und er fährt später fort ... »Brissot, der letzten Sommer das vereinigte Europa nicht fürchtete, und der zum Kriege hetzte, den Geist der Revolution zu zerstreuen und die Monarchie zu stärken ...« Saint-Just, Oeuvres II, 12./13. Rede vom 8. Juli 1793.

99 In dem Rapport »sur la conjuration ourdie pour obtenir un changement de dynastie; et contre Fabre d'Eglantine. Danton, Philippeaux, Lacroix et Camille Desmoulins« vom 31. März 1794, greift Saint-Just Danton mit den Worten an: »Bei Deiner Rückkehr aus Belgien provoziertest Du die Massenerhebung der Patrioten von Paris, um an die Grenze zu gehen. Wenn das damals gewesen wäre, wer hätte der Aristokratie Widerstand geleistet, die mehrere Putsche versucht hatte? Brissot wünschte nichts Besseres. Und die ins Feld geschickten Patrioten, wären sie nicht

geopfert worden? So fand sich der Wunsch aller Tyrannen des Erdkreises erfüllt, zur Zerstörung von Paris und zum Sturz der Feiheit.« Oeuvres II, 320.

Die ganze Rede ist nach einem Entwurf von Robespierre gearbeitet, dessen Manuskript im Besitz von Victorien Sardou war. Nach einem nahezu unbekannten Abdruck aus dem Jahre 1841 hat Bouffenoir (158 ff.) den Entwurf veröffentlicht. Danach hatte Robespierre folgende giftige Spitze gegen Danton vorgeschlagen: »Lorsque quelque trahison nouvelle dans l'armée donnait aux patriotes le prétexte de provoquer quelques mesures rigoureuses contre les conspirateurs du dedans, et contre les traîtres de la Convention, il avait soin de les faire oublier ou de les altérer, en tournant exclusivement l'attention de l'assemblée vers de nouvelles levées d'hommes.«

Was Robespierre, der Antimilitarist, Danton vorwarf, war also nichts anderes als die Rettung Frankreichs vor dem Ansturm Europas, die Organisierung des Sieges, der einzig und allein auch die Revolution in ihren großen, starken Grundgedanken gerettet hat.

100 »Un jeune homme de ses amis qu'il aimait beaucoup.« Charlotte, Mémoires 64. Diese Persönlichkeit ist offenbar Pierre Villiers gewesen, der es bis zum Dragoner-Rittmeister brachte und der in seinem bereits genannten Buch über sein Verhältnis zu Robespierre mit wenigen Worten hinwegging. Das Buch, das sehr selten geworden ist, enthält eine Anzahl zweifelhafter Anekdoten. Auf den Seiten 63 und 154 behandeln seine Geschichten eine konträre Anlage.

101 »Il aimait beaucoup les enfants, et comblait de caresses ceux de M. de Broc, chaque fois qu'il les rencontrait.« Nach einer Erzählung des Arztes Souberbielle, erwähnt von Bouffenoir, 183.

102 Stéfane Pol, 107.

103 ... »et Pétion qui briguait l'honneur d'élever le fils d'un tyran« ... Saint-Just, Rede vom 8. Juli 1793. War das der tiefere Grund des Zerwürfnisses zwischen Robespierre und Pétion?

104 Über die Verbreitung der Homosexualität klagen Agentenberichte nach dem 9. Thermidor: Oktober 1798, »Depuis quelque temps une sorte de libertinage plus infame se propage; les rapports des agents de police sur la pédérastie sont d'une fréquence alarmante.« Schmidt III, 337.

105 Rousseau, Confessions, IV.: »Il poussait jusqu'à la coquetterie le soin de son ajustement.«

106 Robespierres Mundform ähnelte der einer alten Frau, der die Zähne fehlen (s. das Bild von Greuze, Bouffenoir, Planche 5). War es Polydipsie, die ihn Apfelsinen in Unmengen essen ließ? Lag seiner eleganten Perücke Hypotrichose zugrunde, war sein überstürztes Spazierenlaufen ein dromomanisches Symptom?

107 »Il écrivait très vite, correctement, et j'ai copié de ses plus longs discours qui n'avaient pas six ratures.«

108 Aus einer Rede Couthons vom 21. Juli 1794 im Jakobinerklub, »... quand ils disent que Robespierre était usé ils disaient que j'étais paralysé.« Aulard, Jac. VI, 235.

Robespierre selbst kokettiert mit dem Nachlassen seiner Kräfte: »Quant à moi, je déclare que je reconnais mon insuffisance. Je n'ai plus la vigueur nécessaire pour combattre les intrigues de l'aristocratie. Epuisé par quatre années de travaux pénibles et infructueux, je sens que mes facultés physiques et morales ne sont point au niveau d'une grande révolution et je déclare que je donnerai ma démission. (Plusieurs voix s'écrient: Non, Non!) Jakobinerklub vom 12. Juni 1793. Aulard, Jac. V., 252.

109 Vilate, Causes secrètes de la révolution du 9 au 10 Thermidor. Paris III, 13.

110 Im Klub wurden ihr auch bisweilen tribadische Praktiken vorgeworfen.

111 »Dieser Dummkopf Hébert«, fügte Robespierre dazu, »nicht genug, daß sie wirklich eine Messalina ist, er muß noch eine Agrippina daraus machen und ihr noch zu diesem Trumpf verhelfen.«

112 Carnot, Mémoires II, 525.

113 Ein feinfühliger Historiker wie Michelet hat diese Umwandlung gespürt: »Si j'en crois aux différences qu'on trouve entre ses portraits, son tempérament dut subir alors une assez grande altération. Sa figure jusque là encore assez jeune et douce, semble avoir séché. Une concentration extrême, une sorte de contraction en devint le caractère.« Bouffenoir 14. Zweifellos hat Robespierre grimassiert.

114 Robespierre am 29. März 1793 bei den Jakobinern: »Je suis incapable de prescrire au peuple les moyens de se sauver. Cela n'est pas donné à un seul homme. Cela n'est pas donné à moi, qui suis épuisé par 4 ans de révolution et par le spectacle déchirant du triomphe de la tyrannie et de tout ce qu'il y a de plus vil et de plus corrompu; à moi qui suis consommé par une fièvre lente, et surtout par la fièvre du patriotisme.« Hamel II, 712.

115 Angriffe auf Robespierre wegen seines Aufenthalts bei den Duplays finden sich bisweilen: »Anthoine wollte die Tribüne ersteigen, um sich zu rechtfertigen, als Bourdon ihm zuvorkommt und gegen ihn eine neue Anklage schleudert: Anthoine, sagt er, ich klage Dich an, mir gegenüber Robespierre wie den Tartuffe von Molière dargestellt zu haben, weil er sich in ein anständiges Haus eingeschlichen hat, in das Haus der Duplays, um dort auf Kosten der Familie zu leben. Ich klage Dich an, Robespierre gezeichnet zu haben, wie einen Mann, der das Haus dieses Bürgers ruiniert und den Töchtern und dem Sohne Duplay das Leben schwer macht.

Diese Darstellung Robespierres von seiten Anthoines hat mich um so mehr überrascht, als Anthoine der Zutritt in die Häuslichkeit der Familie Duplay gestattet war. Ich finde sein Vorgehen unanständig.« Jakobinerklub, 14. Dezember 1792. Aulard, Jac. IV, 585.

116 365.

117 Arch. Nat. F. 7. 4437.

118 »Er konnte niemals etwas ablehnen aus Furcht, den andern zu verletzen«, sagt Charlotte von ihm. Mémoiren 74.

119 »In der Öffentlichkeit gibt es drei Formen der Beurteilung Robespierres. Die einen halten ihn für geisteskrank, die andern schreiben sein Verhalten gekränkter Eitelkeit zu, eine dritte Meinung glaubt, er sei durch die Zivilliste in Tätigkeit gesetzt.« Brissot im Courrier Français vom 25. April 1792.

120 Nach seiner Verletzung scheint Robespierre allerdings eigenartige psychische Bilder dargeboten zu haben. Aber war es der Blutverlust nicht eher, als der offene Ausbruch der Psychose durch das Trauma? »... Die Zeitgenossen waren betroffen durch das, was an Wildem, beinahe Tierischem in den Blicken und in dem ganzen Verhalten Robespierres von dem Augenblick an sich zeigte, als er verwundet war. Ich vermöchte diese Handlungen kaum zu erklären, wenn ich nicht annähme, daß er durch die Verletzung den Verstand verloren hatte, daß er zerschmettert, vernichtet war, und daß allein der tierische Instinkt in ihm überlebte. Man zeigt ihn uns, wie er die zu beißen sucht, die sich ihm nähern; wie er stumpfe oder finstere Blicke denen zuwirft, die ihn umgeben, wie er ihren Bewegungen mit einem idiotisch neugierigen Blick folgt, nach denen mit den Füßen stößt, die ihn transportieren, sich plötzlich von dem Tisch erhebt und sich triumphierend auf einen Stuhl setzt. Ich lege jeder einzelnen von diesen Anekdoten nicht zu viel Gewicht bei, aber die Summe dieser Erzählungen hat mich betroffen gemacht und noch einmal ... ich habe mir Robespierre am 10. Thermidor nur erklären können, indem ich in ihm ein Wesen erblickte, das durch einen plötzlichen und unerwarteten Schock irrsinnig geworden war.« d'Héricault 503.

121 Hamel I, 209.

122 »Il affecte pour les femmes le même mépris que pour les richesses; parlant toujours de moeurs et de vertus il se pique de donner l'exemple de la chasteté; on ne lui connait ni femme ni maîtresse.« Mémoires et correspondance de Mallet du Pan. Hrsg. von A. Sayous. Paris 1851, II, 42.

123 »Robespierre avait la terreur des femmes.« A. Houssaye, Notre-Dame de Thermidor. Paris 1895, 173.

124 Hébert griff am 21. November 1793 Robespierre im Klub an. Er habe ihn im Konvent verklagt, weil er die Schauspielerin Montansier habe festnehmen lassen.

Robespierre antwortet: »Hébert hat, diktiert von der Partei, von der ich eben sprach, zwei oder drei unverschämte Lügen von sich gegeben ... Ich hätte vorgehabt, nach der Festnahme der Montansier Pache, Hébert und die Kommune zu denunzieren. Offenbar sollte ich ein lebhaftes Interesse an dieser Heroine der Revolution nehmen. Ich, der ich die Verhaftung des ganzen Théatre français veranlaßt habe, ohne Rücksicht auf die hochwohlgeborenen Damen, die seine Zierde waren. Ich, der ich in so vielen verführerischen Bittstellerinnen nur Geliebte der Aristokratie und die ganz gemeinen Komödiantinnen des Königs erblickt habe ...«. Aulard, Jac. V, 530.

125 Louvet hat bei seinem großen Angriff (Mémoires, 335) Robespierres Koketterie sehr lebendig geschildert: »Während deine Zunge ruhte, führtest du mit deinem Körper die Schauspielerei weiter. Selbst wenn du weder Vorsitzender noch Schriftführer warst, bliebst du in Evidenz am Vorstandstisch sitzen. Du bliebst wohlgefällig der Betrachtung deines Volkes ausgesetzt. Da machtest du tausenderlei Bewegungen, die man in der offenen Sprache der Republikaner Verrenkungen und Grimassen nennen muß, die ein ängstliches Gemüt als Mienen qualifiziert hätte, aber die deine Bewunderer gewißlich deine Grazie nannten. Von dort durchliefen deine stets mobilen Augen die Weite des Saales. Von dort ermuntertest du die deinen mit einem wohlwollenden Blick, bestraftest die unsern mit einem Blick voll Wut. Von dort fordertest du die Aufmerksamkeit, die Hilfe und die Huldigungen der Tribünen. Von da belohntest du mit einem Blick deine Devoten und deine Anbeterinnen, ›d'un coup de lorgnette‹.«

126 Chronique de Paris, 9. November 1792.

127 »Les hommes publiques ne se raccommodent qu'au dépens du peuple, et parcequ'ils se craignent.« Saint-Just, Rede vom 8. Juli 1793, Oeuvres II, 16.

128 »Mein Bruder, der ihn für aufrichtig hielt, hatte ihm seine Freundschaft und seine Achtung geschenkt; er sprach von ihm nur wie von einem Demokraten reinsten Wassers und stellte ihn mir selbst vor, indem er ihn lobte und mich bat, ihm meine Achtung zu schenken. Fouché war nicht schön; aber sein Geist war charmant und er war ungewöhnlich liebenswürdig; Fouché sprach von Heiratsabsichten zu mir.« Charlotte, Mémoires, 107.

129 »In Wirklichkeit ist Herman ein guter Kerl: er hatte das Pech, in Arras als Dienstmädchen ein armes Bauernmädchen von 25 Jahren auszusuchen, Prudence Foucquart, ein ganz ungebildetes Mädchen ... Als sie nach einigen Monaten Mutter wurde, heiratete Herman, sehr ritterlich, das Mädchen ... Er hat Neigung zur Frugalität, liebt Bücher und Blumen und ist stolz auf eine melancholische Empfindsamkeit, auf völligen Mangel an Ehrgeiz, aber auch auf sein unerschütterliches Festhalten an dem, was er

für seine Pflicht ansieht. Au total un homme doux et terrible.« Lenôtre, Le tribunal révolutionnaire, Paris 1910, 125.

130 »An Mirabeau hängte er sich besonders an ... Er bemühte sich, in der Konstituante einen Platz neben Mirabeau einzunehmen. Er folgte ihm auf der Straße. Bei der Promenade war er in Mirabeaus Gefolge; er brachte Mirabeau nach Hause.« Neuvéglise, 102.

131 Mirabeau hatte am 1. März 1792 vorgeschlagen, man solle fünf Abgeordneten-Tagesgelder an 1 200 arme Familien abgeben. Dagegen erhob sich Robespierre aus Prinzip. »Toute motion«, sagte er, »tendant à détourner de sa destination le salaire des représentants de la nation est l'anéantissement d'un des principes protecteurs de la liberté publique.« Louis Barthou, Mirabeau, Stuttgart 1913, 374.

132 Aulard, Les orateurs de la législative. Paris, II, 885, 51.

133 Nach Mercier schrie damals das Volk überall: Vive Pétion! Pétion ou la mort! Die gleichen Worte las man an allen Straßenecken und auf allen Hüten ... Am 4. Juli 1792 wurde Pétion eine Adresse überreicht, in der sich folgende anhimmelnden Worte finden: Vertueux Pétion, magistrat fidèle d'un peuple libre ... Le peuple aussi a sa liste civile; il ne paye pas d'avance, mais il paye noblement (mit Hinrichtung. H.). Son attachement, son amour et sa confiance que l'intrigue ne parviendra point à affaiblir, voilà l'or que la plus nombreuse section de Paris nous charge de t'offrir ... Reçois le baiser de fraternité que vingtcinq mille bons citoyens me chargent de te donner, ce baiser veut dire: Nous vivrons libres avec toi, ou nous périrons ensemble.« Aulard, Jac. IV, 67.

134 Bericht des Polizeiagenten Rousseville vom 8. September 1793: »Entzücken des Volkes, verursacht durch die Verhaftung Pétions, seine Überführung in die Abbaye und seine bevorstehende Aburteilung.« Schmidt, Tabl. II, 114.

135 In seinem Urteil war er etwas reichlich schwankend. Am 5. März 1792 äußerte er: »M. Robespierre fut sublime.« In seinen Memoiren war er anderer Ansicht: »Robespierre n'a pas une idée dans la tête.« Siehe Aulard, Orat. Legis. I, 538.

136 Louvet, Mémoires, 153.

137 Von Pétion berichtet Louvet die interessante Tatsache, er habe vor dem 40. Lebensjahr schon weiße Haare und einen weißen Bart gehabt. Mémoires, 187.

Rede Robespierre vom 9. Juli 1794: »Vergeblich preist mir Pétion seine Tugenden und breitet das Bild seines Privatlebens vor mir aus; ohne diese langweilige Analogie näher zu untersuchen, ebenso wenig wie die skandalöse Geschichte des Privatlebens eines Barbaroux, verlange ich von einem jeden Menschen, mir die Frage zu beantworten: Was hast Du für das Glück des Volkes getan? ...«. Aulard, VI, 211.

138 Nach Dulaure d'Héricault, 90.

139 Attest vom 30. Sept. 1791. Arch. Nat. T. 566, 2 cote 26. Der Patient hat erzählt: »Que dès sa tendre jeunesse on l'avait laissé s'abandonner aux plaisirs solitaires et que cette malheureuse habitude n'a cessé, vers l'âge de puberté que pour être remplacée par un usage inconsidéré de plaisirs plus conformes aux voeux de la nature, mais dont l'excès n'est pas moins nuisible.« Aulard, Orat. Legisl. II, 428.

140 Wie Saint-Just war Couthon Sittlichkeitsfanatiker. In seiner Korrespondenz finden sich unglaubliche Ausfälle gegen die schlechten Sitten und besonders gegen die Gottlosen, die im Konkubinat leben. »Unbedingt«, schreibt er am 19. Floréal II, »müssen diese häuslichen Verbrechen vom Erdboden verschwinden, genau wie die öffentlichen Verbrechen.« Aulard, Orat. Legisl. II, 438.

141 Couthon stellte die entscheidenden Anträge am Sonntag, den 2. Juni 1793. Seit dem 29. Mai ließ sich Robespierre nicht mehr im Klub sehen. Erst am 3. Juni erscheint er wieder und er erklärt, er wolle: »peindre d'une manière noble et énergique tout ce qui s'est passé depuis quatre jours.«

142 Robespierre am 13. März 1793 im Klub: ... »Wir werden zu sterben verstehen, wir werden allesamt sterben.« (Mehrere Stimmen wiederholen: Alle, alle.)

Marat: »Ich billige nicht die Befürchtungen eines Abgeordneten des Volkes, den die Angst zu einem patriotischen Delir hinreißt. Nein, wir werden durchaus nicht sterben. Unseren Feinden werden wir den Tod geben, wir werden sie zerschmettern.« (Beifall.) Aulard, Jac. V, 89.

143 Am 23. Dezember 1792 beantragt Robert im Klub: »Es ist erstaunlich, daß man immer die Namen Marat und Robespierre zusammenwirft. Schreiben wir den Tochtergesellschaften, was wir über die beiden Männer denken.« Bourdon beantragt den Ausschluß Marats: Einiger Beifall, heftiges Murren, heftige Bewegung auf den Tribünen. Der Ausschließungsantrag wird abgelehnt, dagegen die Zuschrift an die Provinzklubs beschlossen. »Qu'ils apprennent enfin à séparer deux noms qu'à tort ils croient devoir éternellement unis.« Aulard, Jac. IV, 613–615.

144 Im April 1793 findet ein dauerndes Geplänkel zwischen den beiden im Klub statt. Am 26. April hatte Robespierre erklärt, mit bestimmten Ministern dürfe der Klub nicht verkehren. Darauf erwidert Marat:

»Le motif que le préopinant vient d'alléguer me parait frivole, car un patriote pur pourrait communiquer avec le diable.« Aulard, Jac. V, 155.

145 Marat ist ermordet... Großer Tumult im Klub... Hier beginnt der Radau wieder am andern Ende des Saales und unterbricht auf längere Zeit die Versammlung. Die Menge ist sehr groß. Man sieht endlich Le-

gendre aus ihr hervorkommen, er bedroht mit Gesten und Worten mehrere Bürger, die ihn umringen.

Legendre erklärt, er sei von einem Bürger an der Gurgel gepackt worden, der ihn für einen Aristokraten hielt, weil er gesagt habe, es sei unnötig, die Zeitung von Marat weiterzuführen.

Robespierre: »Man verlangt die Ehren des Pantheons. Was sind das für Ehren? Was sind das für Leute, die dort liegen? Außer Le Pelletier sehe ich dort nicht einen tugendhaften Mann. Wird man Marat an die Seite von Mirabeau stellen, dieses Intriganten, dessen politische Mittel stets verbrecherisch waren, dieses Mannes, der keinen andern Ruf als den einer tiefen Verwerflichkeit verdient hat? ›Voilà les honneurs qu'on sollicite pour l'ami du peuple‹.«

Bentabole: »Oui, et qu'il obtiendra malgré les jaloux!« Aulard, Jac. V, 303, Sitzung vom 14. Juli 1793.

146 »Ich wurde in ein Zimmer eingeschlossen. Da ich der Empörung nicht widerstehen konnte, die mich erstickte, öffnete ich das Fenster und stürzte mich auf die Straße. Glücklicherweise lag das Fenster nicht hoch. Aber ich verletzte mich heftig bei dem Sturz. Noch heute sieht man die Narben.« Oeuvres de Marat. Vermorel, Paris 1869, 5/6.

147 »Meine moralische Empfindung war mit acht Jahren voll entwikkelt. In diesem Alter konnte ich es nicht ertragen, wenn jemand schlecht behandelt wurde. Der Anblick einer Grausamkeit erregte meine Empörung, und stets ließ das Schauspiel einer Ungerechtigkeit mein Herz auffahren, ganz wie das Gefühl einer persönlichen Verletzung.« Oeuvres de Marat, 5.

148 »J'étais vierge à vingt et un ans.« Marat in: Oeuvres, 5.

149 Abgedruckt in P. Gaulot, Les grandes journées revolutionnaires, Paris 1897, 60.

150 Der Arzt Levasseur schreibt in seinen Memoiren I, 65: »Als man ihn mir zum ersten Male zeigte, wie er sich mit Heftigkeit auf dem Gipfel des Berges hin- und herbewegte, betrachtete ich ihn mit der unruhigen Neugierde, mit der man gewisse scheußliche Insekten ansieht. Seine Kleider waren in Unordnung, sein Gesicht graublaß, seine Augen eingesunken. An ihm war, ich weiß nicht was, Abstoßendes und Erschreckendes, das die Seele traurig machte. Alle meine Kollegen, mit denen ich befreundet war, urteilten wie ich.«

151 Über ihre Erkrankung läßt der Brief an Barbaroux vom 16. Juli 1793, ihre Vernehmung und ihr Verhalten vor dem Revolutionstribunal keinen Zweifel. Sie schreibt an Barbaroux, sie habe daran gedacht, Robespierre als ihren Verteidiger zu wählen... Sie sei im Gefängnis damit beschäftigt, kleine Lieder zu dichten... Zum »Dank« vermacht sie dem Pflichtverteidiger ihre Gefängnisschulden. Dazwischen aber steht ein großes Wort: »Quel triste peuple pour fonder une république.«

Die ärztliche Untersuchung ergab den Befund virgo intacta.

152 Marats Einbalsamierung ging nur mit Schwierigkeiten vor sich, weil die Leiche sofort in Verwesung übergegangen war.

153 Sind die auffallenden Versuche des Präsidenten des Revolutionstribunals, Charlotte als Geisteskranke hinzustellen, ja durch eine Veränderung der Frageformel an die Geschworenen einen Freispruch zu erzielen, auf Robespierres Einwirkung zurückzuführen?

154 »Ici tout va bien«, steht in dem Brief, den Barbaroux Charlotte Corday mitgibt, »nous ne tarderons pas à être sous les murs de Paris.«

155 »Je suis accablé par une mélancholie qui m'ôte l'usage de mes facultés.« Vatel, Vergniaud, Paris, 873, 1, 22.

156 Für diese krankhafte Gleichgültigkeit der Gefahr gegenüber ist die Geschichte kennzeichnend, die Mallet du Pan (Mém. et Corresp. II, 493) vom Herzog von Biron erzählt, der als Gefangener im Luxembourg saß: Vier andere Gefangene seiner Bekanntschaft machen einen Fluchtplan. Biron stimmt zu, wünscht aber noch einige Änderungen. Als einer seiner Freunde mit der Änderung kam, antwortete Biron, der seine Zeit im Bett mit Bordeaux-Trinken verbrachte, obenhin, er sei nicht mehr mit bei der Partie, und diese Flucht paßte ihm überhaupt nicht. Man fragt nach seinen Gründen. »Mein Gott«, sagte er, »ich bleibe ebenso gern hier. Man muß eine Mauer überklettern, wobei ich mir den Hals brechen werde; ebenso gut kann ich mich ja hinrichten lassen. Aber dann ist die Sache noch nicht zu Ende. Ich muß aus Paris raus, auf dem Lande bleiben, mich verstecken und besorgt sein, daß man mich wieder erwischt; oder ich muß außer Landes gehen und mich von allen denen insultieren lassen, denen ich begegne. Es ist besser, ich lasse mich hinrichten.«

Die Vier ließen ihn und entkamen glücklich.

157 Vergniaud beschuldigt Robespierre, sich am 10. August in einem Keller versteckt zu haben, und so geht es fort.

158 Mémoires II, 323.

159 Nach dem Verlesen des Sitzungsberichtes steigt ein Mitglied auf die Tribüne, den Hut auf dem Kopf. Diese neumodische Art, aufzutreten, erregt Murren. Der Vorsitzende will die Klubregeln durchsetzen, ruft den Redner zur Ordnung und befiehlt ihm, den Hut abzunehmen. Der Redner weigert sich, was viel Unruhe hervorruft. Ein Bürger steigt auf die Tribüne, den Hut auf dem Kopf, um dem Vorredner beizuspringen. Sein Auftreten erregt viel Murren. Sitzung vom 10. Dezember 1792. Aulard, Jac. IV, 569.

160 Dauban hat solche Fälle (Paris en 1794/95, Paris 1869, 411) zusammengestellt, die er aus den Protokollen des Wohlfahrtskomitees entnommen hat. Wenn eine Anzeige von einem Manne kommt, der sich Distriktspräsident nennt, entgegnet Robespierre: »Es gibt keinen Distrikts-

präsidenten.« In einem weiteren Fall fragt der Präsident der Gemeinde Exmes an, ob die Kreuze, die die Frauen an ihrem Halse tragen, das Abzeichen irgendeines Kultes sind. Erregt geht Robespierre nicht auf die Frage ein, die wahrscheinlich sein Frömmlergemüt verletzt hat. Er antwortet. »Es gibt in der Republik keine Gemeindepräsidenten.« Der betreffende Brief ist an den Kommissar der Staatspolizei zurückzugeben, um festzustellen »si c'est un fou ou un fripon«.

161 Er machte einem der Sekretäre Mirabeaus das Geständnis, daß er immer zitterte, wenn er auf die Tribüne stieg, und daß er in dem Augenblick kaum mehr etwas von sich wußte, in dem er zu sprechen begann. Hamel, I, 115.

162 »Bei der ersten Rede, die er vor dem Volk hielt, hatte er freilich das Mißgeschick, daß er durch Lärm und Getümmel unterbrochen und wegen seines ungewöhnlichen Vortrags, der mit verwickelten Perioden und gekünstelten Schlüssen bis zum Ekel überladen schien, ausgelacht wurde. Hierzu kam vermutlich auch die Schwäche der Stimme, die Undeutlichkeit der Zunge und ein gar zu kurzer Atem, der durch Zerreißung der Perioden den Sinn der Rede verwirrte.« Plutarch, Demosthenes VI. Sehr ähnlich muß Robespierres erstes Auftreten gewesen sein. Vgl. Nouvelle Biog. Univ. Paris 1863, Bd. 42, 402.

163 Im April 1792 holt Brissot im Klub zu einem heftigen Angriff aus: »Denn die Tribune, meine Herren, sind eine andere, viel gefährlichere Klasse von Feinden des Volkes. Die Tribune sind die Männer, die dem Volk schmeicheln, um es zu unterjochen; die die Ansichten im Namen der Freiheit tyrannisieren und die Verdacht auf die Tugend werfen, nur weil sie sich nicht erniedrigen will. Denkt daran, wie Phocion und Aristides waren: Sie hielten nicht immer die Tribüne besetzt, aber sie waren auf ihrem Posten im Feldlager und in den Gerichten. Erinnert Euch, daß sie kein Amt ausschlugen, so gering es auch war, wenn nur das Volk es ihnen gab. Sie sprachen niemals von sich, sie sprachen wenig, aber sie handelten viel. Erinnert Euch, daß sie niemals dem Volk Schmeicheleien sagten, aber daß sie es liebten. Erinnert Euch, daß, so gern sie anklagten, sie niemals ohne Beweise anklagten, weil sie gerecht waren und Philosophen dazu ...«

Guadet setzt den Angriff fort: »... Ich schließe, indem ich bemerke, es wäre gut, wenn Ihr Euch vor jenen Demagogen (orateurs impiriques) hütet, die stets die Worte Freiheit, Tyrannei, Verschwörung im Munde führen (Pfui-Rufe von den Tribünen), die stets ihr Selbstlob mit Schmeicheleien gegen das Volk verbinden. Ich verlange, daß der Klub über diese Männer ein vernichtendes Urteil fällt ...

Herr Robespierre hat versprochen, einen Putschplan zu enthüllen, der im Schoße der Nationalversammlung aufgestellt ist. Ich fordere ihn auf, es zu tun. Aber ich klage bei ihm einen Mann an, der ohne Unterlaß seinen persönlichen Ehrgeiz über die Sache des Ganzen stellt, einen Mann, der immer von Patriotismus schwätzt, dabei aber den Posten verlassen hat, auf den er gestellt war. Ich erhebe bei ihm Anklage gegen einen Mann, der, sei es sein Ehrgeiz oder unser Unglück, das Idol des Volkes geworden ist.« – Großer Tumult –

Robespierre antwortet mit einigen geschraubten Redensarten, und schließt: »Die Mitglieder, die vor mir auf der Tribüne gestanden haben, haben die ganze Zeit der Sitzung aufgezehrt. Die Entwicklungen, die ich zu meiner Rechtfertigung werde geben müssen, nehmen mehr Zeit in Anspruch, als uns heute verblieben ist. Ich bitte Sie, Herr Präsident, mir das Wort für die nächste Sitzung zu reservieren.« Jac. Klub, Sitzung vom 26. April 1792. Aulard, Jac. III, 629–632.

164 Legendre beschrieb diese Wirkung nach dem 9. Thermidor mit den Worten: »Vous devez vous rappeler que l'on menaçait ici de la prison quiconque osait s'assoir à côté de quelqu'un que le tyran avait fixé avec ses yeux farouches. Que ce scélérat qui portait sur sa figure un vernis composé de fiel de tyran fixait un patriote, ses regards étaient ceux d'un animal qui tue les hommes de sa vue.« Aulard, Orat. Législ. II, 258.

165 Schon durch die schwache Stimme war Robespierre mehr auf die Wirkung in dem kleineren Klubsaal als im Konventsaal angewiesen.

166 Jac. Klub, Sitzung vom 29. April 1792:
Robespierre steigt auf die Tribüne und verlangt das Wort. Die Gesellschaft geht zur Tagesordnung über. Aulard, Jac. III, 541.

Jac. Klub, Sitzung vom 30. April 1792.

Robespierre: »Ich erkläre, daß ich der Meinung bin, auch der Eifer eines guten Bürgers muß seine Grenzen haben. Aber wenn der Klub beschließt, daß es mir verboten ist, allen den Verleumdern zu antworten, die sich gegen mich verschworen haben, so erkläre ich, daß ich den Klub verlasse, ›pour me renfermer dans la retraite‹.« (Allgemeines Murren. Einige Frauenstimmen von den Tribünen: »Wir werden Dir folgen.«)

Legendre: »Herr Präsident, ich bin gezwungen, das Wort gegen Sie zu verlangen. Ich verlange das Wort gegen den Despotismus des Präsidenten.«

Robespierre verläßt die Tribüne und nähert sich dem Vorstandstisch. Er spricht mit heftigen Handbewegungen zum Präsidenten.

Es herrscht ein langandauernder Tumult. Alles erhebt sich.

Robespierre: »Ich verfüge über keine Zivilliste noch über Ministergehälter.«

Ein Mitglied: »Von der Frauentribüne hat man eben ›Schufte!‹ gerufen.« (Tumult.) Aulard, Jac. III, 545.

167 Aulard, Jac. V, 607.

168 Simon: »Heute ist der Wind umgeschlagen, diese Leute gehen mit uns und übertreffen uns an Vaterlandsliebe. Wenn es nach ihnen ginge, so

sind die Patrioten von 1789, bedeckt von den ehrenvollen Wunden des Neides und den Narben der Verleumdung, nichts als ermüdete und kranke Packesel, die man niederschlagen muß, weil sie den neugeborenen Revolutionären nicht mehr auf der Bahn folgen können.«

Darauf ergreift Jeanbon St. André das Wort: »Unsere größten Feinde stehen nicht draußen. Wir sehen sie vor uns. Sie sind alle Tage mitten unter uns, sie wollen die revolutionären Maßnahmen weiter tragen als wir.« Aulard, V, 625.

169 17. Februar 1794. Die Kommissare, die ernannt worden sind, um sich nach dem Befinden von Robespierre und Couthon zu erkundigen, melden, daß diese beiden Bürger bald wiederhergestellt sein werden.

19. Februar 1794. Der Klub hört mit lebhafter Befriedigung die Nachricht von der Genesung Robespierres und Couthons, die hoffentlich rasche Fortschritte machen wird. Aulard, Jac. V, 658.

170 Am 12. März meldet ein Polizeiagent: »Mehrere Patrioten bemerkten in einer Gruppe, daß, seitdem Robespierre und Couthon nicht mehr zu den Jakobinern gehen, die Aristokraten den Kopf sehr hoch tragen, und daß es Zeit ist, daß diese beiden Bürger wieder erscheinen, um den Feinden der Sans-Culotten eins auf den Kopf zu geben.« Schmidt, Tabl. II, 148.

171 »Hébert hat erklärt, daß der Vorschlag, der noch dazu sehr bedingte Vorschlag eines Putsches, inkonsequent erscheinen könnte, weil in dem Augenblick der Erhebung das Volk mit einem Schlage die Köpfe aller Feinde abschlagen müßte und weil man sie noch nicht alle kenne.« Agentenbericht über eine Sitzung der Cordeliers vom 12. März, Schmidt, II, 147.

172 Sofort schlägt selbst in den Polizeiberichten der Ton, der bisher Hébert nicht ausgesprochen ungünstig war, um: »Seit einiger Zeit«, schreibt ein Bericht vom 13. März, »bemerkt man überall, daß die Aktien von Hébert, Rousin und Vincent sehr in der öffentlichen Meinung gefallen sind.« Schmidt, Tabl. II, 150.

Am Tage vorher hatte es noch anders geklungen:

»Die Anklagen des Klubs und der verschiedenen Sektionen machen das Volk unsicher und es schwankt, welche Ansicht es über diesen oder jenen Patrioten haben soll.« Schmidt, Tabl. II, 148.

173 Starke Worte aus seinem Munde klingen wie entliehen, z. B. sein Ausruf über England: »Qu'on cesse de s'occuper de cette nation misérable. Nous ne pourrions que l'aimer ou la craindre. Dans ce dernier cas il faudrait la replonger dans l'océan.« 30. Jan. 1794. Aulard, Jac. V, 634.

174 Couthon, der das furchtbare Gesetz vom 22. Prairial einbrachte, erklärte am 15. Juli 1793 im Konvent: »Man hat von mir gesagt, von mir, der ich vor Blut zurückschaudere, von mir, der ich beim Anblick einer

Leiche zurückweichen würde, wenn ich Beine hätte, von mir, der ich nicht eine Taube töten könnte ...«

175 Er läßt den Ausdruck gebrauchen, der im Gegensatz zum Incorruptible steht: »Tout ce qui est corrompu est contre-revolutionnaire.« Aus einer Adresse seines Adepten Julien, vorgelesen am 16. Mai 1794. Aulard, Jac. VI, 136.

176 »Der Menschenkenner weiß, daß gewöhnlich wohlerzogene, aber lasterhafte Menschen viel liebenswürdiger sind als Tugendfexe. Da sie immer ein schlechtes Gewissen haben, so nehmen sie gleichsam einen Vorschuß auf die Nachsicht der andern. Sie sind gegen die Fehler ihrer Umgebung tolerant und gelten deshalb für prächtige Menschen. Natürlich gibt es auch unter den Tugendsamen reizende Leute. Aber meist dünkt sich die Tugend an sich schon vollkommen genug und spart jeden Aufwand von Liebenswürdigkeit. Übrigens sind alle tugendhaften Leute – von den Heuchlern spreche ich hier nicht – ein bißchen argwöhnisch. Sie kommen sich auf dem großen Markt des Lebens übervorteilt vor und machen gern spitze Bemerkungen nach der Art unverstandener Seelen.« Balzac, Tante Elisabeth.

177 Einige Proben müssen angeführt werden:

»Da ich immer die Menschheit geliebt und niemand geschmeichelt habe, werde ich die Wahrheit sagen.« 25. Februar 1793. Aulard, Jac. V, 43.

»Auch ich hätte meine Seele gegen den Mammon eintauschen können, aber ich betrachte Reichtum nicht nur nicht als Preis des Verbrechens, sondern als die Strafe des Verbrechens. Ich will arm sein, um nicht unglücklich zu sein.« (Beifall.) 8. Mai 1793. Aulard, Jac. V, 179.

»Die Männer, die das Volk lieben, ohne es auszusprechen und die ohne Unterlaß an seinem Wohle arbeiten, ohne damit groß zu tun, werden sehr erstaunt sein zu hören, daß ihr Werk volksfeindlich ist und daß man es als versteckte Aristokratie bezeichnet.« 28. Juni 1793. Aulard, Jac. V, 273, als Antwort auf eine Petition von Jacques Roux vom 25. Juni 1793 abgedruckt im »Moniteur«, XVI, 747.

»Ich habe keinerlei Grund, die gegenwärtige Legislaturperiode zu verlängern. Wer mich kennt, weiß, daß ich nichts weiter wünsche, als wieder einfacher Bürger zu werden und daß die Last einer fünfjährigen Tätigkeit zu schwer für die Schultern eines Einzelnen ist.« 11. August 1793. Aulard, Jac. V, 343.

»Ich schließe mit einer Glaubenserklärung, aus der man alle meine Handlungen und meine Maximen erklären muß. Wir haben alles getan, dem Vaterlande zu dienen und wir haben es mit einer Hingabe und einer Selbstlosigkeit getan, die man lobenswert nennen kann.« 28. November 1793. Aulard, Jac. V, 537.

In dieser Weise und an unzähligen anderen Stellen exhibiert Robespierre seine Tugend. Er prahlt mit dem, was ihm fehlt. Es gibt aber eine moralische Orthographie, die als pädagogische Lebenseinführung wertvoll und berechtigt, beim erwachsenen Menschen wie etwas Fossiles, ja komisch wirkt.

178 Brief der Femme Chalabre an Robespierre: »Je ne puis résister au sentiment de reconnaissance que m'inspire la vertueuse conduite du fidèle Robespierre, malgré le conseil qu'il nous donne de ne pas trop nous livrer à ces transports. Sa touchante modestie produira l'effet contraire à en juger par moi.« Bucher et Roux, Hist. Parl. XXXV, 380.

179 Hamel, I, 559.

180 Der Zuruf war wahrscheinlich bestellt; nachdem er den Mann hatte hinauswerfen lassen, ging Robespierre daran, Fabre in die Schieberaffaire der Compagnie des Indes zu verwickeln und ihn der Guillotine zu überliefern. Siehe Wallon, Hist. du tribunal rév. de Paris, Paris 1880, III, 134.

181 »C'est une grâce que je crois avoir le droit de demander.« Zit. nach Aulard. Orat. Législ. 416.

182 »MM. Péthion, Robespierre et Roederer sont couverts d'applaudissements à leur entrée dans la séance.«

M. Robespierre: »J'ai un double motif, Messieurs, de regretter de ne m'être pas trouvé plus tôt au milieu de vous; celui d'avoir perdu l'occasion de profiter de vos lumières et celui de n'avoir pu m'opposer à l'arrêt que votre zèle sans doute vous à fait prendre contre une personne qui ne pouvait être coupable d'aucun délit puisque cette personne n'a fait qu'exprimer sa façon de penser sur un individu et que d'ailleurs si cette action indifférente serait un crime, il l'a niée.« Jac. Klub 15. Juli 1791. Aulard, Jac. II, 16.

183 Jac. Klub vom 24. Juni 1794. Aulard, VI, 188.

184 In der Klubsitzung vom 15. Juli 1791, kurz vor dem Massaker auf dem Champ de Mars kommt uns in den Worten Dantons und Robespierres diese Schwächlichkeit voll zum Bewußtsein.

Danton: »... Que ceux qui ne se sentent pas le courage de lever le front de l'homme libre se dispensent de signer notre pétition. N'avons nous pas besoin d'un scrutin épuratoire? Eh bien, le voilà tout trouvé ...«.

Robespierre äußert sich im gleichen Sinne. Er wollte »que la société fit une adresse aux société affiliés pour les instruire de la position où nous sommes et des mesures fermes que nous aurons adoptées«. Über die Sitzung s. Buchez et Roux, Hist. Parl. XI, 70 ff.

185 Sitzung vom 18. Dezember 1791. siehe Aulard, Orat. Législ. II, 74.

186 »Le peuple n'a jamais tort.« 25. Februar 93. Aulard, Jac. V, 43.

187 Seine wahre Meinung sagte Robespierre in seiner letzten Rede; im Angriff übte er Selbstkritik und offenbarte sein Herz: »Peuple, toi, que

l'on craint, que l'on flatte et que l'on méprise. Toi souverain reconnu qu'on traite toujours en esclave.«

188 »Il faut que ces monstres soient démasqués, exterminés, ou que je périsse!« (Applaudissements universels et réitérés) 14. Oktober 1793. Aulard, Jac. V, 458.

189 »Je n'ai pas autre chose à vous dire, car si l'esprit public ne se ranime pas, si le génie de la liberté ne fait pas un dernier effort, j'attendrai sur la chaise curule, où le peuple m'a élevé, le moment où les assassins viendront m'immoler.« 10. Mai 1793. Aulard, Jac. V, 186.

190 Vor dem Endkampf mit der Gironde verbindet Robespierre Mitleidserregung mit dunkler Aufhetzung: »Je suis incapable de prescrire au peuple les moyens de se sauver. Cela n'est pas donné à un seul homme.« 29. Mai 1793. Aulard, Jac. V, 213.

191 Der Bericht, wie Robespierre über seine Ermordung spricht, wird in den Protokollen des Klubs mit folgenden Worten eingeleitet: »Es muß vorausgeschickt werden, daß am 22. Mai 1794 ein Individuum namens Lamiral auf Collot d'Herbois geschossen hatte, und am Tage darauf ein kleines Mädchen, Cécile Renaud, festgenommen wurde, als sie mit zwei Taschenmessern bewaffnet den Versuch machte, bis zu Robespierre vorzudringen. Sie erklärte, sie habe sehen wollen, wie ein Tyrann aussieht.«

Sitzung vom 25. Mai 1794: »In dieser interessanten Sitzung hat der gesamte Klub zusammen mit den Besuchern der Tribünen zwei der heißesten Verteidiger der Volksrechte mit Kummer begrüßt und mit Jubel empfangen, denen die Verworfenheit der britischen Regierung einen Platz zwischen Marat und Lepelletier angewiesen hatte. Der Gott der freien Männer hat über ihnen gewacht. Der Schutz der Vorsehung war ihr Schild. Sie sind den Stichen der Mörder entronnen und teilen im voraus die Ehren, die die französische Nation den Märtyrern der Freiheit zu erteilen hat, ohne daß das Volk Tränen über ihrer Graburne vergießen müßte. Bei ihrem Eintritt in den Saal sind aller Augen auf diese kostbaren Männer gerichtet. Alle Herzen schlagen ihnen gleichzeitig entgegen. Beifall und lebhafteste Freude dienen ihnen zum Beweis, welch hohen Grad von Interesse sie einflößen. Die Gefahren, die sie durchgemacht haben, machen sie ihren Mitbürgern noch teurer. Die Sitzung ist den Details dieses Ereignisses gewidmet.« Aulard, Jac. VI, 146.

192 Courtois Rapport wendet gegen Robespierre nur Robespierresche Ausdrücke an.

193 Eine psychologische Theorie des sozialen Kampfes habe ich entwickelt in der Abhandlung »Zur Psychologie der sozialen Schichtung« in: Zeitschrift für die ges. Neurologie und Psychiatrie. 1923, Bd. 84, 450 ff.

Theoretisch wäre ein Optimum gegeben, wenn eine wohldisziplinierte, ernährungsphysiologisch intakte, in ihren Vorstellungen, Willensimpulsen und Gefühlsreaktionen unversehrte Schicht von einem oder mehreren hervorragenden Führern in den Klassenkampf geführt würde. Wie der neue Zahn unter dem alten, würde der neue Staat, fertig formiert, die alte morsche Staatsbildung aus seinem Untergrund heraushebeln.

Wir erkennen sofort den Widerspruch, der in den Begriffen Klassenkampf und der körperlichen und geistigen Gesundheit einer Schicht liegt. Klassenkampf ist schon der Beweis für eine Gesamterkrankung; die normalen Ausgleichsmechanismen sind verrostet und abgenutzt. Klassenkampf ist notwendig geworden, weil Klassenausgleich nicht mehr statt hat, ein Vorgang, der hauptsächlich in dem Aufstieg hochqualifizierter Persönlichkeiten und der Abstoßung degenerativer Individuen besteht.

Die Nation ist in solchen Augenblicken stets von außen bedroht. Sie zerreißt in zwei feindliche Staaten. Unter fieberhaften Erscheinungen werden die nekrotischen Gewebeteile abgestoßen, die nicht mehr assimiliert werden können. Eine neue Klasse besteigt die Kommandobrücke, nicht aus Wille zur Macht, nein einfach aus Selbsterhaltungstrieb. Der Klassenkampf bedeutet einen Versuch, das Problem der Einigkeit zu lösen, die unversöhnlichen Gegner zum Schweigen zu bringen, die Indifferenten mitzureißen, der erobernden Klasse Rechte und Pflichten der Nation zu verleihen. »Die Novemberrevolution von 1917 war tatsächlich in gewissem Sinne eine nationale Erhebung gegen ausländische Ausbeuter gewesen.« (Price, Die russische Revolution, Hamburg 1921, 171.)

194 Am 11. April 1792 trat im Klub ein Mann auf, der eine neue Erfindung empfahl: »Der Redner macht auf die Erfindung eines Franzosen und eines Engländers aufmerksam, wodurch es ermöglicht ist, mit einem Geschütz 25 Schuß in der Minute abzugeben. Er verlangt, es sollten Kommissare ernannt werden, um die Erfindung nachzuprüfen.«

Desfieux: »Mir scheint es interessant, so schnell wie möglich diese Versuche auf Kosten des Klubs anzustellen, und da er über keine Fonds zu diesem Zwecke verfügt, schlage ich vor, es soll eine Kollekte einzig zu diesem Behufe gemacht werden.«

»Monsieur Bourdon besteht darauf, über diesen Vorschlag von Desfieux abzustimmen. Robespierre wendet sich gegen diesen Vorschlag, der seiner Ansicht nach den Prinzipien der Menschlichkeit widerspricht. Diese Behauptung erregt einiges Murren, denen Robespierre entgegentritt, indem er droht, er werde die Urheber des Widerspruchs demaskieren.

Das Murren wird stärker. Robespierre schreibt es den Anhängern des Ex-Generals La Fayette zu; er geht dazu über, dessen Verhalten im Laufe der Revolution zu enthüllen. Dann wendet er sich dem in Frage stehenden Vorschlag zu. ›Ich werde Ihnen nicht verbergen‹, sagte er, ›daß gegen das Ende der Konstituante mir der gleiche Vorschlag gemacht wurde. Man machte Versuche in dem Garten des Hauses, in dem ich wohnte. Das Geheimnis bestand in einem Karabiner, der neunmal automatisch Schüsse abgab. Der Erfinder fragte mich um meinen Rat; ich riet ihm, keinen Gebrauch davon zu machen, und er hat das tiefste Geheimnis bewahrt. Ich sagte zu ihm und wiederhole es hier: Wenn man eine solche Erfindung in die Hände eines freien Volkes legt, so kann das tatsächlich diesem Volk im Augenblick einen Vorteil über die Despoten geben. Aber die Erfindung wird bald in die Hände der Despoten übergehen und wird in ihrem Besitz eine Waffe mehr werden, das Volk zu unterjochen‹«. Aulard, Jac. III, 494.

Wie war es möglich, daß die Versammlung sich den kindlichen Einwand bieten ließ? Mußte man nicht erwarten, daß die Erfinder sich jetzt direkt an die Gegner Frankreichs wenden würden?

195 Bericht von Dutard an Garat vom 15. Juni 1793, Schmidt II, 52. »Aus dem Resumée bei dem ich allein zugegen war, schien mir hervorzugehen, ›que Robespierre voudrait faire rasseoir le peuple trop longtemps debout‹.«

196 »Il a bien senti, mais trop tard«, sagt Dutard sehr klug, »qu'on l'avait tenu trop longtemps en haleine.«

197 Bericht ohne Name und Datum, wahrscheinlich vom 24. September 1793. Schmidt II, 128.

198 Robespierre spricht als Regierungsmann, verhüllt mit einiger Dialektik: »Das Verhalten des Komitees mißfällt einigen Intriganten; um so schlimmer, es wird dem Volk gefallen. Das genügt. Es war notwendig, daß irgendeine Regierung auf die folgte, die wir vernichtet haben. Es ist notwendig, daß die Machtmittel der Regierung in den Händen der Patrioten oder der Verschwörer seien. Zu konstitutionellen Verhältnissen zurückkehren hieße ›assasiner la patrie sous prétexte d'assurer sa tranquillité‹.« Aulard, Jac. V, 421.

199 6. März 1794. Aulard, Jac. V, 673.

200 Ausdrücke wie »l'ordre présent des choses«, »l'ordre actuel des choses«, tauchen jetzt immer häufiger auf.

201 Rede Saint-Justs vom 13. März 1794. Rapport sur les factions de l'étranger. Oeuvres II, 257 ff.

202 S. I. Gussew, Die Lehren des Bürgerkrieges, Hamburg 1921, 25. »Die alte und die neue Disziplin.«

203 »Si elles agissent révolutionnairement d'elles-mêmes, voilà la tyrannie.« »Die Souveränität des Volkes will, daß es einig sei. Sie will keine Parteibildung. Jede Partei ist demnach ein Attentat auf die Souveränität des Volkes. Gut waren die Parteien, solange sie die Tyrannei isolierten und den Einfluß des Despotismus verminderten. Sie sind ein Verbrechen heute, weil sie die Freiheit isolieren und den Einfluß des Volkes vermindern.« Oeuvres II, 274.

204 Robespierre gegen Philippeaux, 23. Dezember 1793. Die Rede ist voll übler Sophismen. Sie wendet sich gegen eine Broschüre, von der Robespierre selbst erklärt, er habe sie nicht gelesen. Aulard, Jac. V, 575.

205 Eine Frauendeputation verlangt Unterstützung. »Elles demandent qu'on leur donne des secours. Cette dernière expression étant contraire à l'esprit de républicanisme et amour de la patrie on demande ...« 5. Mai 1794. Aulard, Jac. VI, 113.

206 Legendre gibt folgende Begründung: »Il faut observer qu'il était permis au temps de La Fayette de se soustraire aux mandats d'arrêts parce qu'alors les tribunaux étaient les instruments de la vengeance perfide, mais aujourdhui ce serait un crime de se soustraire aux poursuites, attendu que les prévenus n'ont que justice à attendre de la part des tribunaux. (Adopté).« 12. Mai 1794. Aulard, Jac. VI, 120.

207 Schmidt, Tabl. II, 140.

208 Nach A. Tuetey und E. Seligmann zit. von Lenôtre, 29.

209 Diese Wahl ist kennzeichnend für die seelische Verfassung der damaligen Zeit. Nach der Wahl wollte der Justizminister die Adresse der Kandidaten wissen, um sie zu benachrichtigen. Von 10 Richtern und 24 Geschworenen konnte der Konvent selbst nur 10 Adressen beibringen. Vgl. Lenôtre, 67.

210 Cabanis, der berühmte Arzt, gehörte einige Zeit zu den Geschworenen.

211 Nach Wallon I, 89.

212 Im Prozeß gegen die »Mörder« von Leonard Bourdon, in dem der »massakrierte« Deputierte als Zeuge auftritt, wird wiederum geweint, weil ein Vater von 19 Kindern unter den Verurteilten ist. Vgl. Lenôtre, 95.

213 Lenôtre, 132.

214 Der Text der Rede Audouins findet sich bei Dauban, Démag. en 93, Paris 1867, 484. Nach dessen Rede wird die Petition der Jakobiner auf Antrag Robespierres, unterstützt von Barère, zum Gesetz erhoben. Der Brief Fouquier-Tinvilles ist im Moniteur vom 30. Oktober 1793 abgedruckt.

215 »La Convention nationale ... considérant qu'aucun chef de conspiration n'a encore été jugé, que des tentatives avaient été faites pour exciter des émeutes aristocratiques alarmantes pour la tranquillité publique ... considérant que le glaive de la loi ne paraît atteindre avec facilité que la tête des coupables obscurs, tandis que le jugement des grands criminels éprouve des lenteurs qui donnent un libre cours à l'intrique, à l'imposture, à l'audace contre-révolutionnaire; considérant qu'il est également absurde et contraire à l'institution du tribunal révolutionnaire de soumettre à des procédures éternelles des crimes ... où une nation entière est accusatrice et où l'univers est témoin ...

Décrête ce qui suit:

S'il arrive que le jugement porté au tribunal révolutionnaire ait été prolongé trois jours, le président ouvrira la séance suivante en demandant au jurés si leur conscience est suffisamment éclairée. Si les jurés répondent oui il sera procédé au jugement... Le président ne souffrira aucune espèce d'interpellation ni d'incident contraire aux dispositions de la présente...« Papiers inédits trouvés chez Robespierre. Paris 1828, II, 3.

216 Dieser Spitzel war der 41jährige Student der Medizin und Alchimist Laboureau. In Robespierres Papieren haben sich Aufzeichnungen dieses Individuums über seine Mitgefangenen gefunden. Vgl. Lenôtre, 182. Wahrscheinlich war die Komödie mit Robespierre durchgesprochen, daß nach der Freisprechung der Präsident Dumas ihn neben sich auf der Estrade Platz nehmen ließ und ausrief: Mit Freuden sieht die Gerechtigkeit die Unschuld an ihrer Seite Platz nehmen.

217 »Citoyens Jurés: Il a existé une conspiration tendant à rétablir la monarchie, à détruire la représentation nationale et le gouvernement républicain.«

»Lacroix est-il convaincu d'avoir trempé dans cette conspiration?«

Gleiche Frage für Danton, Camille Desmoulins usw. Vgl. Gaulot, 216.

218 Text bei Wallon, Trib. Rév. IV, 94.

219 Art. XVI.: »La loi donne pour défenseurs aux patriotes calomniés des jurés patriotes, elle n'en accorde point aux conspirateurs.«

220 Nach Lenôtre findet sich in den Archives nationales U. 1021 von der Hand Fouquiers folgende Liste: Liste des jurés et des juges qui ont été rejetés par Robespierre à l'époque du renouvellement du Tribunal révolutionnaire, décrété le 22. prairial an 2e. Lenôtre, 229.

221 Dazu Coffinhal, Dumas, Garnier-Launay und Gravier. Vgl. Lenôtre, 232.

222 Der Sohn wurde anstelle des Vaters, der Vater für den Sohn hingerichtet, für eine Mme. de Maillé war eine Mademoiselle Maillet verurteilt worden, eine Witwe war wegen Schwangerschaft zurückgestellt worden, figurierte auf der Liste der Hingerichteten und erschien beim Prozeß Fouquier mit ihrer polizeilichen Sterbeurkunde in der Hand. Wieder ein anderer wurde hingerichtet, ohne daß er auf der Liste der Angeklagten stand oder ein Urteil gefällt wurde. Der Richter Trinchard gab in naiver Weise als Grund für diese Fehlsprüche an: Ein revolutionärer Geschworener ist kein gewöhnlicher Geschworener. Wir waren keine gelehrten Richter, »nous étions des bons sans-culottes, des hommes purs, des hommes de la nature«. Gaulot, 297.

223 Am 8. September 1793 meldet der Agent Perrière über eine Aufführung des Theaterstücks »Robert der Teufel«: »Robert mit seinen 300 Mann muß gegen eine Truppe von 3 000 kämpfen. Er gestattet denen,

wegzugehen, die nicht bei ihm bleiben wollen; sie sollten nur ihre Uniform ausziehen, meint er voll Edelmut; im Falle einer Niederlage würde er sie dann als ausgeplünderte Reisende bezeichnen. Dieser Zug von Edelmut wurde warm beklatscht, weil das keine Parteifrage ist. Aber ich hörte einen Aristokraten, der drei Bänke vor mir saß, mit triumphierender Miene sagen: ›Aha, also da gibt es keine Zwangsrekrutierungen‹.« Schmidt II, 110.

224 Bentabole: »Ein Patriot, der eben von Belgien kommt, meldet, daß die Feinde dabei sind, Givet zu belagern. Es sei notwendig, daß das Revolutionstribunal aus Patrioten besteht, daß sein Vorgehen rasch und schrecklich sei, damit die Verräter eingeschüchtert werden, die unsere Frauen und Kinder erwürgen wollen, während wir die fremden Despoten verjagen.« Sitzung des Klubs vom 10. März 1793. Aulard, Jac. V, 81.

225 »Trotz des Schmerzes, den der Gedanke an die leidende Menschheit in mir erregt, möchte ich eine Bemerkung machen: in politischer Beziehung haben diese Exekutionen den allergrößten Effekt. Der bedeutendste aber ist der, daß sie das Ressentiment des Volkes dem Unglück gegenüber stillen, an dem es leidet. Auf diese Art übt es seine Rache. Die Frau, die ihren Mann verloren hat, der Vater, der seinen Sohn verloren hat, der Kaufmann, dessen Geschäft nicht mehr geht, oder der alles so hoch bezahlen muß, daß er nichts mehr verdient, wird vielleicht nur unter der Bedingung sich mit seinem Unglück abfinden, daß er Leute vor sich sieht, die noch unglücklicher als er sind und in denen er seine Feinde erblickt.« Schmidt, II, 77.

226 Nach dem Gesetz vom 25. Brumaire II durften die Priester mit Verfassungseid, die geheiratet hatten, nicht deportiert werden. 2 000 Priester heirateten daraufhin. Am 6. Oktober wurde der republikanische Kalender, sehr zum Ärger Robespierres, eingeführt. Ein Gesetz vom 28. Oktober bestimmte, daß Geistliche nicht Lehrer sein durften. Am 5. November wurde auf Antrag Cheniers die Einführung einer Religion ohne Hierarchie beschlossen.

227 »Nehmt mir mein Gewissen, und ich bin der unglücklichste Mensch auf Erden.«

228 Hébert antwortete am Tag darauf im Klub und beschuldigte Laveaux »d'avoir ouvert sur Dieu, un être inconnu, abstrait, des disputes qui ne convenaient qu'à capucin en théologie«. Aulard, Jac. VI, 500.

229 Sitzung vom 9. November 1793, Aulard, Jac. V, 503.

230 Sitzung vom 21. November 1793: »...Die Bürger haben wohl das Recht, dem Vaterland die pompösen Überbleibsel des Aberglaubens darzubieten oder auf die Zeremonien des Katholizismus zu verzichten. Aber ich gebe nicht zu, daß Leute, die in der Laufbahn der Revolution bisher keinen Namen gehabt haben, die Freiheit der Religionsausübung stören.

Man hat annehmen wollen, der Konvent habe dadurch, daß er die Gaben aus den Kirchen annahm, den katholischen Kult proskribieren wollen. Der Konvent hat diesen verwegenen Schritt mitnichten getan. Der Konvent wird ihn niemals tun. Seine Absicht ist im Gegenteil, die Freiheit der Religionsausübung zu gewährleisten, die er verkündet hat, und zu gleicher Zeit alle die zur Verantwortung zu ziehen, die sie mißbrauchen sollten, um die öffentliche Ruhe zu stören. Man hat die Priester denunziert, weil sie die Messe gelesen haben. Sie werden sie noch länger lesen, wenn man sie daran hindert. Der, welcher sie daran hindern will, ist noch viel klerikaler als der, welcher die Messe liest.

Es gibt Menschen, die noch weiter gehen wollen. Menschen, die unter dem Vorwand, den Aberglauben zu zerstören, aus dem Atheismus eine Religion machen wollen. Jeder Philosoph, jeder Gebildete kann darüber die Ansicht sich bilden, die ihm gutdünkt. Wer daraus ein Verbrechen macht, ist von Sinnen. Aber der Staatsmann, der Gesetzgeber wäre hundertmal verrückter, der ein solches System einführte. Der Konvent hat davor Abscheu. Der Konvent ist kein Bücherschmierer, kein Verfasser metaphysischer Systeme, er ist eine politische und demokratische Einrichtung, die zur Aufgabe hat, nicht nur die Rechte, sondern auch die Eigenart des französischen Volkes respektieren zu lassen. Nicht umsonst hat der Konvent die Erklärung der Menschenrechte in Gegenwart des Höchsten Wesens vorgenommen. Vielleicht wird man sagen, ich sei ein enger Kopf, voller alter Vorurteile, was weiß ich? Ich habe bereits bemerkt, daß ich nicht als Individuum oder als systematischer Philosoph spreche, sondern als Vertreter des Volkes. Der Atheismus ist aristokratisch. Die Idee eines großen Wesens, das über den Unterdrückten wacht und das triumphierende Verbrechen bestraft, ist durchaus volkstümlich. (Lebhafter Beifall.) Das Volk, die Mühseligen und Beladenen rufen mir Beifall zu. Wenn ich Tadler finden sollte, so kann es nur unter den Reichen und den Schuldigen sein ... Wenn es Gott nicht gäbe, so müßte man ihn erfinden.« Aulard, V, 535.

231 Auf Robespierres Sophismus: »Der Atheismus ist aristokratisch«, antwortete Salaville in den Annales patriotiques et littéraires vom 29. Frimaire und 9. Nivôse. »Die Idee eines übergeordneten Gottes ist eine despotische Idee ... Sicherlich wäre es ziemlich sonderbar, im Diesseits Republikaner und in der Ewigkeit Royalist sein zu wollen. Der Himmel, den er uns ausmalt, ist nichts anderes als das ancien régime. Man hat den Himmel nur in Nachahmung dessen fabrizieren können, was es auf der Erde gab. Darum ging es nicht anders, als daß man einen Despoten hineinsetzte, einen dritten Stand, Verhaftungsbefehle und eine Bastille für die Mißliebigen.« Aulard, Culte de la raison, Paris 1892, 92/93.

232 Aulard, Culte, 234, hat von Robespierres Hand die Verbote der Stücke von Leonard Bourdon, »Sans-culottide dramatique en 3 actes, pièce antichrètienne«, und des Stückes »Tombeau des imposteurs et l'inauguration du Temple de la vérité« im Nationalarchiv aufgefunden. Zwei andere Stücke (in einem wurde der Papst lächerlich gemacht) verschwanden plötzlich vom Spielplan; nach Aulard ist eine Intervention des Wohlfahrtskomitees als sicher anzunehmen.

233 Am 25. April 1793, Robespierre war Präsident, erschien im Konvent eine Deputation von Lehrern und verlangte, die nationale Erziehung solle frei und allgemein sein. Ein Kind, ihr Schüler, verlangte, »man solle die Jugend in den Prinzipien der Gleichheit, der Menschenrechte und der Verfassung erziehen, statt diese im Namen eines sogenannten Gottes zu predigen«. Bei diesen Worten, sagt der Moniteur, XVIII, 492, zeigte der Konvent seine Mißbilligung durch ein ärgerliches Murren.

234 Duval, Souvenirs, IV, 143, hat Robespierres Unruhe bei dieser Komödie beschrieben: »... Er setzte seine Brille auf und ab, wischte die Gläser, trampelte mit den Füßen, zog die Schultern hoch, gähnte, machte Notizen und flüsterte von Zeit zu Zeit Saint-Just etwas ins Ohr, der ebenfalls Notizen machte.«

235 Arch. Nat. F. 2, 4435. Aulard, Culte, 244.

236 Man muß die Rede nachlesen, die Robespierre am 11. Mai 1791 über die Freiheit der Presse gehalten hat. Er schlug einen Gesetzentwurf vor, dessen erster Artikel lautete: »Que tout homme a le droit de publier ses pensées par quelque moyen que ce soit, et que la liberté de la presse ne peut être gênée ni limitée en aucune manière.«

Am 14. Frimaire II, erhielt das Wohlfahrtskomitee die unmittelbare Zensur über die Presse.

237 »Such promise of fruits and of all vegetable productions was never seen. 25. April 1794.« Morris, Diary 1888, II, 62.

238 »Within these few days it has been so hot that exercise at noon was very disagreeable.« Morris II, 58. 10. März 1794.

239 »Il faut que le bon Dieu soit bien sans-culotte et qu'il soit bien mécontent du fanatisme des prêtres puisqu'avant la révolution et pendant le temps que cette race impie s'est maintenue nous n'avions que des récoltes très modiques; encore nous en emportaient-ils le dixième.« Jac. Klub, 15. April 1794. Aulard VI, 72.

240 Jac. Klub, 8. April 1794. Aulard VI, 56.

241 Jac. Klub, 4. Juni 1794. Aulard VI, 165.

242 Brief vom 18. Mai, vorgelesen am 28. Mai im Klub, Aulard VI, 157.

243 Morris II, 62. Über die frühe Ernte s. auch den Brief der Frau Rat Goethe an ihren Sohn vom 5. Oktober 1794.

244 Das Gesetz vom 10. November 1793, daß Konventsmitglieder nur in Anklagezustand versetzt werden dürfen, nachdem der Konvent sie gehört hat, wird auf Barères Antrag am 12. November zurückgezogen. Am 12. Dezember 1793 soll »conformément au loi et dans l'intérêt de la liberté« das Wohlfahrtskomitee erneuert werden. Andern Tags Zurückziehung. Ebenso wird Merlins Antrag vom 23. Prairial am 24. umgestoßen.

245 Hoche, Marceau, Desaix, Bonaparte, Lannes, Davout, wurden vor dem dreißigsten Lebensjahr Generäle oder Armeeführer. Aulard in Hist. Génér. von Lavisse und Rambaud, Paris 1896, VIII, 275.

246 »... Jaimes les armées ont été plus obéissantes, ni animées de plus d'ardeur. C'est l'époque des guerres où il y eut le plus de vertu dans les troupes.« Nach Soult, zit. Aulard, Hist. Génér. VIII, 293.

247 Es handelte sich um eine 69 Jahre alte, geistesschwache oder geisteskranke Frau, die lange in der Bastille gesessen hatte und die sich als Mutter Gottes bezeichnete. »Sie versprach nicht nur die Unsterblichkeit der Seele, sondern auch des Körpers. Die Erde sollte erbeben, dreimal, Tempel und Idole einstürzen, Throne in Staub zerfallen und das Wort auferstehen ... Inspiriert von der Gottheit prophezeite die alte Théot, das Höchste Wesen werde das Universum allein regieren, der Ehrgeiz der leeren und unwissenden Menschen vernichten, die Armeen zum Siege führen, die Berge ebnen, die Meere austrocknen, die Gerechten und Einfachen stärken. Der Konvent sollte auf seiner stolzen Höhe zerschmettert werden wie die hohe Eiche durch das Auge des Höchsten Wesens, das den Donner schleudere, nachdem es Blitze ausgesandt habe.« Vilate, Les mystères de la Mère de Dieu devoilés, Paris 1795, 19.

Ich glaube nicht, daß Robespierres Verbindung mit diesem mystischen Zirkel ihm beim Volk geschadet hat; seine Gegner im Konvent aber erkannten, auf welche Abwege seine herrschgierige Furcht gelangt war. Sie fanden ihn komisch und verachteten ihn und schöpften aus diesem Gefühl seiner Unterlegenheit den Mut zum Angriff, den er noch durch seine Drohungen anfeuerte.

248 D'Héricault, 484.

249 »Zur geistigen Abspannung fischte er wohl auch mit der Angel oder spielte mit Würfeln oder mit Schnellkügelchen und Nüssen in Gesellschaft kleiner Sklavenknaben, an deren artigem Äußeren und geschwätzigem Wesen er seine Freude hatte, und die er deshalb von allen Weltgegenden her, besonders aus Syrien und Mauretanien, anschaffen ließ.« Sueton, Cäsar Octavianus, Augustus, Kap. 83. Über diese Anlage des Augustus siehe Kap. 68.

250 Agentenbericht vom 28. November 1795: »Das Elend ist auf seinem Gipfel, die Straßen von Paris bieten das schmerzliche Schauspiel von Frauen und Kindern, die am Verhungern sind. Die Krankenhäuser

werden bald nicht mehr genug Raum bieten, um die Menge der Kranken und Unglücklichen zu fassen. Elend und Hunger sind nahe daran, ihre Stimme zu ersticken. Wenn sie sich bis jetzt aufraffen, so geschieht das nur, um ein lautes Murren gegen die Regierung zu erheben. In den Gruppen hört man nichts als Sehnsucht nach dem Regime von Robespierre, man spricht von Fülle unter der damaligen Tyrannei und von Elend unter der jetzigen Regierung. Der Wucher scheint sich jetzt unter scheußlicheren Formen aufzurichten als die Schafotte, die vor zwei Jahren die Blutherrschaft aufbauten.« Schmidt, Tabl. II, 491.

Saint-Just

1 Noyon, den 20. Juli 1792 an Daubigny. »Ich werde, seitdem ich hier bin, von einem republikanischen Fieber bewegt, das mich frißt und verzehrt.. Es ist dumm, daß ich nicht in Paris bleiben kann. Ich fühle in mir etwas, die Jahrhunderte zu überschwimmen ... Adieu, ich stehe über dem Unglück. Ich werde alles ertragen, aber ich werde die Wahrheit sagen. Ihr seid alle Feiglinge, die mich nicht gewürdigt haben. Meine Palme wird sich trotzdem erheben und Euch vielleicht verdunkeln. Ihr Infamen, ich bin ein Nichtswürdiger, ein Elender, weil ich Euch kein Geld geben kann. Reißt mir das Herz aus und eßt es; aber werdet, was Ihr nicht seid, groß ... Oh! Muß Brutus fern von Rom verzagen. Mein Entschluß ist gefaßt; wenn Brutus nicht die andern tötet, tötet er sich selbst.« Oeuvres complètes de Saint-Just, hrsg. von Charles Vellay, Paris 1908, I. 349.

2 Fleury, Saint-Just et la Terreur, Paris 1852, II, 284.

3 Le Bas an seine Frau aus Straßburg: »Wie es scheint, schätzt Saint-Just unsere Freundschaft hoch ein. Er sagt mir von Zeit zu Zeit ›des choses d'un bien bon coeur‹.« Fleury II, 69.

Le Bas an seine Frau: »Mille amitiés à Henriette. Je n'ose plus parler d'elle à Saint-Just. Cet homme est *si singulier* (14. Mai 1794 von Guise aus). Ce n'est guère qu'avec toi que je puis m'expliquer; il est si peu d'amis (18. Mai 1794).«

4 Stéfane Pol, Autour de Robespierre. Le Conventionel Le Bas, Paris 1900, 328.

5 Fleury II, 16 berichtet nach der Histoire de la Révolution par deux amis von einem persönlichen Streit zwischen Hérault und Saint-Just. Hérault, der Aristokrat, habe Saint-Just zum Duell gefordert. Saint-Just lehnte ab. Hérault habe darauf den andern bedroht und ihm »20 Fußtritte in die Magengegend« in Aussicht gestellt, »von denen er keinen ablehnen werde«.

6 In Saint-Justs Essai de Constitution, Kap. IX, Art. 5, findet sich die Bestimmung: »Il n'y a point de généralisme«. In Art. 8 steht die seltsame Anordnung: »Dans les triomphes les généraux marchent après leur armée.«

7 Levasseur machte im Gefecht einmal eine spöttische Bemerkung über die Ängstlichkeit Saint-Justs. Andern Tags war Saint-Just im Zimmer des Kollegen und spielte mit dessen Karabiner. Plötzlich geht ein Schuß los und durch den neben Levasseur liegenden Mantel. »Ich erhob mich sogleich«, erzählt Levasseur (Mémoires, II, 242), »die Waffe war Saint-Justs Händen entfallen, er war blaß, fiel in meine Arme und schwankte. ›Levasseur‹, sagte er mit stockender Stimme, ›wenn ich Dich getroffen hätte.‹« So wie Levasseur den Vorfall berichtet, könnte man an einen Racheakt denken, aber auch an einen epileptischen Anfall. Einem epileptischen Charakter würde auch Saint-Justs kalte, oft bewiesene Grausamkeit entsprechen, seine Geziertheit und seine Reizbarkeit.

8 Zit. bei Aulard, Les orateurs de la Legislative et de la Convention. Paris 1884, II, 475.

9 In der Rede vom 8. Juli 1793, um die Girondisten zu verdächtigen.

10 »Saint-Just ist eine Individualität, keiner andern gleich; in ihm ist Großartiges und Schreckliches, Weisheit und Absurdität; er ist ein tugendsamer Tiger und ein erhabener Irrer. Er ist ein Herz, das, ich weiß nicht, in welchem Traum der Vergangenheit versteinert ist.« Dauban, La démagogie en 1794, Paris 1868, 95.

11 Fragments sur les institutions républicaines. Fragm. 1.

12 »Vous vous revoltez tous, lorsqu'on vous parle de déployer la force; point de sang dites vous sans cesse.« Rede vom 22. Oktober 1793. In seltsamer Mischung finden wir diese Hypersensibilität in den Fragmenten, III, 3. »An dem Tage, an dem ich mich überzeugt haben werde, daß es unmöglich ist, dem französischen Volke weiche, energische, empfindsame, für die Tyrannei und die Ungerechtigkeit unerbittliche Sitten zu geben, werde ich mich erdolchen.« Saint-Just war natürlich auch ein Gegner der Todesstrafe.

13 »Es ist etwas Furchtbares in der heiligen Liebe zum Vaterland; sie ist derart exklusiv, daß sie alles ohne Mitleid, ohne Furcht, ohne Achtung vor dem Menschen dem Interesse des Ganzen opfert.« Rede vom 11. Germinal.

14 Fragm. 1.

15 Rede vom 10. Oktober 1793.

16 Gerichtliche Verurteilung als Mittel des Selbstmords in: Gross Archiv, Bd. 71, 325 ff.

17 Manche Symptome könnten den Gedanken an eine geistige Erkrankung nahelegen. Abgesehen von dem Diebstahl und der sexuellen Eigenart ist das, was die Zeitgenossen seine unerschütterliche Konsequenz rühmend nennen, ein wenig auffällig. Wie auf dem Gebiet der Gefühle ein harmonisches Ineinanderspielen vermißt wird, so erscheint der gesunde Antagonismus der Willensvorgänge gestört. Das Festhalten an einem Entschluß, dessen Voraussetzungen weggefallen sind, ist nicht Heroismus,

sondern Torheit. Eigensinn, ja ein leichter Negativismus ist sicher bei Saint-Just zu beobachten; auf der andern Seite läßt seine unverständliche Gefolgschaft Robespierre gegenüber an Befehlsautomatie denken. Fleury beschreibt (II, 205) ein Porträt: »Il est maniéré et peu ressemblant ... Il grimace comme une coquette sur le retour.« Vielleicht stand Saint-Just im Anfangsstadium einer dementia præcox; das Beil des Henkers hat ihn so früh getroffen, daß die Entscheidung immer im Dunkeln bleiben wird.

18 Die Worte: »Je marcherais volontiers au milieu des bourreaux les pieds dans le sang et dans les larmes«, könnten von Saint-Justs Zeitgenossen, dem Marquis de Sade, sein.

19 Sogar der religiöse Begriff der »Sendung« tritt auf. »Gott, Schützer der Unschuld und der Wahrheit, als Du mich unter die Verruchten geführt hast, wolltest Du gewiß, daß ich ihnen die Maske vom Gesicht risse.« Fragments, fragm. I.

20 »Das Gute ist oft ein Mittel der Intrige; seien wir undankbar, wenn wir das Vaterland retten wollen.« Fragm. 3, 3. »Die Freiheit eines Volkes findet sich in seinem Privatleben; stört es nicht. Stört nur die Undankbaren und die Bösen.« Fragm. 3, 4. Strafbestimmung: »Ein Mensch, der der Undankbarkeit überführt ist, wird verbannt.« Fragm. 6.

21 Sein berühmter Lakonismus an einen österreichischen Parlamentarier: »La république française ne reçoit de ses ennemis et ne leur envoie que du plomb« klingt sublim, ist aber genau betrachtet nicht sehr sinnvoll.

22 Gatteaux nach Vellay, Oeuvres complètes I, XIII.

23 »Die Nationalversammlung hat das Recht, das Verhalten seiner Mitglieder in ihrem Schoße disziplinarisch zu bestrafen. Dies Recht steht ihr über Meinungsäußerungen nicht zu.« Vgl. Essai de Constitution, Kap. VI, Art. 17. Nicht ihrer Ansichten wegen verfolgte Saint-Just die Girondisten Camille Desmoulins, Danton. Aber weil sie anderer Ansicht waren, hatten sie sich verschworen oder waren Agenten des feindlichen Auslands. Als Verschwörer gegen das Wohl des Volkes, dessen Großsiegelbewahrer Robespierre und Saint-Just waren, brachten sie jeden Andersdenkenden auf das Schafott.

24 Courtois hat fast mit den gleichen Worten die Hinrichtung Robespierres und Saint-Just in seinem Rapport begründet.

25 In seiner Anklageschrift spricht Courtois auch nur von den »Verschwörern« Saint-Just und Robespierre.

26 Tatsächlich hatten die Girondisten den großen Fehler begangen, das Konventsmitglied Marat vorher vor Gericht zu ziehen. Marat wurde unter Assistenz des mobilisierten Mobs freigesprochen.

27 Die »Reise nach Ikarien« soll nur die überarbeitete Übersetzung eines unbekannt gebliebenen englischen Romans sein, den er 1834 in London kennenlernte.

28 Dieselbe Forderung hat fast wörtlich übereinstimmend Saint-Just erhoben.

29 Zit. nach Prudhommeaux. Icarie et son fondateur Etienne Cabet, Paris 1907, 337.

30 Saint-Just wollte bei der Verurteilung des Königs keinerlei Formalitäten.

31 Lombroso sagt etwas sehr Richtiges, wenn er in seinem »Politischen Verbrecher«, Hamburg 1892, I, 31, schreibt: »Frankreich hat die stürmische Bewegung der Revolution mehr geliebt, als ihre nützlichen Resultate.«

32 Prudhommeaux, 337.

Fouché

1 G. Weber, Allgemeine Weltgeschichte, Leipzig 1888, Bd. 13, 940.

2 In den Personalien der von den revolutionären Überwachungskomitees Verhafteten finden sich häufig die vor der Revolution und die gegenwärtig bezogenen Renten angeführt. Diese Vermögensverluste werden erst verständlich, wenn man daran denkt, daß Metallgeld den reichen »Egoisten« weggenommen war und die Assignate schließlich auf den Kurs von 1/2 Prozent gesunken waren.

3 Keine Verordnung, kein Zwang half, als man die Wurzeln der Arbeitslust tödlich getroffen hatte, keine Despotie des Wohlfahrtskomitees wie der Artikel 12 des Gesetzes vom 2. Prairial des Jahres II. »Die Taglöhner und die Arbeiter, die sich koalisieren, um die angeordneten Feldarbeiten nicht auszuführen oder höhere Löhne zu erzwingen, sind vor das Revolutionstribunal zu stellen.«

4 Im Dezember 1798 belief sich der Wert des Raubes an Kriegssteuern bei Deutschen, Holländern und Italienern auf 655 Millionen gemünztes Geld, 305 Millionen Kostbarkeiten und Kunstwerke, 361 Millionen Naturalrequisitionen, 700 Millionen eingezogener Güter, im ganzen zwei Milliarden in drei Jahren.

5 Sybel, Geschichte der Revolutionszeit, Düsseldorf 1874, Bd. 5, 519.

6 Moulin, Gohier, Roger-Ducos, Barras, Sieyès.

7 Gegen die neu sich regenden Jakobiner brauchte man einen Mann, »qui eut le secret de tous leurs moyens«, Nouvelle Biographie Générale Bd. 18, 265.

8 Vgl. von Hentig, Benthams Kriminalphilosophie, Archiv für Kriminalanthropologie, Bd. 56, 97 f.

9 Die Literatur über Fouché ist ungewöhnlich spärlich. Ich habe benutzt: Nouvelle Biographie Générale, Paris 1857, Bd. 18, 260–282. Cte de Martel, Etude sur Fouché et sur le communisme dans la pratique, Paris 1873. Desmarest, Témoignages historiques ou 15 ans de haute police sous Napoléon, Paris 1833. Mémoires de la vie publique de M. Fouché, 2. édit. Paris 1819. Matériaux pour servir à la vie publique et privée de Joseph Fouché, Paris 1821. Ernest Daudet, La police et les chouans. Paris 1895. Ernest Daudet, La police politique 1815–1820, Paris 1912. Louis

Madelin, Fouché 1759–1820, Paris 1901, 2 Bde., ein kluges und gründliches Quellenwerk, in dem sich weitere Literatur zusammengestellt findet. Ohne Kenntnis der Memoirenliteratur (Barère, de Ségur, Barras, Ghier, Savary, Bourrienne und der wahrscheinlich apokryphen Fouchéschen Memoiren), ohne Kenntnis ferner der großen Werke von Michelet, Louis Blanc, Taine und Thiers ist es nicht möglich, die Gestalt Fouchés farbig zu sehen und seine Handlungen als Reaktionen auf ein verwickeltes, schnell sich änderndes Milieu zu verstehen.

10 Madelin führt alle die Personen an, die seine faszinierende Physiognomie beschrieben haben und seine interessante, unwiderstehliche Häßlichkeit zu zeichnen versuchten. Madelin, Bd. I, 380. Die Phantasie der Dichter hat Fouché gereizt, ich nenne nur Victorien Sardou, Georges Ohnet und Balzac (Une affaire ténébreuse). Nicht minder hat die Einbildungskraft des Volkes seine Gestalt mit einer Gloriole von Grauen und Bewunderung umgeben. Er hat der Masse imponiert wie alles wirklich Starke.

11 Er gehörte der Congrégation des prêtres de l'oratoire de Jésus an.

12 Seine Unterrichtsfächer waren Mathematik und Naturwissenschaften. Auch Bertillon besaß vom Vater her eine hohe mathematische Begabung; s. meinen kleinen Nachruf auf Alphonse Bertillon in: Gross Archiv, Bd. 56, 358/359. 1790 war Fouché zur staunenden Bewunderung der Stadt Nantes im Ballon aufgestiegen.

13 Lehrer spielen in allen infantilen geschichtlichen Perioden politisch eine bedeutende Rolle.

14 Auch seine Spottsucht gehört hierher. Obgleich er voraussehend und klug war, konnte er es nicht unterlassen, beim Fest des Höchsten Wesens über Robespierre laut zu spotten. Über Robespierre, der überall Spione hatte, zu lachen, war damals lebensgefährlich.

15 Napoleon liebte beinahe eine leichte Unsicherheit der Kompetenzen. »Que chacun marche dans sa ligne. S'il y a choc, j'arriverai.«

16 Madelin I, 472.

17 Die Post wurde unter Napoleon, wie vorher und später unter den Diktaturen des Proletariats, aufs schärfste durchgeprüft. Wir hören, daß im Ministerium an einem Tag 4 000 Briefe gelesen wurden, die mit dem Postschiff aus Amerika kamen.

18 »Uniquement occupé de mon devoir«, erklärte bei der Abstimmung dieser Bourbone, »convaincu, que tous ceux, qui ont attenté ou attenteront par la suite à la souveraineté du peuple méritent la mort, je vote pour la mort.« Paul Gaulot, Les grandes journeés révolutionnaires. Paris 1897. 389.

19 Nichts ist interessanter, als die späteren Bemühungen Fouchés, von dem man sagte, er sei bereit, Jahre seines Lebens dafür hinzugeben, wenn

er die Sekunden des Königsvotums daraus tilgen könnte, sein Verhalten während der Schreckenszeit zu rechtfertigen... »M. Fouché fut bien obligé de se rapprocher du langage du temps et de payer son tribut à la fatalité des circonstances«. Mém. de la vie publ. 19.

20 Desmarest, 13. Desmarest hält besonders die Sachsen für politische Fanatiker. Staaps (1809) und Sahla (1811), die, mit zwölf Pistolen bewaffnet, Napoleon zu erschießen kamen, waren beide Sachsen.

21 sa »topographie chouannique«.

22 Bei der Landung Georges Cadoudals, des bekannten Royalistenführers, ist in allen Dörfern auf dem Wege von der Küste bis Paris in bestimmten Häusern abseits der Straße für den General und seine Begleiter Quartier gemacht. In Paris hat ein befreundeter Architekt in einzelnen Häusern Verstecke für die Verschwörer mauern lassen.

23 Nach dem Bombenattentat vom 3. Nivôse glaubte ein Hufschmied an den Resten des zerrissenen Pferdes, das den Wagen mit den Pulverfässern gezogen hatte, seine Hufarbeit zu erkennen. Er beschreibt den Besitzer des Tieres: fünf Fuß, ein Zoll groß, Narbe am rechten Auge. Desmarest sieht in seinen Aufzeichnungen nach. Die Angaben stimmen für den Royalisten Carbon. Er wird am 28. Nivôse in einem von Nonnen geführten Hause verhaftet, wo er eifrig an den Dankgebeten für die Errettung des Konsuls und den Gebeten um Entdeckung der Mörder teilnimmt.

24 Wir wissen aus der Geschichte der Girondisten, daß Frauen weit mutiger als Männer beim Verbergen der Geächteten waren.

25 Desmarests scharfsinnige Psychologie geht aus zahlreichen Stellen seiner Memoiren hervor, wenn er z.B. über Erinnerungsfälschungen (S. XIX) oder über die Chancen der Höllenmaschinen spricht (S. 92).

26 »Ne pouvant les vaincre, il faut les séduire; ne pouvant les extirper, il faut s'en servir«, meint er einmal von den Trägern des stärksten Apparats der Meinungsbildung, den Priestern. Matériaux, 31.

27 John Carr 1802.

28 In einer wohl von Fouché inspirierten Zeitschrift, dem einzigen, was ich in deutscher Sprache über ihn gefunden habe, heißt es mit naiver, die Sitten jener Zeit bezeichnender Frivolität: »Er erwarb sich große Reichtümer, doch keineswegs auf niedrige Weise, sondern durch glückliche Berechnungen, durch den Ankauf von Staatspapieren und andere Ankäufe. Da er als Minister alles früher wußte als die übrige Welt, so mußte ihm das leicht werden.« Deutsche Blätter, Neue Folge 1815, 259.

29 Als Prokonsul hatte er aus dem Departement der Nièvre an den Konvent geschrieben: »Schaffen wir Gold und Silber ab! Schleifen wir diese Götter der Monarchie durch den Staub!«

30 Für die Erneuerung des Verwaltungsapparats sind revolutionäre

Umwälzungen meist wichtiger als für die Gesetzgebung, mit der reformatorischer Eifer allein nicht fertig zu werden pflegt. Für die Gesamtkultur bedeuten Parvenudynastien wie die Napoleonische einen Gewinn an Kunst und Verfeinerung des Regierens. Alte Dynastien sind Fetischisten des Gehorsams und damit träge und sorglos geworden. Der neue Herrscher muß den scheu gewordenen Gehorsam erst wieder einfangen und zum Vertrauen der Nation mühsam ein Verhältnis herstellen. Ansprüche sind hier allein nichts nütze, er bedarf tieferer Einsicht in die Seele der Menschen und feinerer Mittel ihrer Verführung. Ich kann es nicht unterlassen, hier ein Beispiel anzuführen, wie weitsichtig Napoleon seine Herrschaft auf dauernde Grundlagen zu stellen und damit fest zu verankern suchte: »Gegen Oktober 1800 fragte der Konsul das frühere Mitglied des Rates der Alten, Mathieu: ›Was sind das eigentlich für Leute, die Theophilanthropen? Was lehren sie? Ist das eigentlich eine Religion?‹ Mathieu, ein kluger und aufrechter Mann, versuchte eine Erklärung zu geben. Diese Lehre habe zur Grundlage die Vorschriften der Natur; zum Zweck die Betätigung und Verehrung der Tugenden und aller Pflichten; mit einem Wort: eine rein moralische und soziale Religion. ›Sprechen Sie mir nicht‹, erwiderte lebhaft Napoleon, ›von einer Religion, die sich nur auf dieses Leben gründet, ohne mir zu sagen, von wo ich komme und wohin ich gehe!‹ Damit gab er der Frage die richtige Basis, den Urgrund der tiefsten Gefühle der Menschen. Da er aber außerdem Tatsachen haben wollte, stieg ihm die seltsame Idee auf, die Summe aller unserer gläubigen Anhänglichkeiten durch eine Generalaufnahme der religiösen Anschauungen, des Aberglaubens und des mystischen Geistes zu ermessen.

Durch zahlreiche Anfragen ließ er in jedem Bezirk nicht nur das aufnehmen, was an Anhänglichkeit an die Dinge der Religion geblieben war, sondern auch alle Art von Aberglauben, von Vorurteilen und Volkssitten, die einen Zusammenhang mit dem Spiritualismus haben. An dieser Arbeit hätte Fouché leicht etwas Lächerliches gefunden; sie wurde deshalb Herrn M., einem Verwandten Marets, übertragen, der ins Kultusministerium berufen wurde. Er verwandte darauf mehrere Monate. Das Material war übergroß, von den Wundern und Wallfahrten bis zu den Hexen und den Kartenlegerinnen. Die Zahl der Anhänger übertraf alles, was man hätte erwarten können, und dies in allen Klassen der Gesellschaft und an vielen Orten zu Tausenden.« Desmarest, 74 ff. Napoleons Entschluß stand fest. Er wollte das Konkordat, ohne Rücksicht auf die enttäuschten Freigeister in Frankreich, Deutschland und Italien.

31 Fouché stand den kriminellen Erscheinungen nicht wie ein ärgerlicher Beamter, sondern wie ein naturwissenschaftlicher Beobachter gegenüber. Er wunderte sich über nichts, interessierte sich für alles. Als Prokonsul hatte er die donnernde Phrase bis zum Überdruß angewendet. Ihn

blendete keine Phrase der andern mehr. Hinter allen Doktrinen und politischen Systemen sah er wie hinter einem Wandschirm die Triebe der Menschen, Eitelkeit, Neid, Haß, Hunger und Brunst. Er sah deutlich und sprach deutlich aus, daß die Kommunisten nicht Gegner einer bestimmten Regierungsform, sondern Feinde des Regiertwerdens überhaupt sind.

32 Fouché war und blieb ein Mann der Widersprüche. Dieser Sohn einer alten Kapitänsfamilie mußte seine Fahrt nach Amerika aufgeben, weil er kurz nach dem Verlassen des Hafens von Livorno vor Seekrankheit sterbenskrank wurde.

33 Von dem Bischof von Vannes, Pancemont, sagt er einmal, er sei in seinem Departement 10 000 Mann Truppen wert.

34 »Auch grobe hatte er einst nicht verschmäht. Kurz nach seinem Antritt als Minister hatte sein scharfes Vorgehen gegen die Jakobiner die Entrüstung des Rates der Fünfhundert erregt. Man nannte ihn Verräter und wollte ihn außerhalb des Gesetzes stellen. Da ertönt von draußen Hufschlag und Waffengeklirr. Die Diskussion flaut ab, schnell tritt Beruhigung ein. Fouché hatte nur einen ihm befreundeten Kavallerieoberst gebeten, vor dem Palais Bourbon mit seinem Regiment ein paar Exerzierbewegungen zu machen.« Vgl. de Ségur III, 417.

35 Es scheint, wenigstens in den Anfängen der Restauration, als seien die deutschen Diplomaten damals besonders scharf beobachtet worden oder ziemlich ungeschickt gewesen. Die französischen Polizeiarchive besitzen aus dem Jahre 1815 fast sämtliche, auch die geheimsten Berichte des Grafen von der Goltz an den Berliner Hof, obwohl er häufig die Schlüssel seines Privatkabinetts und seines Schreibtisches ändern ließ. Der englische, russische, österreichische und die übrigen Diplomaten sind mit sehr viel geringerem Erfolg überwacht worden. Vgl. Daudet, La police politique, S. XIX.

Ebenso werden die Berichte von Justus Gruner, dem Chef der preußischen politischen Polizei in dem okkupierten Paris, an seinem Schreibtisch von einem Individuum abgeschrieben, in dessen Zuverlässigkeit er volles Vertrauen setzt. Gruner macht übrigens das gleiche mit den Papieren der französischen Geheimpolizei. Wir verdanken der Findigkeit der französischen politischen Polizei aus dieser Zeit die Kenntnis eines großen Teils der Korrespondenz zwischen den Brüdern Humboldt. Vgl. Daudet, 299–365.

36 Nach dem alten, letzten Grundes kriminalistisch gar nicht so unrichtigen Prinzip: Aufgaben der Polizei sind Sicherheit, Reinlichkeit, Wohlfeilheit. Vgl. Über das Prinzip, die Grenzen, den Umfang der Polizei. Ein Versuch. Ohne Namen des Autors. Leipzig 1808, 11.

37 Mémoires de la vie publ., 152.

38 Desmarest, 88.

39 Zirkular Fouchés an die Präfekten vom 22. November 1799.

40 »Majestät, Ihre Weisheit darf nicht bis zu ärgerlichen Vorkommnissen warten, um dann Konzessionen zu machen; dann würden sie Euer Majestät schädlich sein und vielleicht auch sehr viel weitgehender.« Fouché an Ludwig XVIII., 7. Juli 1815.

41 und damit bei der umwegigen Psychologie des Volkes in gewissem Grade beliebt.

42 Eines der deutlichsten Beispiele für eine zerschmetternde Reaktion gibt die Pariser Kommune, März bis Mai 1871. Dieser heftige Rückschlag ist erklärlich, wenn man auf die Ursachen zurückgeht, die nicht in unerträglichen sozialen Dauerformen wie 1789, sondern in einem despotischen Ausnahmezustand, dem Krieg, den Hungerschäden durch die Belagerung und dem psychischen Schok durch den verlorenen Krieg zu suchen sind.

43 Vor dem Gang auf das Schafott. A. Nettement, Etudes critiques sur les Girondins. Paris 1848, 440.

44 Fouchés Ausdruck.

45 Als der Henker Robespierres blutiges Haupt hochhielt, klatschte das Volk von Paris fünfzehn Minuten lang, ohne aufzuhören. Es hatte diesen Mann jahrelang mit Anbetung überschüttet.

46 Fouché hatte das Kaisertum dadurch sichern wollen, daß er die besten Köpfe um die Sache Napoleons zu sammeln suchte und ihnen immer und immer wieder klarmachte, es sei zwecklos, ihre Kraft im Widerstand gegen die neue Ordnung der Dinge zu erschöpfen. Dieser Plan war ihm innerpolitisch völlig geglückt. Aber die Aushebungen Napoleons für seine ewigen Kriege erbitterten das Bürgertum und die Bauern, die Generäle aus der Revolutionszeit waren neidisch und eifersüchtig, daß er sich über sie erhoben hatte, und das russische Unglück nahm ihm die Magie der Unbesieglichkeit. Dazu kam Napoleons nervöse Erschöpfung, mit dem felsenfesten Glauben an sich selbst stürzte sein Militarismus und damit Fouchés Schöpfung zusammen.

47 Am 17. März 1810 meldet Fouché an Napoleon, die Lothringer hätten in Nancy und Bar le Duc der neuen, aus Deutschland kommenden, Kaiserin Marie Luise die schönen Zeiten ins Gedächtnis zurückgerufen, wo sie frei von Steuern und Aushebungen unter der väterlichen Regierung ihrer Vorfahren gelebt hätten. Vgl. Madelin II, 149.

48 »Die Revolution wäre nicht so fruchtbar an Verbrechen und Unglück gewesen, wenn sie nicht so fruchtbar an Vergebung und Vergessenheit gewesen wäre.« Aus einem royalistischen Flugblatt von Mitte August 1815, erwähnt im Londoner Morning Chronicle vom 21. September 1815.

49 Trotzdem Fouché mit Josephine aufrichtig befreundet war (er war mit vielen älteren Frauen ohne jede erotische Beziehung aufrichtig befreundet), so schlug er Napoleon schon sehr frühzeitig die Scheidung vor. Er behandelte die Wiederverheiratung und die Beschaffung eines Thron-

erben als kriminalpolitisches Problem, um gleichzeitig die Bourbonen wie auch England abzuschrecken und ihren Insurrektionsbemühungen eine wesentliche Grundlage zu entziehen. Pitt hatte diesen Punkt einst berührt, als er erklärte, mit einem Regime könne man nicht rechnen, das ein Pistolenschuß zu stürzen vermöge.

50 Die Historiker begnügen sich damit, diesen Umschwung mit der Intervention der Alliierten und einem Stimmungsumschwung der Massen zu erklären. Es müssen aber noch andere Faktoren in Wirksamkeit getreten sein. Es kommt eine Rückwanderung konservativer Elemente, die sich wie die Reklamierten und Rüstungsarbeiter anderer Zeiten vor den Stürmen der Revolution und der Kriege gerettet hatten, in Frage. Dann hatten die Napoleonischen Kriege die mittleren Altersklassen dezimiert. Schließlich sind wir 20 Jahre von dem Höhepunkt der Revolution entfernt. Von jetzt an wird in der politisch aktiven Bevölkerung der Geburtenrückgang sichtbar, den wir aus der Sterblichkeit der Findelkinder kennen und aus allgemeinen psychologischen Erfahrungen für die Zeiten nationaler Katastrophen annehmen dürfen. Damit ist die politische Entwicklung durch biologische Vorgänge wesentlich mitbedingt.

51 Über diesen Zug im Wesen bedeutender Männer habe ich in meinem Aufsatz: La Mettrie als Kriminalanthropologe, in: Archiv für Kriminalanthropologie, Bd. 51, S. 58, ein paar Worte gesagt.

52 Zu dieser Fouché-Legende gehören auch die allerdings etwas merkwürdigen Selbstmorde Pichegrus und Wrights und das spurlose Verschwinden einiger Engländer.

53 Der Gedanke einer nationalen Exploitierung der revolutionären Triebkräfte lag damals in der Luft. Napoleon hat nach seiner Rückkehr aus Elba keinen Hehl daraus gemacht: »Sie kennen mich nicht«, sagte er von den verbündeten Fürsten. »Wenn ich morgen die rote Mütze aufsetzte, wären sie alle verloren.« Matériaux, 295.

54 Ein Musterbeispiel ist die Verschwörung des Generals Mallet aus dem Jahre 1812. Der General hatte mit einer Aktenmappe gefälschter Anordnungen und Ernennungen und durch Verbreitung der falschen Nachricht, Napoleon sei tot, Paris zwei Stunden lang in seiner Hand.

55 Vielleicht war dies nur seine Form des geistigen Bewegungsdrangs.

James Joll

Die Anarchisten

Ullstein Buch 2840 ▪

Diese detaillierte Gesamtdarstellung beschäftigt sich eingehend mit der anarchistischen Bewegung und ihrer Geschichte, führt ihre Theoretiker vor, zeichnet die Porträts der wichtigsten Führer des Anarchismus und schließt mit einem dramatischen Kapitel über den Anarchosyndikalismus in Spanien, wo 1936 die »totale Revolution« zum Greifen nahe schien. Diese grundlegende und zusammenfassende Arbeit des Oxforder Historikers verhilft einer politischen Bewegung zu Recht und Geltung, die nach seiner Meinung besonders unter den Vorurteilen des allgemeinen Bewußtseins und der Vernachlässigung der Historiker zu leiden hatte.

ein Ullstein Buch